该书为国家科技重大专项
"洱海流域社会经济结构调整控污减排示范工程与生态文明体系建设"
(2013ZX07105-005-04-03)资助

# 新型城镇化与生态文明建设：
# 以银桥镇为例

刘圣欢　杨砚池◎著

中国社会科学出版社

**图书在版编目（CIP）数据**

新型城镇化与生态文明建设：以银桥镇为例/刘圣欢，
杨砚池著 . —北京：中国社会科学出版社，2017.10
ISBN 978 - 7 - 5203 - 0794 - 9

Ⅰ. ①新… Ⅱ. ①刘…②杨… Ⅲ. ①城市化—关系—生态
文明—研究—大理市 Ⅳ. ①F299.277.45②X321.274.5

中国版本图书馆 CIP 数据核字（2017）第 187864 号

| | | |
|---|---|---|
| 出 版 人 | 赵剑英 |
| 责任编辑 | 卢小生 |
| 责任校对 | 周晓东 |
| 责任印制 | 王　超 |

| | | |
|---|---|---|
| 出　　版 | 中国社会科学出版社 |
| 社　　址 | 北京鼓楼西大街甲 158 号 |
| 邮　　编 | 100720 |
| 网　　址 | http://www.csspw.cn |
| 发 行 部 | 010 - 84083685 |
| 门 市 部 | 010 - 84029450 |
| 经　　销 | 新华书店及其他书店 |

| | | |
|---|---|---|
| 印　　刷 | 北京明恒达印务有限公司 |
| 装　　订 | 廊坊市广阳区广增装订厂 |
| 版　　次 | 2017 年 10 月第 1 版 |
| 印　　次 | 2017 年 10 月第 1 次印刷 |

| | | |
|---|---|---|
| 开　　本 | 710×1000　1/16 |
| 印　　张 | 20.25 |
| 插　　页 | 2 |
| 字　　数 | 302 千字 |
| 定　　价 | 86.00 元 |

凡购买中国社会科学出版社图书，如有质量问题请与本社营销中心联系调换
电话：010 - 84083683

# 前　言

20 世纪以来，随着西方工业化和城镇化的推进，社会物质财富不断增加，但资源被过度消耗，生态环境日益恶化，形成了严峻的资源约束和生态危机问题，引起了社会各界的广泛关注与反思。1962 年，美国学者蕾切尔·卡逊的著作《寂静的春天》问世，第一次系统地阐述了严峻的环境问题向人类敲响的警钟，开创了新的生态学时代。面对日益严峻的环境污染形势和国际社会的呼声，联合国于 1972 年 6 月 5 日在瑞典首都斯德哥尔摩召开了第一次世界性的人类环境会议，并由各国签署了《人类环境宣言》，将"为了这一代和世世代代的利益"作为人类共同的信念和原则，开启了世界性的环境保护合作的新纪元。

在我国的城镇化进程中，水资源约束、土地资源限制、能源保障"瓶颈"、生态环境和相关社会问题凸显。如何科学、有效、公平、合理地推进城镇化，成为急需破解的重大社会课题。2012 年的中央经济工作会议指出："把生态文明理念和原则全面融入城镇化全过程，走集约、智能、绿色、低碳的新型城镇化道路。"党的十八大和十八届三中全会提出要加强生态文明和"美丽中国"建设，把生态文明融入城镇化建设体系，全面推进以"人的城镇化"为核心的新型城镇化，推动大中小城市和小城镇协调发展、产业和城镇融合发展，促进城镇化和新农村建设协调推进，建设有中国特色的新型城镇体系。生态文明和"美丽中国"建设是新型城镇化建设的一项重要内涵。所有的城镇，既要成为经济繁荣的"宜业"城镇，又要成为环境友好的"宜居"城镇。

按照国家发展和改革委员会确立的第一批国家新型城镇化综合试

点方案，云南省大理市等 62 个城市（镇）列为国家新型城镇化综合试点地区。试点工作的重点是：建立农业转移人口市民化成本分担机制；建立多元化可持续的城镇化投融资机制；改革完善农村宅基地制度；建立行政管理创新和行政成本降低的新机制；综合推进体制机制改革创新；统筹基础设施建设，提高城乡综合承载能力；统筹生产力布局，强化城乡产业支撑。云南省大理市位于洱海流域，洱海流域的生态保护是区域发展中的重中之重。2015 年 1 月 20 日，习近平总书记到大理市视察，叮嘱当地干部一定要改善好洱海水质。因此，洱海流域的新型城镇化要与洱海流域的水环境保护与治理相结合，与洱海流域的生态文明建设相结合。在流域生态环境可承载的限度内，科学、有序地推进洱海流域特色城镇化建设。

洱海流域特色城镇化和生态文明建设凝集了各方智慧。充分发挥方方面面的积极性、主动性和创造性，立足实际，将上层政策方案设计与基层的实践探索有机结合，探索出洱海流域新型城镇化的科学模式与可行路径。国家发展和改革委员会、云南省、大理州和大理市的相关领导多次莅临大理市银桥镇，对农村宅基地集中调整定点审批工作和生态文明建设实践进行指导。国家科技重大专项《洱海流域社会经济结构调整控污减排与生态文明体系建设示范工程》课题组与大理市银桥镇人民政府密切合作，以大理市银桥镇为核心示范区，将生态理念文明、行为文明和制度文明全面融入新型城镇化建设中，科学运用生态环境技术，通过体制机制改革、制度与管理技术创新，全面推进流域特色城镇化和生态文明建设，为流域社会经济结构调整控污减排与生态文明体系建设提供示范。在实际工作中，中共大理市银桥镇委员会和银桥镇人民政府，牢固树立生态文明、与时俱进、创新发展的理念，坚持理论与实践相结合，充分尊重人民群众的首创精神，真抓实干，不断创新，为乡镇经济发展、生态文明建设和社会和谐发展注入了新的活力。

近年来，洱海流域特色城镇化进程明显加快，生态文明建设全面展开，区域面源污染得到有效控制，群众生活明显改善，秀美的田园风光和洱海风光得到科学保护，灿烂的民族文化得到传承与发扬。

　　新型城镇化和生态文明建设是一项长期的综合性系统工程。不仅需要社会各界的广泛参与，同时需要对已有的理论和实践成果进行梳理、分析与整理。只有不断提炼、创新相关理论成果，方可更好地服务于社会实践。由于著者水平限制，期望和实际产出之间存在明显差距，书中不足和错误在所难免，敬请专家学者和读者批评指正。

# 目　录

# 第一章　城镇化、新型城镇化与特色城镇化

一般而言，城镇化是指农村人口转化为城镇人口的过程，是城市人口占总人口的比例上升的过程。在这个过程中，人口职业发生转变，产业结构发生转变，土地及地域空间的利用方式也发生转变。中共第十五届四中全会通过的《关于制定国民经济和社会发展第十个五年计划的建议》正式采用了"城镇化"一词，明确提出"城镇化"战略。[①] 新型城镇化由城镇化概念拓展而来。城镇化进程中的问题和危机让人们对城镇化过程进行反思，如何解决城镇化进程中的问题、避免城镇化危机、有效拓展城镇化成果，需要城镇化的新理念、新内涵、新模式和新路径，实施城镇化的新探索。党的十八大提出了新型城镇化概念，并对城镇化与工业化、城镇化与农业现代化的关系进行了规定，即"良性互动""相互协调""形成以工促农、以城带乡、工农互惠、城乡一体的新型工农、城乡关系。"特色城镇化是新型城镇化的特有内涵。我国的新型城镇化是指中国特色的新型城镇化，其中强调的是"中国特色"。而地方政府依据地方的资源禀赋状态、产业发展状态、经济社会发展水平、文化特征和风俗习惯等所实施的具有地方特色的新型城镇化过程也称之为特色城镇化。到目前为止，我国的城镇化采用了七种"推进模式"：建立开发区、建设新区和新城、城市扩展、旧城改造、建设中央商务区、乡镇产业化、村庄产业化。[②] 城镇化建设是中国特色社会主义建设的一项重要内容。

---

① 温铁军、温厉：《中国的"城镇化"与发展中国家城市化的教训》，《中国软科学》2007 年第 7 期。

② 李强、陈宇琳、刘精明：《中国城镇化推进模式研究》，《中国社会科学》2012 年第 7 期。

# 第一节　城镇化

　　城镇化是人类文明进步和经济社会发展的重要历史过程，是社会生产力发展到一定阶段城镇迅速发展的过程，是近现代以来推动人类社会发展的重要引擎。在实现中华民族伟大复兴的中国梦进程中，我国的城镇化是人类历史上规模最大的一次城市化浪潮。正如诺贝尔经济学奖得主、美国经济学家斯蒂格利茨断言，21 世纪对世界影响最大的有两件事：一是美国高科技产业；二是中国的城市化。① 随着城市化进程的不断推进，我国的城镇数量不断增多、城镇人口规模日益扩张、城镇化率持续上升，但是，在城镇化进程中显现出不少的问题。因此，研究城镇化理论，准确把握城镇化的概念、内涵和特征，清醒认识城镇化进程中面临的困难和挑战，对于深入推进我国的城镇化进程具有重要的意义。

## 一　城镇化概念辨析

　　学界对城镇化概念给出了不同的解释。不同学科从不同角度诠释了城镇化概念以及城镇化特征。就目前而言，国内外学者分别从人口学、历史学、地理学、社会学、经济学等角度对城镇化概念进行了阐述。城镇化是农村人口不断向城镇转移的过程，是第二、第三产业不断向城镇聚集，从而使城镇数量增加、城镇规模扩大的过程。主要表现为：随着一个国家或地区社会生产力的发展、科学技术的进步以及产业结构的调整，其农村人口居住地点向城镇的迁移和农村劳动力从事职业向城镇第二、第三产业的转移。城镇化是一个历史范畴，同时也是一个发展中的概念。城镇化作为一种社会历史现象，既是物质文明进步的体现，也是精神文明前进的动力。城镇化作为一种历史过程，不仅是一个城镇数量与规模扩大的过程，同时也是一种城镇结构和功能转变的过程。这一历史过程包含四个方面的进程：一是农村人

---

　　①　张际达：《城市建设进入民生时代》，《中国建设报》2012 年 3 月 16 日。

口和劳动力向城镇转移的过程；二是第二、第三产业向城镇聚集发展的过程；三是地域性质和景观转化的过程；四是包括城市文明、城市意识在内的城市生活方式的扩散和传播过程。在这个过程中，人的地理位置发生了转移，人们的职业发生了改变，人们生产方式与生活方式出现了演变。同时，城镇人口和城市数量不断增加，城镇规模不断扩大，城镇经济社会现代化和集约化程度不断提高。城镇化过程也是各个国家在实现工业化、现代化过程中所经历社会变迁的一种反映。

城镇化是基于特定区域内的人口转化发展、生活方式和生产效率变革、基础设施和公共服务设施等发展要素集聚、科技文化创新、城市建设和运营管理、城市生态系统营建等多元化城市要素的吸引、集聚、整合、演变和提升的重要表现形式。[①]城镇化是现代文明进程的重要标志，也是人类社会最为复杂的系统工程。城镇化代表了现代社会人类追求的新文明的生活方式，提供了新时代人类精神追求和物质享受的社会家园，造就了推动社会生产力发展和创新的新空间集聚形式和生产组织模式。城镇化是伴随工业化进程的社会历史现象，是一个社会不断进化的过程，从表现形式上看，是以人口结构由农村向城镇转移为表征，产业结构从农业经济向工业经济、服务经济和知识经济转化为主体，社会结构从农村社会向城镇社会演进为指向的复杂过程。[②]

城镇发展，不仅通过人口集中、产业演进、土地空间变化、消费活动增强给群众的生产、生活、工作、娱乐等带来便利，提高生活质量，而且为区域经济发展提供了支撑和载体。2013 年 3 月 17 日，李克强总理在会见采访十二届全国人大一次会议的中外记者时指出："城镇化是现代化的必然趋势，也是广大农民的普遍愿望，它不仅可以带动巨大的消费和投资需求，创造更多的就业机会，其直接作用还是富裕农民、造福人民。"2013 年 12 月 12—13 日召开的首次中央城

---

① 《加快推进具有云南特色的新型城镇化建设进程思考》，http：//www. ynzy. gov. cn/html/2013/zhengyanzhanshi_ 0815/1422. html，2013 年 8 月 15 日。
② 徐匡迪：《中国特色新型城镇化发展战略研究》（综合卷），中国建筑工程出版社 2013 年版，第 4—5 页。

镇化工作会议指出，推进城镇化是解决农业、农村、农民问题的重要途径，是推动区域协调发展的有力支撑，是扩大内需和促进产业升级的重要抓手，对全面建成小康社会、加快推进社会主义现代化具有重大现实意义和深远历史意义。

**二 城镇化内涵**

一般认为，让农村人口从农村走出来，从第一产业转向第二、第三产业，是城镇化的本质内涵。实际上，因城镇化具有一定的阶段特征，在不同的阶段，其内涵也在不断变化。

改革开放初期，我国城镇化的核心任务是调集一切资源发展农村的非农产业，促进人口的就地转移。[①] 推进小城镇建设是当时城镇化的主要内涵。然而，在缺乏产业支撑和有效管理的情况下，外延的无序扩张带来了严重的内涵问题。一方面，将小城镇建设作为主要推进模式，缺乏规模效应和集聚效应。另一方面，由乡镇企业为主要经济活动主体的小镇城镇化，引发了资源消耗严重、环境污染，以及对土地的掠夺式占用等问题。这些问题使早期的小镇城镇化推进模式具有过渡性质，实施调整成为必然。

21 世纪初，大中小城市和小城镇协调发展成为主要内涵。国家相关政策开始强调大中小城市与小城镇协调发展的必要性。2001 年《中华人民共和国国民经济与社会发展第十个五年规划》提出："有重点地发展小城镇，积极发展中小城市，完善区域中心城市功能，发挥大城市的辐射带动作用。"2002 年十六大报告明确提出："要坚持大中小城市和小城镇协调发展，走中国特色的城镇化道路。"改变过去片面强调小城镇优先发展的战略，重新认识到大中型城市的作用。

2007 年十七大报告中在强调大中小城市和小城镇协调发展的同时，要求"以增强综合承载能力为重点，以特大城市为依托，形成辐射作用大的城市群，培育新的经济增长极"。大中小城市和小城镇的各自的功能定位和完善问题成了城镇化的新内涵。当然，城市与城镇

---

① 丁守海：《概念辨析：城市化、城镇化与新型城镇化》，《中国社会科学报》2014 年 5 月 30 日第 602 期。

的功能定位不同，功能完善的内涵也不相同。大中型城市要实现生产与服务功能的升级，即城市现代化。小城镇要实施产业融合，加快农产业发展。

整体效益最大化是城镇化的另一项内涵。城镇化是科学规划的城镇化，既要注重经济效益，也要注重环境效益和社会效益。要将市场机制和政府管理有机结合，提高城镇化的整体效益。

### 三　城镇化特征

城镇化的核心是人口就业结构、经济产业结构的转化过程和城乡空间社区结构的变迁过程。一般认为，城镇化的特征主要体现在三个方面：一是农村人口在空间上的转换；二是非农产业向城镇聚集；三是农业劳动力向非农业劳动力转移。实际上，对城镇化的特征，可以从不同的角度进行分析。从农村城镇化的角度而言，城镇化具有四个方面的特征：一是时间特征，表现为过程和阶段的统一，以渐进为主；二是空间特征，表现为城镇结合，以镇为主；三是就业特征，表现为亦工亦农，非农为主；四是生活方式特征，表现为亦土亦"洋"，以"洋"为主，亦新亦旧，以新为主。从城镇化发展类型看，我国的城镇化发展具有六个方面的特征：一是城镇化原始积累主要来自农业；二是城镇化偏重于发展第二产业，而非发展第三产业；三是城镇化具有明显的二元结构；四是城镇化的动力机制主要是推力而非拉力；五是城镇化中城市贫民占有很大比重；六是注重城市数量增加、规模扩大和人口增加。从关系处理角度看，传统城镇化有两个方面的特征。一是与自然关系不协调。坚持人支配自然，自然资源消耗大，资源和环境破坏严重；二是城乡二元结构进一步扩大，郊区农村和农民处于次要、依附、服从、被动的地位。

### 四　城镇化面临的问题

城镇化是现代化的必然要求，是实现城乡协调发展的客观要求，也是农民过上美好生活的迫切愿望。然而，城镇化发展与经济发展有密切联系。经济发展具有很强的城镇化倾向，它既是经济社会发展的必然结果，又是经济社会发展的必然动力。① 美国经济地理学家诺瑟姆（Ray M. Northam）给出了城镇化发展曲线，如图 1 - 1 所示。

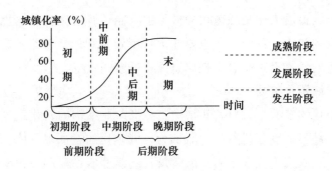

**图 1 - 1　诺瑟姆城镇化发展曲线**

图 1 - 1 表明，发达国家的城市化大体上都经历了类似稍被拉平的"S"形曲线的上升过程，这个过程包括两个拐点：当城镇化率在 30% 左右时，经济发展处于较为缓慢的初期起步阶段；当城镇化率超过 30% 时，出现第一个拐点，经济发展处于中期快速发展阶段；城镇化率超过 70% 后，出现第二个拐点，经济发展再次趋于平缓，进入后期稳定发展阶段，这时国家基本实现了现代化，并进入到后工业社会。② 近年来，我国的城镇化进程正处于加速成长期。③ 快速发展的城镇化对我国社会经济发展起到了巨大的拉动作用，但是，土地利用问题、产业发展问题、社会公平问题以及城市生态环境危机等也在同步加剧。1995 年，沃利·恩道就指出："城市化既可能是无可比拟的未来之光明前景所在，也可能是前所未有的灾难凶兆。"④ 从本质上讲，城镇化是人类的一种生产方式和生活方式，具有工具理性的某些属性，但本身并不必然具有合理性。非理性的、不符合人类社会进程

---

① 龙远蔚等：《中国少数民族经济研究导论》，民族出版社 2004 年版，第 224 页。
② Ray. M. Northam, *Urban Geography*, New York：J. Wiley Sons, 1975, pp. 65 - 67.
③ 王毓敏：《警惕"加快城市化进程"的负面效应》，《经济师》2005 年第 6 期。
④ 参见联合国人居中心（生境）编著《城市化的世界》前言，沈建国等译，中国建筑工业出版社 1999 年版。

演变规律和人类根本利益的城镇化会产生负面效应。[①] 继续推进城镇化，必须充分认识传统城镇化的负面效应，认识到传统城镇化模式下存在三个"难以持续"：一是依靠劳动力廉价供给推动城镇化快速发展模式难以持续；二是依靠粗放式消耗土地等资源推动城镇化快速发展模式难以持续；三是依靠公共服务非均等化压低成本推进城镇化模式难以持续。[②] 通过对 1980—2030 年近 50 年我国城镇化进程与资源环境保障关系的分析，可以预见，未来我国城镇化将面临日益紧迫的资源和生态环境压力，引发日益严重的资源环境保障问题。

（一）水资源约束

水是人类社会不可缺少的战略资源，是城市形成与发展的最基本保证，是影响中国城镇化进程的重要因子，城镇化发展必须以水资源为依托。近年来，我国城镇化进入了快速发展时期，城镇化水平的提高直接导致城镇用水量不断加快，未来随着我国工业化和城镇化水平的进一步提高，城镇用水保障程度将成为一个十分严峻的问题。在1980—2005 年间，全国城镇化水平每提高 1% 需新增城市用水 17 亿立方米，其中需新增城市生活用水 9.4 亿立方米，需新增城市工业用水 7.6 亿立方米。2012 年全国供水不足的城市多达 400 多座，有 114座严重缺水，南方有 43 座；水污染加剧了城镇水资源危机，不少小城镇没有系统的污水处理设施，城镇化发展面临用水紧张、水环境污染严重的刚性约束。

（二）土地资源限制

土地是城镇化和城市建设的基本载体，任何一项城镇化过程和城市经济社会活动均离不开土地资源做支撑，土地供给的稀缺性决定了城市建设用地程度的稀缺性。中国正迈向快速城镇化发展阶段，城镇化进程中的城市建设用地需求越来越大，用地问题越来越突出。在1980—2005 年间，全国城镇化水平每提高 1%，需要新增城市建设用

---

① 沈清基：《论基于生态文明的新型城镇化》，《城市规划学刊》2013 年第 1 期总第206 期。

② 厉以宁、艾丰、石军：《中国新型城镇化概论》，中国工人出版社 2014 年版，第 53页。

地 1004 平方千米，在 2006—2030 年间，全国城镇化水平每提高 1%，需要新增城市建设用地 3460 平方千米。可见，未来单位城镇化水平所耗费的建设用地越来越大。

目前，城镇建设用地对农村土地采取了行政性征用、一次性土地出让的方式，客观上刺激了城镇用地快速扩张的短期行为。而农村宅基地配置又缺乏有效的退出机制，福利化倾向严重，导致了农村一户多宅、宅基地闲置、建新不拆旧的现象普遍存在。2000—2010 年，我国农村人口减少了 1.37 亿，但村庄用地却从 2.17 亿亩上升为 2.21 亿亩。城乡土地的非集约、节约利用，造成了土地资源的极大浪费，进一步推进城镇化将受到日益减少的土地资源的限制。

（三）能源保障"瓶颈"

能源是推进经济发展与城镇化进程的重要资源保障。在 1980—2005 年间，全国城镇化水平每提高 1% 所消耗的能源为 6966 万标准煤，在 2006—2030 年间，全国城镇化水平每提高 1% 所消耗的能源将达到 22738 万标准煤。近年来，能源供需缺口不断加大，能源约束对经济增长及城镇化进程的影响越发显著。未来单位城镇化所消耗的能源会越来越大，能源供需缺口将进一步加大，能源短缺危机必然出现，城镇化进程中面临的能源保障形势将日益严峻，能源保障程度将不断降低。

（四）生态环境问题

基于 1950—2010 年统计数据，采用生态足迹方法研究认为，在这 60 年里，我国城镇化水平每提高 1%，增加人均生态足迹为 0.08 平方千米，生态足迹强度降低 1.15 平方千米/元，生态超载增加 2.34%，生态环境质量综合指数下降 0.0073。在未来 40 年里，我国城镇化水平每提高 1%，人均生态足迹将增加 0.11 平方千米，生态足迹强度将下降 0.06 平方千米/元，生态超载将增加 5.68%，生态环境质量指数将下降 0.0064。即到 2050 年，在现有的城镇化发展模式下，生态超载将更加严重，生态环境质量将持续恶化。[1]

---

[1] 方创琳等：《中国新型城镇化发展报告》，科学出版社 2014 年版，第 17—20 页。

在资源环境容量的约束条件下，如果资源消耗、环境污染达到极限值，势必影响环境自我恢复功能，使经济发展和生活环境变差，从而抑制城镇化进程。城镇化发展应充分考虑水、土地、能源、生态等资源环境对城镇化的约束效应，通过调整经济增长模式、改进技术、引导消费、合理空间规划和完善基础设施建设等方式，减小对环境的干扰和资源的耗费，实现经济与资源环境的协调发展。总之，我国城镇化过程中的资源环境"瓶颈"日渐突出，原有的城镇化道路必须改变，必须走新型城镇化道路，把生态文明建设理念融入城镇化模式。

（五）社会问题

第一，城市人口"二元结构"突出，城镇化改革难度加大。城镇常住人口中包含大量农民工。城市外来人口接近全国总人口的20%。2012年，我国7.12亿城镇人口中包含约2.34亿在城镇居住6个月以上的农业户籍人口。2012年，我国城镇间流动人口总量达7300万。他们已经形成了一个特殊的社会阶层。继续实施城市服务重心偏向于户籍城镇居民，缺乏对外来人口的关注，会使社会信任度和凝聚度下降，"二元人口"间的社会矛盾进一步加大，依靠非均等公共服务压低成本推动城镇化发展的模式将难以持续。

第二，社会结构发生变化，社会管理难度加大。一些国家的经验表明，城市化率在50%左右是社会矛盾集中爆发期，如英国19世纪中期的"宪章运动"、美国20世纪初期的"进步运动"等都是在城市化率50%左右时发生的。2011年，我国城镇人口超过50%，我国社会发展进入了一个新时期，城市社会风险治理任务加剧，社会管理难度加大，管理模式面临转变。

第三，全面满足民众期望的难度加大。民众既希望收入水平提高，又希望同步享受发达国家的技术和福利，还希望有蓝天绿水和优良的生态环境。从目前我国的发展阶段来看，我国城镇化发展不但要面临着大量农村人口转移的客观事实，需要城市为之提供低成本的进入门槛，还要面对城镇居民对高品质生活的追求，两者之间的协调难度大，需要政府进行统筹，在城镇化进程中不断实现。

（六）金融风险

目前，我国地方政府债务已经超过 10 万亿元，其主要用途是城市建设，而主要还款来源是未来的土地出让金。如果出现土地收入下滑、民间投资乏力，新型城镇化融资就存在风险。融资平台虽有政府信用注入，但政府偿债责任不明确。即使落实了地方政府偿债责任，其还款来源高度依赖土地收入。融资平台贷款过度依赖"土地财政"具有重大风险隐患。"土地财政"融资模式或不可持续。在土地有限的情况下，卖地收入总会有萎缩的时候。作为地方政府偿债主要资金来源的土地出让金收入如果急剧下降，势必将加剧地方政府的偿债风险。大量金融资产投放到城市土地的开发建设上，金融与实体经济脱离，潜在金融风险就会越来越大，金融风险需要高度重视和严格管控。

# 第二节　新型城镇化

城镇化过程是一个复杂的社会变迁过程，在人口集聚和城镇面积扩张的同时，更重要的是实现生产方式、生活方式、就业方式、产业结构、人居环境、社会保障等方面演变的系统工程。只有在做好顶层设计的基础上，各方面协同推进改革创新，才能为顺利推进城镇化创造条件，叠加释放改革红利。而统筹城乡发展是一项结构性的改革任务，要实现城乡平衡发展、城乡流动性的提高，实现新农村建设、新城镇建设共同推进的城乡双向发展、循环发展，实现城乡协调和城乡发展的一体化，必须依赖综合性、配套性的制度改革，需要政府治理的能力，重视法治手段的应用，重视多元社会主体的共同参与，加强治理体系和治理能力建设。唯有如此，才能支持中国实现有效的、良好的城市化，并引导中国在城乡整体发展中推动现代国家治理体系的形成。[①] 新型城镇化建设必须协同各动力源，妥善处理其功能边界，

---

① 任远：《统筹城乡发展的基本任务和制度改革》，《社会科学》2016 年第 3 期，第 98 页。

走以人为本的道路，让新型城镇成为劳动生产率更高、社会更和谐、文化更丰富、环境更适宜、安全更有保障、人民生活更有尊严的温馨家园。①

## 一　新型城镇化的缘起

传统模式城镇化面临的问题使原有的城镇化模式不可持续。这种模式在自然资源、生态环境和社会和谐等方面的潜在风险需要重点防范和设法规避。人们期望解决城镇化过程中的问题，最大限度地降低城镇化的潜在风险等负面效应，最大限度地提升其积极效应。

传统城镇化的问题及其负面效应是新型城镇化兴起的根本原因。为有效解决城镇化过程中的问题，深入推进城镇化，必须走科学发展的新型城镇化道路。坚持以人为核心，重视质量和综合效益，强调人与自然协调发展，强调城市经济与环境的同等重要性，坚持集约协调发展协同推进，坚持科学有序、积极稳妥推进城镇化。

2014 年 3 月，中共中央、国务院印发的《国家新型城镇化规划（2014—2020 年）》指出，完善推动城镇化绿色循环低碳发展的体制机制，实行最严格的生态环境保护制度，形成节约资源和保护环境的空间格局、产业结构、生产方式和生活方式。我国传统的城镇化模式在特定的历史条件下，对推动经济社会发展和现代化进程发挥了积极的作用，但是，随着资源环境等约束问题的日益凸显，传统的城镇化模式不能实现可持续发展，也不能沿袭西方的城镇化发展模式，必须把城镇文明建设理念融入城镇化实践，走出一条具有中国特色的新型城镇化道路。

## 二　新型城镇化的概念与内涵

"新型城镇化"一词由来已有余年，但迄今为止，学界对"新型城镇化"尚未给出统一和明确的定义。一般认为，新型城镇化在人口集聚、非农产业扩大、城镇空间扩张和城镇观念意识转化各方面与"传统的"城镇化概念并无显著差异，但在实现这个过程的内涵、目

---

① 杨发祥、茹婧：《新型城镇化的动力机制及其协同策略》，《山东社会科学》2014 年第 1 期，第 62 页。

标、内容、方式和路径上有所不同。单卓元等认为，新型城镇化是以民生、可持续发展和质量为内涵，以追求平等、幸福、转型、绿色、健康和集约为核心目标，以实现区域统筹与协调一体、产业升级与低碳转型、生态文明和集约高效、制度改革和体制创新为重点内容的崭新的城镇化过程。①

"新型城镇化"概念由"城镇化"概念拓展而来。公认最早是伴随着党的十六大"新型化"战略而呈现，主要是依托产业融合推动城乡一体化。②然而，"新型城镇化"被明确提出是在党的十八大和2012年的中央经济工作会议上。十八大报告指出："坚持走中国特色新型工业化、信息化、城镇化、农业现代化道路，推动信息化和工业化深度融合、工业化和城镇化良性互动、城镇化和农业现代化相互协调，促进工业化、信息化、城镇化、农业现代化同步发展。""新四化"的提法，把城镇化与工业化、信息化、农业现代化并列，强调城镇化与工业化、信息化、农业现代化协调发展、同步发展。十八大报告又指出："把全面协调可持续作为深入贯彻落实科学发展观的基本要求，全面落实经济建设、政治建设、文化建设、社会建设、生态文明建设五位一体总体布局，促进现代化建设各方面相协调，促进生产关系与生产力、上层建筑与经济基础相协调，不断开拓生产发展、生活富裕、生态良好的文明发展道路。"这要求新型城镇化不单纯是经济建设，而是涵盖五个方面建设的综合性的系统工程。2012年，中央经济工作会议正式提出"把生态文明理念和原则全面融入城镇化全过程，走集约、智能、绿色、低碳的新型城镇化道路"。③会议将"新

① 单卓元、黄亚平：《"新型城镇化"概念内涵、目标、规划策略及认知误区解析》，《城市规划学刊》2013年第2期。
② 李程骅：《科学发展观指导下的新型城镇化战略》，《求是》2012年第15期。
③ 参见中央人民政府网站：http://www.gov.cn/ldhd/2012-12/16/content-2291602.htm，"四、积极稳妥推进城镇化，着力提高城镇化质量。城镇化是我国现代化建设的历史任务，也是扩大内需的最大潜力所在，要围绕提高城镇化质量，因势利导、趋利避害，积极引导城镇化健康发展。要构建科学合理的城市格局，大中小城市和小城镇、城市群要科学布局，与区域经济发展和产业布局紧密衔接，与资源环境承载能力相适应。要把有序推进农业转移人口市民化作为重要任务抓实抓好。要把生态文明理念和原则全面融入城镇化全过程，走集约、智能、绿色、低碳的新型城镇化道路。"

型城镇化"与"生态文明"紧密联系，明确了"生态文明"在新型城镇化过程中的地位和作用，强调了新型城镇化中的生态文明建设内涵。因此，新型城镇化是以科学发展观为指导，体现"四个协调""五位一体"的具有中国特色的现代化道路。[①]

### 三　新型城镇化的特征解析

尽管目前各界对新型城镇化还没有给出具有广泛共识的标准定义，但对于新型城镇化的基本内涵已经充分理解。推进城镇化，核心是人的城镇化，关键是提高城镇化质量，目的是造福百姓和富裕农民。积极稳妥推进新型城镇化，走集约、节能、生态的新路子。如何深入推进新型城镇化建设，促进城乡融合式发展，实现产业发展和城镇建设的融合，是新型城镇化研究的重点内容。[②] 与传统城镇化相比，新型城镇化主要体现了以下四个方面的特征。

（一）以人为本与城乡共同发展

新型城镇化规划明确了四大战略任务：一是通过推进农业转移人口市民化，解决目前两亿多农民工在城市的身份和待遇问题；二是通过优化城镇化布局解决未来 10 亿左右城镇人口分布问题；三是通过提高城市可持续发展能力解决城市就业、基础设施、公共服务和管理水平对人口的承载支撑问题；四是通过推动城乡发展一体化解决仍留在农村的人口能够同样分享现代化成果的问题。四大战略任务都围绕"人"展开，充分体现了"以人为本"[③] 情怀，从而改变了长期以来形成的城乡二元体制，实现城乡政策平等、产业互补，农村居民与城镇居民享有同样待遇，实现城乡互动互促互进，共同发展。

（二）产业与城镇化融合发展

新型城镇化强调产业发展与城镇建设同步，通过产业发展提供更

---

① 厉以宁、艾丰、石军：《中国新型城镇化概论》，中国工人出版社 2014 年版，第 61 页。

② 项继权、王明为：《新型城镇化：发展战略、动力机制与创新突破》，《城市观察》2015 年第 5 期，第 11 页。

③ 国家新型城镇化规划提出了以人为本的核心理念。不仅要以市民为本，也要以农民工和农民为本。

多就业机会，为新型城镇化提供经济支撑和持续动力。而没有产业支撑的城镇化是不可持续的。产业是依托，没有产业就没有就业，没有就业就没有人的城镇化。所以，产业是城镇化过程中非常重要的支撑平台。新型城镇化将产业发展和城镇化建设有机结合，要求以城镇化引领产业发展，以产业发展增强城市活力，强调二者融合互动，协同发展，以经济发展促进城镇繁荣。

（三）节约与集约发展

资源的有限性决定了城镇化过程中的资源粗放利用模式不可持续。新型城镇化提出的一个主要动因就是要解决资源的粗放利用和无效利用问题。在生态文明的理念指导下，新型城镇化过程中需要做到节地、节能、节水、节材，倡导健康、节约、环保的生产模式和生活方式，强调以最小的资源投入获得最大的产出，彻底改变原有城镇化过程中资源粗放利用的模式。将高效配置和节约集约利用各项资源贯穿于城镇化转型发展的整个过程之中。重点是通过土地管理制度的改革与创新，推进土地管理制度的改革完善，在城镇化过程中不断释放改革"红利"，促进土地高效配置和节约集约利用。

（四）生态宜居与和谐发展

城镇化的一个主要目标是为人们提供良好的生活和生产环境，不断促进社会和谐与稳定发展。生态宜居不仅是区域性的宜居，而且是整体人群的宜居。和谐发展不仅仅是人与人之间的和谐发展，还包含人与自然、人与环境之间的和谐发展。生态宜居与和谐发展是新型城镇化不可或缺的主旨、不可逾越的底线，也是文明国度城镇化建设、发展与治理的价值之所在。伴随经济发展水平的提高，在新型城镇化过程中，低碳、生态、宜居将成为城市发展转型模式的共同追求。要不断解决好空气污染等城市病，提高居民生活质量和居民的幸福感。按照生态文明建设要求，实现人与自然、人与社会和谐发展是新型城镇化的总体特征。①

---

① 杨会春：《推进新型城镇化建设学习读本》，人民出版社 2014 年版，第 45—53 页。

### 四 新型城镇化的路径选择

从农村人口流动角度看，城镇化的路径有两条：一是农村人口向城市转移在城市工作成为城市居民（人口），以原有城市为依托所实施的农业人口城市化；二是农村人口通过职业转变就地转为城镇居民（人口），以村镇为依托所实施的农业人口就地城镇化。这两条路径具有一致的本质内涵：农民不再依靠农业劳动所得的农作物收成维持生活。[①] 当农民不再依靠自己的劳作所得的农作物来维持家庭生活的时候，这个农民就已经不是传统的农民了。无论他是否有城市户口，他都已经脱离了原先的生活方式，脱离了自己承担全部风险的"靠天收"农作方式，本质上已经步入"城市化"或"城镇化"的征途，或称之为"初级城镇化"阶段。在初级城镇化阶段，生活质量的进一步提升，还有赖于一系列基础设施的改善和教育与知识水平的提升。水、电、煤气、道路、通信等设施建设是城镇化建设的基本硬件保障。从长远看，初步城镇化过程中的农民子女的教育、家庭成员的看病、养老等问题都有待进一步解决。当初级城镇化中的农民完全成为了城市市民，与原有城市市民享有同样待遇的时候，该农民的初级城镇化阶段结束，完成了从农村走向城市、由农民转变为市民的城镇化过程。

#### （一）农村人口向城市转移路径

农村人口向城市转移是城镇化的最直接路径。该路径上成功转移的农村人口主要有三类人：一是城市周边或城中村的村民，他们通过土地征用途径由农民转变成了城市市民；二是凭借自身能力在城市工作和生活的农村劳动力；三是通过接受高等教育而在城市工作和生活的农家子女。但该路径上，目前仍有不少的制度障碍影响了该路径的容量和可达性。首先是现行的户籍制度限制，农村人口转为城镇人口在一些城市还存在困难。其次是伴随着户籍制度的限制所出现的社会保障问题和进城农民子女教育问题等。因此，在农村人口向城市转移路径上，首先要有序推进户籍制度改革，解决进城农民户口问题。分

---

① 或农村手工业者不再依靠给农村农民家庭制作农具和生活用品获得收入维持生活。

类明确各类城镇落户条件。率先解决长期举家在城镇就业的外来农民工及其家属在各类城镇落户问题，全面放开本地农民落户限制，有序放开外来农村人口和城镇间流动人口落户限制。其次要推进城镇基本公共服务向常住人口覆盖。不断完善农民工社会保障制度，多渠道改善农民工居住条件。落实以公办学校为主、以输入地为主的政策，解决好农民工子女免费义务教育问题。加强统筹规划，尽快整合现有培训资源和公共就业服务体系，形成覆盖城乡的公共就业服务网络。在制度层面清理农村人口向城市转移路径障碍后，农村人口向城市转移路径会更加通达。

（二）农村人口通过职业转变就地市民化路径

农村人口通过职业转变就地市民化路径有产业综合体模式、旅游小镇集群化模式和新型农村社区发展模式等。产业综合体模式是以农村良好的生态资源为依托、以生态产业为核心建设乡村小城镇，把农业、农村和农民与新型城镇化建设结合起来，以广阔农村为基础，以广大农民为依托，以乡镇和乡村为主战场，以农业农村农民为主体的新型中小城镇化为载体，创立具有乡村特色的生态产业综合体。在这个过程中，地方政府统筹谋划，完善基础设施建设与综合服务功能，搭建土地流转平台，促进农村土地流转，集中安置居民，统筹产业形态发展，营造产业发展的良好环境。企业将技术研发、生产制作、成果展示、创意设计等融入综合体，对企业实施组织运营管理，为当地农民提供就业机会，开展就业培训，启动农民就地市民化进程。旅游小镇集群化模式是针对地方特色，依托自然资源，形成滨海、文化、温泉、滑雪等特色主题旅游风情小城镇，为当地农民创造就业机会，实现农民就地市民化模式。新型农村社区发展模式是指打破原有的村庄界限，把两个或两个以上的自然村或行政村，按照统一要求，合并建设新的居民住房和服务设施，统一规划和调整产业布局，组建成新的农民生产生活共同体，形成农村新的居住模式、服务管理模式和产业格局。在新型农村社区，不仅以农业产业为基础，还将产业集聚、工业发展、服务业发展与农业农村发展衔接起来，构建现代城镇体系的重要组成部分。其重点在于改变农民生产和生活方式，提升农民生活质量，集约节约用地，调整优化产业结构，发展农村第二、第三产业，推进农业现代化，促进农民就地就近转移就业，加快缩小城乡差距，让农民享受到跟城里人一样的公共服务。①

在农村人口通过职业转变就地市民化路径上，土地利用、资金需求和行政管理是需要关注的三个焦点问题。一是要加快土地利用制度改革，促进土地资源集约、节约利用。农村宅基地制度和农村土地经营权流转制度改革要加快实施，集体土地确权颁证工作要全面开展。尝试赋予合法取得的经营性集体建设用地与国有土地同等市场交易权利，合理分配城镇建设用地指标，不断提高城镇土地集约、节约利用程度。二是要拓宽农村城镇化发展资金渠道，为农村人口就地市民化提供资金保障。农村城镇化是一项涉及多类经济主体、多种经济活动的系统工程，需要在产业支撑、公共服务、人居环境、生活方式等方面全面实现由乡到城的转变，需要多层次、多元化的金融支持。② 因此，需要着力构建布局合理、分工明确的多层次金融组织体系，构建充分动员各类金融资源、适应不同融资需求的多元化融资渠道。积极吸纳外资和民间资本参与城镇市政公用事业的建设和运营。健全地方政府举债的法定程序，扩大地方政府自行发债试点范围，在符合条件的中小城市开展政府自行发债试点工作。③ 同时，通过制度创新，吸引更多企业家或城市市民到乡镇投资创业，开辟农村产业发展融资的新渠道。三是要推进行政区划管理体制改革，放开城市居民到乡镇落户、购（用）房限制，促进城市居民和就地城镇化居民间的互动与交流，共同提升就地城镇化的品质，增强就地城镇化活力。另外，在就地城镇化过程中，可通过减少行政管理层次，实行"小政府、大社会"的管理模式。

---

① 《新型城镇化五大发展路径》，http：//news. xinhuanet. com/2015 - 01/02/c_133890232. htm，2015 年 1 月 2 日。

② 杨子强：《对金融支持城镇化建设的思考》，《金融时报》2013 年 3 月 11 日。

③ 国家发改委城市和小城镇改革发展中心课题组：《中国特色新型城镇化建设路径》，http：//theory. people. cn/n/2014/0423/c207270 - 24933042 - 3. html，2014 年 4 月 23 日。

在这两条路径上，目前，我们更多地强调、关注农村人口的进城问题，而相对忽视了城市人口向乡村转移的问题，更加忽视了城市人口向乡村转移对城镇化进程的影响。实际上，城市人群到乡间活动，包括长期的投资、短期的旅游观光等都给乡村生活带来了积极的影响，如观念上的变化、生活方式的变化和生活品质的提升等。当更多的城市市民到乡镇长期生活或定居时，这些影响会更加有力，就地城镇化进程会加快，相应的规模也会扩大，就地城镇化的效果会更加明显。在城镇化的过程中，城乡人口的双向流动最终会出现，并在很大程度上加速我国的城镇化进程，缩短我国城镇化过程的总体时间。

无论是农村人口向城市转移路径，还是农村人口通过职业转变就地市民化路径，都是新型城镇化的可供选择的路径。就农村人口向城市转移路径而言，进一步拓宽流入渠道，不断完善户籍制度、公共服务制度，将更加有利于推动我国的城镇化进程。对于农业人口就地城镇化而言，它或许是我国未来城镇化的一条主路径。随着农村水、电、路通达程度的不断提高和基础设施、设备的不断完善，就地城镇化的硬件条件会越来越好，再加上区域特色、区域产业、家庭、社会和环境等有利因素的存在，农业人口就地城镇化路径将承担更多的城镇化任务。实际上，农业人口就地城镇化过程一直在实施，并且有了相当的规模。据统计，1990 年全国乡镇个数为 5.5 万，到 2012 年，全国乡镇个数减少到 3.3 万个。这 2.2 万个乡镇就已经"城镇化"了。有的升格变为镇，有的变为城市了。另一个数据是，1990 年全国 74 万个村民委员会，2012 年只有 59 万个。十几万个村民委员会没有了，这里有人为推动因素也有城镇化自身的内在因素。① 新型城镇化建设和新农村建设在协同推进。

当然，新型城镇化始终都面临着是否可持续的问题。在城镇化发展失序、问题凸显面前，我们需要清醒地认识到，无论哪一条路径，都不应继续过度关注数量和速度的增长，而应更加注重质的提升，要

---

① 宋洪远：《以城市为依托　促进农业转移人口市民化》，2014 年 10 月 26 日，网易房产。

关注社会公平和社会正义；要以环境友好、资源节约作为新型城镇化道路的两个基本准则；只有把生态文明贯穿于新型城镇化发展各个领域且作为总体理念和建设纲领，才能解决城镇化进程中资源短缺、人口密度大以及环境污染严重等城市病，走出一条具有中国特色且可持续的新型城镇化发展之路。①

# 第三节　特色城镇化

　　城镇特色是城镇的生命力所在。每个城镇都应该拥有自己独特的精神气质和价值，这种精神气质就是城镇的个性，是区别于其他城镇的特色。缺乏特色的城镇缺乏竞争力。走特色城镇化道路就是要把城镇发展建设与历史传统、文化背景、自然风光和区位特点有机融合，充分挖掘现有资源优势，塑造自身特色，培育城镇文化，形成立足于镇情的民族特质、地域特色、时代特征和建筑风格，增强城镇竞争力。特色城镇化是指具有国家、地方或乡镇特色的城镇化过程。这些特色包括资源禀赋状态、产业发展状态、经济社会发展水平、文化特征和风俗习惯等因素。与国家特色对应的是中国特色的城镇化；与地方特色对应的是地方特色城镇化，如以云南特色为依据所实施的城镇化是云南特色城镇化；以乡镇特色为依托的城镇化是乡镇特色城镇化，特色小镇建设是其中的重要内容。

## 一　城镇化的中国特色

　　改革开放以来，我国城镇化加速发展，社会各界对我国城镇化问题开展了深入的研究，并对我国城镇化道路进行了探讨，提出了各自的不同观点和主张，也达成了不少共识。在对我国城镇化道路的研究中，学界和政界一开始就注意到我国的特殊国情，并提出探索立足于我国国情的城镇化道路，形成城镇化的中国特色。在走中国特色的城

---

　　①　钱易、吴志强、江亿、温宗国：《中国新型城镇化生态文明建设模式分析与战略建议》，《中国工程科学》2015 年第 8 期。

镇道路中，各地也注意到我国的地域广阔，区域间的经济、地理、资源、区位等差异明显，不能照抄照搬其他区域的城镇化模式，只能在相互借鉴的基础上，立足自身实际，探索符合自身地域特点的城镇化模式。

（一）经济体制与城镇化历程

从经济体制角度看，我国城镇化总体上经历了三个阶段。一是1949—1957 年的计划经济时期，第一个五年计划中的 156 个重大项目带动了城镇快速发展，城镇化水平由 10.6% 提高到 15.39%。二是1958 年后的 20 年，城镇化基本处于停滞阶段。三是改革开放以来，我国经济发展带动城镇化的发展，逐步形成了比较健全的城镇化机制。

（二）社会制度与城镇化特色

资本主义国家在加速城镇化的过程中，通过圈地迫使失去土地的农民成为了廉价的工业劳动力。而我们国家是通过城镇化积极促进农村富余劳动力进城务工经商，对农村、农业和家庭进行反哺。但这些农民仍然拥有属于自己的土地，一旦在城镇谋生遇到困难，回到农村仍有基本生活保障。

（三）人口因素与城镇化特色

我国 12.6 亿人口中有 8 亿农民，从事第一产业人员的素质与新型工业化生产的要求存在文化知识、劳动技能之间的差距。新型城镇化需要把握人口众多、农民为主体、大规模农民工文化素质不高等基本国情，通过政策引导、扶持，加强知识学习和技能培训，将活跃中小企业、扩大就业作为主要任务，最终以扩大就业来解决非农转移的问题。

（四）文化背景与城镇化特色

城镇是物质文化和精神文化的统一体。文化是城市的灵魂。一个城镇应有自己的城市精神，有自己的文化特色，有自己的风俗人情，有自己特有的风貌。对城镇来讲，文化是虚实的结合。城镇的建筑，从整体到个体，都是一个城镇文化的凝聚物和显现物。特色城镇化建设一定要把文化传承和文化创新结合起来，特别要注意保护城镇的传统文化和传统风貌。① 在城镇建设迅速推进的同时，更应该注重城市特色的塑造，辩证认识和处理好城镇现代化建设与城市历史文化传承和保护之间的关系，把保护文化遗产作为提升发展质量、改善居民生活环境、推动城镇现代化建设的动力。② 我国是一个历史悠久的国家，一些传统建筑具有深厚的文化底蕴。因势利导，保护文物，保护历史建筑风貌，应当是中国特色的城镇化道路的应有内涵。一些城市大量地拆旧建新，忽视了对传统建筑、传统街区和城市风貌的保护，偏离了新型城镇化的正确方向。从建设视角看，特色城镇化过程中不仅要保护传统建筑，更要在新的建设中传承优秀建筑文化，进而彰显中国建筑文化特色。

（五）地区差别与城镇化特色

我国幅员辽阔，发展不均衡，不仅东中西部地区发展存在差距，就是同一个地区内，相隔一二百公里，经济指标和生活水平就会差几倍甚至更多，二元经济格局依然存在。在城镇化发展上，一方面要坚持因地制宜的原则，另一方面要特别注意协调发展，缩小区域差异。"因地制宜"体现了我国新型城镇化的地域特色，而"协调发展"体现了我国新型城镇化的管理特色。

**二　城镇化的地方特色：以云南为例**

云南省委、省政府明确指出：要努力走出一条具有云南特色城镇化路子。一手抓以人为中心的新型城镇化，一手抓以美丽乡村为目标的新农村建设。云南城镇化的特色主要表现在如下几个方面：

（一）基于人口因素的特色城镇化

云南省人口老龄化的进程在不断加快，人口红利不断减少，而城镇化的成本在不断增加。第六次人口普查结果显示，全省65岁以上的老龄人口约占总人口的7.63%。随着人口老龄化进程的加快，劳动人口减少，创造的社会总价值相对减少，政府需要"抚养"的人增

---

① 厉以宁、艾丰、石军：《中国新型城镇化概论》，中国工人出版社2014年版，第71页。

② 住房和城乡建设部课题组：《"十二五"中国城镇化发展战略研究报告》，中国建筑工业出版社2012年版，第25页。

加，农民进城等人口城镇化的成本将有较大提升。相应的城镇化特色是：

（1）通过准确把握城乡居民的梯级流向和全省不同区域的城乡居民梯级转移和流动行为及意向，开展科学合理的预判，提出实事求是的解决方案，有效提升人口流入地城镇的综合承载能力，完善城镇综合服务功能，为改善城镇人居环境质量提供保障。

（2）有效提升农民进城的吸引半径。进一步提高大中小城市对于进城农民的基础设施综合配套水平，有效扩容就业岗位，强化社会保障能力，提升农民进城的城市吸引半径，在小尺度、更便捷、更适宜的城乡空间尺度中满足农民进城工作和生活的发展需要。

（3）提高人才培养和引智借力水平。进一步提高农业转移人口的劳动技能培训和工作就业指导力度，充分保障进城农民子女的义务教育权利，为进城农民和其子女能够更好地融入城市、真正实现市民化转变创造条件。同时，需要吸引国际国内科技管理人才，有效推动全省的经济社会发展和新型城镇化建设。

（二）基于土地资源的特色城镇化

云南省以城镇可建设用地为代表的可利用土地资源十分紧缺。省域内94%的国土面积是山区，坝区仅占6%，优质耕地稀少，仅占3.39%。在有限的省内土地上，加快城镇化建设速度，保证城镇化建设质量，解决好土地资源稀缺与城镇建设用地有序拓展的矛盾，是一项十分紧迫而艰巨的任务。相应的城镇化特色是：

（1）稳妥推进山地城镇建设。坚持以山地城镇作为节约集约利用土地资源的重要途径。建设山地城镇是云南在特色新型城镇化建设进程中基于坝区可建设用地紧缺和山地资源相对丰富的前提下的一种实践和探索。

（2）营建山水田园城市，彰显山水田园特色。云南独特的山水资源、山水文化和丰富的田园景观，为打造山水田园特色城镇提供了优厚的天然条件。云南省政府积极倡导保护环境、尊重自然、依山就势、融入自然的理念，注重城镇营造过程中的生态景观保护，充分利用水面、山丘、农田、林地、草地进行生态景观分隔，促使城镇、村庄组团式发展，提升城乡人居环境，营造富有特色的山地、山水、田园城镇特色景观。

（3）科学保护城市内外生态。在规划建设中，注重打造中心城区内部的绿核、绿廊，打造生态廊道和城市景观带，同时打造有机开敞的城市空间格局。积极开展生态绿化建设，在生态绿地内建设功能明确、规模适度、生态作用明显的郊野绿地和湿地公园，作为城市发展的生态屏障，为建设城乡人居环境舒适、人文社会环境良好、生态自然环境宜人的"美丽云南"奠定基础。

（三）基于空间特征的多元化发展特色

云南是"边疆、民族、贫困、山区"，空间与区域发展不均衡，城乡差异显著。云南省分别有以农业、工业和旅游服务业为主要驱动特征的三类城镇化区域，这导致全省不同区域城镇化效率差异显著、城镇化建设资源在全省范围内的配置效率损耗偏大。相应的特色城镇化是：

（1）统筹空间城镇化——稳步推进农村现代化建设，促进就近就地城镇化。城镇化包括城市现代化和农村现代化，两者的有机结合构成全面的城镇化。推进云南特色新型城镇化，将统筹城乡共同发展，使广大农民分享城镇化的成果。推进农村现代化建设，关键在于通过完善基础设施、改善环境和提高农民整体素质来增强农村自我发展活力。农村现代化道路作为云南边疆地区省份特色城镇化的路径之一，是云南以"区域城镇群作为推进城镇化的主体形态"的有益补充，必将为提升云南特色新型城镇化的质量提供有效保障。

（2）实施特色空间城镇化——大力发展六类特色小镇建设。坚持因地制宜的原则，以切实提高城乡居民生活质量、促进农民就近就业和增收致富作为规划建设的重要依据和导向，实施特色小镇建设。小城镇作为统筹城乡发展的活力支点，对转移农村劳动力、扩大非农就业、提高城镇化水平和改善农村地区公共服务水平具有重要作用。云南特殊的地理条件和生态环境决定了发展中小城市和特色城镇是特点、亮点和重点。建设具有云南典型特征的现代农业型、旅游型、工业型、商贸型、边境口岸型和生态园林型六类特色小镇，是加快全省城镇化建设的重要平台、是全省城镇体系建设格局的必要配套和有益补充，是云南特色新型城镇化的发展方向。

### 三　城镇化过程中的特色小镇建设

特色小镇是农村人口就地城镇化的重要载体。特色小镇建设已经成为我国新型城镇化建设的亮点，也是新型城镇化的重要载体，[①] 对中国经济的转型升级具有重要推动作用。《国家新型城镇化规划（2014—2020 年）》在"重点发展小城镇"一节中提出，要通过规划引导、市场运作，将具有特色资源、区位优势的小城镇，培育成为文化旅游、商贸物流、资源加工、交通枢纽等专业特色镇。《国务院关于深入推进新型城镇化建设的若干意见》第十三条"加快特色镇发展"一节中提出，发展具有特色优势的休闲旅游、商贸物流、信息产业、先进制造、民俗文化传承、科技教育等魅力小镇，带动农业现代化和农民就近城镇化。国家发展改革委就特色小城镇健康发展问题，结合国家"十三五"规划编制和新型城镇化建设，会同相关部门从加强规划引领、政策扶持、宣传推广等方面开展了一系列工作。在编制起草"十三五"规划纲要过程中，对"十三五"期间鼓励各地区培育发展特色小城镇进行了总体安排，拟重点支持 1000 个条件较好的城镇实施特色小镇建设。特色小镇之特色主要表现在如下几个方面。

#### （一）鲜明的地域特色

每一个小镇都有其独特的地域特色。特色小镇是融合地方风貌、地域文化、资源禀赋、社会和产业特征等多元要素于一体的新型城镇化的小型载体，具有鲜明的地域特色。地方风貌是小镇建设的天然依托，地域文化是特色小镇的发展之源，地域文化的挖掘与传承是特色小镇建设的一项重要内容。[②] 文化是特色小镇的灵魂，将文化元素植入小镇规划设计的各个方面，在建筑、街区、空间、环境等多元实体中彰显文化特色，形成具有文化底蕴的特色小镇，让特色小镇成为文

---

① 特色小镇：《一场伟大的中国实践》，http：//finance. people. com. cn/n1/2016/1129/c1004 - 28906445. html，2016 年 11 月 29 日。

② 苏雁、吴春燕：《特色小镇，关键在"特"》，http：//news. gmw. cn/2017 - 01/24/content_ 23565361. htm，2017 年 1 月 24 日。

化小镇。资源禀赋、社会习性决定了小镇的特色产业发展。产业发展受到资源和资金的约束。就一个区域而言，其自然资源是独特的、不可复制的，优质的自然资源不仅为当地产业发展提供优质的生产资料，而且会吸引资金、技术和人才。因此，充分挖掘、利用当地的自然资源是小镇特色产业发展的重要内容，也是特色小镇建设的主要内容。

（二）个性化的规划设计特色

特色小镇建设需要有特色的小镇规划设计。特色小镇规划设计不是单一的城市规划，也不是简单的小城镇规划，而是以特色为导向的各种元素高度关联的综合性规划设计。从宏观上看，需要坚持规划先行、多规融合，突出规划的前瞻性和协调性，统筹考虑当地的人口分布、生产力布局、国土空间利用和生态环境保护，做好特色小镇规划。从微观上看，小镇的规划设计不仅要与地方风貌、地方文化相吻合、相协调，相得益彰，还要与当地的产业发展、生活方式的需求相适应。特色小镇空间规划的功能组织与布局，要与文化特色、生态资源和人力资源高度融合。地方风貌和文化的独特性决定了小镇规划的个性化特色，而当地的产业发展与生活需求决定了规划的可实施性。地域特色决定了小镇的规划特色，基于地域特色的小镇规划设计是具有个性的特色规划设计。

（三）突出的产业特色

特色小镇建设需要有特色产业支撑。产业的选择与定位不仅关系个人的就业和经济收入，而且决定着小镇的未来。小镇的产业选择必须依托当地的自然资源、人力资源和人文条件，找准特色，凸显特色，放大特色，突出特色。一方面，要找准产业切入点，依托当地资源，开发可持续的产业形态，实现农业、加工业和旅游服务业"三产"融合，提高产业的综合竞争力。另一方面，要注重高端产业、新兴产业与传统产业的融合，注重产业发展与项目规划相融合，注重产业功能、文化功能、旅游功能和社区功能相融合，通过叠加效应，进而推进小镇的经济与社会发展。再一方面，要关注产业升级趋势，锁定产业主攻方向，不断构筑产业的创新高地。近年来，许多地方围绕特色小镇的开发建设，将当地的山水风光、田园风光、地形地貌、风俗风味、古村古居、人文历史等资源充分挖掘，大力宣传，发展旅游产业，以带动人流和资金流向特色小镇汇聚，较好地开发了小镇的旅游服务业，为小镇的产业发展带来了一定的发展动力。但值得注意的是，简单的、粗放式的旅游服务不具有可持续性。结合资源特色，不断实施产业融合和产业升级，是突出产业特色的小镇经济可持续发展之路。

（四）多元融合的经济组织模式

特色小镇的政府、企业、农户和村委会"四位一体"，构建多元融合发展的小镇特色经济组织模式。县、市、镇人民政府成立小镇建设产业发展办公室，实施产业发展整体规划和宏观管理。制定相关优惠政策，设立特色城镇建设专项资金，银行、信用社等金融部门，对新型农村社区优先提供贷款。从政策上和资金上为特色城镇建设提供保障。同时，以产业发展为依托，积极动员有实力、有需求、有辐射带动能力的龙头企业参与特色城镇建设，把解决农村产业发展、群众就业和企业用地等需求紧密结合起来，实现企业与特色城镇建设融合发展、互利"双赢"。企业结合市场需求与自身的市场经验，进行详细的产业发展规划设计，联合农村集体成立乡村经济合作社，以资源合作的形式与农户签订房屋入社、土地入股合约，对乡村资源进行整合。村委会成立协调工作专班，协调企业与农户间的问题，保障双方权益，组织从业培训，为农民就业转型提供帮助。村民积极主动融入特色经济组织，以主人翁意识，发挥自己专长，通过自主创业、自主择业、土地入股等方式参与到特色城镇建设之中。

总之，无论是硬件设施，还是软件建设，要尽量做到一镇一风格，一镇一特色。每一个特色小镇都有鲜明的、独特的地貌特色、文化特色、建筑特色、生态特色和产业特色。

# 第二章　生态文明建设与城镇化融合发展

在人类社会发展到一定阶段以后，经济社会发展需求与资源环境约束之间的冲突就会出现。协调这个冲突的主要工具就是全面实施生态文明建设。生态文明建设是一个系统工程，任何一项经济与社会实践都在生态文明建设的体系之中。城镇化作为一项复杂的农民向市民转换的伟大社会实践活动，要以生态理念文明为指导，自始至终坚持生态行为文明，并以生态制度文明作为保障。

## 第一节　生态文明

### 一　生态文明概念辨析

目前，有关生态文明的研究已在不同的领域广泛开展。其中，有相当一部分是在探讨生态文明的定义、内涵和特征。① 就生态文明的定义而言，不同的研究者从不同的视角②给出了不同的解读。比如，生态文明是人们在改造物质世界，积极改善和优化人与自然、人与人、人与社会关系，建设人类社会生态运行机制和良好生态环境的过程中，所取得的物质、精神、制度等方面成果的总和。这是实现人类

---

① 谷树忠、胡咏君、周洪等：《生态文明建设的科学内涵与基本路径》，《资源科学》2013 年第 1 期；廖才茂：《生态文明的内涵与理论依据》，《中共浙江省委党校学报》2004 年第 6 期；伍瑛：《生态文明的内涵与特征》，《生态经济》2000 年第 2 期；李良美：《生态文明的科学内涵及其理论意义》，《理论参考》2006 年第 12 期。

② 主要有三个视角：一是自然视角；二是人与自然关系的视角；三是人与自然、人与人社会关系的视角。

社会可持续发展所必然要求的社会进步状态，是按照自然生态系统和社会生态系统运转的客观规律建立的人与自然和谐共处、共存共荣、良性运行、协调发展的社会形态，是人类社会继工业文明之后出现的一种新型文明形态，是以人与自然、人与人、人与社会和谐共生、良性循环、全面发展、持续繁荣为基本宗旨的文化伦理形态。① 生态文明标志着人类生存发展所依赖的自然生态领域和生态环境建设的进步状态；是人类认识与改造自然的进步状态和积极成果；是人类在自然生态环境建设的过程中，所取得的一切生态成果的总和；自然生态环境建设的结晶体现为生态文明。② 从生态文明演进视角的定义有形态说和结构说。前者认为，生态文明是继渔猎文明、农业文明、工业文明之后的一种更高级的文明形态，或者是相对于农业文明、工业文明的一种社会经济形态。③ 它是人类文明的一个新阶段，是人类经历原始文明、农业文明和工业文明之后的一个新的发展阶段。④ 后者认为，生态文明不是取代工业文明的新的文明形态，而是贯穿所有社会形态和文明形态始终的一种基本结构。伍瑛认为，生态文明的出现是对"现代化"的批判，人类将告别传统的"物质主义"的价值观；⑤ 因此，生态文明需要抛弃传统观念，进行观念创新和技术创新。⑥ 国内研究者有一个共识，即普遍认为，生态文明体现了人与自然的和谐关系；"生态文明"建设要求认识自然、尊重自然、顺应自然、保护自然、合理利用自然。⑦

　　国外研究者从四个方面对生态文明进行了研究。一是基于生态视

---

① 姬振海：《生态文明论》，人民出版社 2007 年版，第 6 页。

② 吴灿新：《人类大文明略论》，《佛山科学技术学院学报》（社会科学版）2012 年第 2 期。

③ 廖才茂：《生态文明的内涵与理论依据》，《中共浙江省委党校学报》2004 年第 6 期。

④ 白杨、黄宇驰、王敏等：《我国生态文明建设及其评估体系研究进展》，《生态学报》2011 年第 20 期。

⑤ 伍瑛：《生态文明的内涵与特征》，《生态经济》2000 年第 2 期。

⑥ 李良美：《生态文明的科学内涵及其理论意义》，《理论参考》2006 年第 12 期。

⑦ 于立：《"生态文明"与新型城镇化的思考和理论探索》，《城市发展研究》2016 年第 1 期。

角对文明进行研究。阿纳森（Arnason）从生态视角考察了全球背景下海洋与日本文明的关系。① 二是就生态环境特征对文明的作用进行研究。如洛瑟来（Losev）研究了适当的空间范围对维持文明稳定的作用，他指出，"足够大的自然生物群保护区域是存续生命和维持文明稳定的关键"，并认为，文明稳定的"另外一个关键问题是认知地球生态系统中哪种人类文明能够满足人类的增长需要"。② 三是将生态环境质量与生态文明进行关联性研究。比如，G. Nazaryan 等在对 Ku－ra－Araks河流域的实证研究论文中指出，Ku－ra－Araks 河沿岸的污染、森林滥伐、洪水是该流域生态环境乃至生态文明的威胁因素。③ 四是对生态文明的某些特征进行探讨，如马格多夫·弗雷德（Magdoff Fred）指出，和谐是生态文明的重要特征。④ 如从地球与生态环境健康性、稳定性，以及生态文明对生态环境质量的影响等角度而言，生态文明可定义如下：生态文明是致力于持续保持地球上生命活力与环境稳定，并以生态环境质量的持续改善作为人类经济、社会、文化发展前提的文明类型。⑤

总体而言，生态文明遵循了人与自然、社会和谐发展这一客观规律，保证其可建立较合理的制度，获得较理想的物质、精神成果，从而成为以人与人、人与自然、人与社会和谐共生、良性循环、全面和可持续发展及繁荣为基本宗旨的文化伦理形态。⑥ 这些研究普遍认为，生态文明体现了人与自然的和谐关系，生态文明建设要求认识自然、

---

① Arnason, J. P., "An ecological view of history: Japanese civilization in the world context", *Journal of Japanese Studies*, 2004, Vol. 30, No. 2, Feb. 2004, pp. 436–440.

② Losev, K. S., Ecological limits of the growth of civilization, Frankfurt, Germany: 2nd Symposium on the Future of Life and the Future of our Civilization, 2005, pp. 115–119.

③ Nazaryan, G., Markosyan, A., Margaryan, A., Ecological civilization in Ku－ra－Araks River Basin, Zhengzhou, P. R. C.: 4th International Yellow River Forum, 2009 (10), pp. 20–23.

④ Magdoff, F., "Harmony and ecological civilization beyond the capitalist alienation of nature", *Monthly Review: An Independent Socialist Magazine*, Vol. 6, No. 2, June 2012, pp. 1–9.

⑤ 沈清基：《论基于生态文明的新型城镇化》，《城市规划学刊》2013 年第 1 期。

⑥ 王俊霞、王晓峰：《基于生态城市的城市化与生态文明建设协调发展评价研究——以西安市为例》，《资源开发与市场》2011 年第 8 期。

尊重自然、顺应自然、保护自然、合理利用自然。

我们认为，生态文明是人类文明发展的新阶段，它涵盖了全部人与人、人与社会和人与自然关系以及人与社会和谐、人与自然和谐的全部内容。因为人与自然是一个相互依存的整体，以损害自然界来满足人类无节制的需求，必将破坏生态环境，危害经济与社会的可持续发展。

## 二 生态文明的缘起

生态文明因严峻的资源、生态、环境问题而起。人类改造世界的经济和建设活动加速了全球气温的上升①，工业化和城镇化是影响气候变化的主要因素。② 改革开放以来，我们坚持以经济建设为中心，以经济增长为主要目标，在经济建设方面取得了显著成效。然而，随着经济的快速增长，资源、生态、环境问题逐步显现。人与自然的关系矛盾突出，资源短缺和生态环境恶化问题凸显。面对日益严峻的资源、人口、环境和经济发展上的问题，中国政府站在国家执政理念的高度，提出了"生态文明"建设的发展战略。研究者以中国传统文化为背景，以可持续发展理念为基础，从人类社会文明形态演进的角度，在对人与自然、人与人以及人与社会之间本质关系的认识过程中形成了一系列的生态文明建设理论成果。1994 年，我国率先发布了《中国 21 世纪议程——中国人口、资源、环境发展白皮书》。1996年，在"九五"计划中，提出了转变经济增长方式、实施可持续发展的战略主张。2002 年，党的十六大将"可持续发展能力不断增强，生态环境得到改善，资源利用效率显著提高，促进人与自然的和谐，

---

① IPCC（Intergovernmental Panel on Climate Change），Climate Change 2007：Mitigation of Climate Change［M/OL］. 2007 Available at Intergovernmental Panel on Climate Change：http：// www. ipcc. ch/publications_ and_ data/publications_ ipcc_ fourth_ assessment_ report_ wg3_ report_ mitigation_ of_ climate_ change. Htm accessed on August 12th 2014. UNHABITAT（United Nations Human Settlements Programme）. Cities and Climate Change – Global Report on Human Settlements 2011［M/OL］. 2011. London，Washington：Earthscan.

② Xing，Y.，Horner，R.，El – Haram，M. and Bebbington，J.，"A framework model for assessing sustainability impacts of urban development"，*Accounting Forum*，Vol. 33，No. 3，March 2009，pp. 209 – 224.

推动整个社会走上生产发展、生活富裕、生态良好的文明发展道路",确定为全面建设小康社会的四大目标之一。2003 年,党的十六届三中全会提出以人为本,全面、协调、可持续的科学发展观。2006 年,党的十六届六中全会提出构建和谐社会,建设资源节约型和环境友好型社会的战略主张。2007 年,党的十七大报告提出:"建设生态文明,基本形成节约能源资源和保护生态环境的产业结构、增长方式、消费模式。循环经济形成较大规模,可再生能源比重显著上升。主要污染物排放得到有效控制,生态环境质量明显改善。生态文明观念在全社会牢固树立。"生态文明建设的提出,是人们对可持续发展问题认识深化的必然结果。建设生态文明,是关系人民福祉、关系民族未来的长远大计。党的十八大报告系统地提出了今后五年大力推进生态文明建设总体要求,并将生态文明建设纳入"五位一体"总体布局。由此,中国特色社会主义事业总体布局由经济建设、政治建设、文化建设、社会建设"四位一体"拓展为包括生态文明建设的"五位一体",生态文明建设融入经济、政治、文化、社会建设各方面和全过程。十八届三中全会进一步提出建立系统完整的生态文明制度体系,用制度保护生态环境的战略要求。

生态文明的提出符合人类社会发展的历史逻辑,是人地关系协调共生与可持续发展的必然结果。从发展史来看,人类文明已经经历了原始采集文明、农耕文明和工业文明。在工业化进程中,人类创造了辉煌的发展成就,但也在经济增长、社会治理、环境可持续发展等方面遇到了前所未有的危机。在既有的发展观框架内,人类无法兼顾经济增长、社会治理与环境可持续,难以破解生态危机和发展困境。基于此,人类必须重新审视传统的发展观,探索一条良性的、生态的、可持续的发展道路。

20 世纪以来,西方国家工业化和城镇化迅速推进,在极大地增加社会物质财富的同时,过度地消耗着环境资源,造成了日益枯竭的资源约束和生态危机,引起了社会各界对问题的研究和反思。1962 年,美国学者蕾切尔·卡逊的《寂静的春天》问世,第一次系统地阐述了严峻的环境问题向人类敲响的警钟,开创了新的生态学时代。面对日益严峻的环境污染形势和国际社会的呼声，联合国于 1972 年 6 月 5 日在瑞典的首都斯德哥尔摩召开了第一次世界性的人类环境会议。人类环境会议通过了著名的《人类环境宣言》，将"为了这一代和世世代代的利益"作为人类共同的信念和原则，成为可持续发展理念的重要源泉，开启了世界许多国家开展环境保护合作的新纪元。

### 三　生态文明的内涵及特征

生态文明的内涵主要体现在生态理念文明、生态行为文明和生态制度文明三个基本层面。生态理念文明是指人们在思想上、认识上和意识上能够关注并感知生态问题对于国家与社会发展以及家庭和个人生活的影响，具有自觉自愿参与生态文明建设的意识。生态行为文明是指人们在生态理念文明引导下所实施的注重生态保护的生产和生活行动。生态制度文明是指保障生态行为文明实施的各项制度安排。三种文明相辅相成，理念文明是先导，制度文明是保障，行动文明是结果。

生态文明理念及行为实践具有四个方面的鲜明特征。

（一）在价值观念上，生态文明强调给自然以平等态度和人文关怀

人与自然作为地球的共同成员，既相互独立又相互依存。人类在尊重自然规律的前提下，利用、保护和发展自然，给自然以人文关怀。生态文化、生态意识成为大众文化意识，生态道德成为社会道德并具有广泛影响力。生态文化的价值观从传统的"向自然宣战""征服自然"，向"人与自然协调发展"转变；从传统经济发展动力——利润最大化，向生态经济全新要求——福利最大化转变。

（二）在实践途径上，生态文明体现为自觉自律的生产生活方式

生态文明追求经济与生态之间的良性互动，坚持经济运行生态化，改变高投入、高污染的生产方式，以生态技术为基础实现社会物质生产系统的良性循环，使绿色产业和环境友好型产业在产业结构中居于主导地位，成为经济增长的重要源泉。生态文明倡导人类克制对物质财富的过度追求和享受，选择既满足自身需求又不损害自然环境的生活方式。

（三）在社会关系上，生态文明推动社会走向和谐

人与自然和谐的前提是人与人、人与社会和谐。一般来说，人与社会和谐有助于实现人与自然和谐；反之，人与自然关系紧张也会带来消极影响。随着环境污染侵害事件和投诉事件的逐年上升，人与自然之间的关系问题已成为影响社会和谐的一个重要制约因素。建设生态文明，有利于将生态理念渗入到经济社会发展和管理的各个方面，实现代际、群体之间的环境公平与正义，推动人与自然、人与社会的和谐。

（四）在时间跨度上，生态文明是长期艰巨的建设过程

我国正处于工业化中期阶段，传统工业文明的弊端日益显现。发达国家两百多年出现的污染问题，在我国快速发展的过程中集中出现，呈现出压缩型、结构型、复合型特点。因此，生态文明建设面临着双重任务和巨大压力，既要"补上工业文明的课"，又要"走好生态文明的路"，这决定了建设生态文明需要长期坚持不懈的努力。①

生态文明的核心问题是正确处理人与自然的关系，本质要求是尊重自然、顺应自然和保护自然。在空间维度上，生态文明是全人类的共同课题。在时间维度上，生态文明是一个动态的历史过程。建设生态文明，就是要求人们自觉地与自然界和谐相处，形成人类社会与自然界和谐共处、良性互动、持续发展的文明境界，其实质是要建设以资源环境承载力为基础、以自然规律为准则、以可持续发展为目标的资源节约型、环境友好型社会。

**四　生态文明建设的必要性**

生态文明是人类社会文明的高级状态，不是单纯的节能减排、保护环境的问题，而是要融入经济建设、政治建设、文化建设、社会建设各方面和全过程。②

党的十八大报告指出，面对资源约束趋紧、环境污染严重、生态

---

① 周生贤：《生态文明建设与可持续发展》，人民出版社、党建读物出版社 2011 年版，第 2—8 页。

② 甘晖、夏成、万劲波等：《迈向生态文明时代的理论：环境社会系统发展学述评》（上），《中国人口·资源与环境》2013 年第 6 期。

系统退化的严峻形势，必须全面树立尊重自然、顺应自然、保护自然的生态文明理念，把生态文明建设放在突出的地位，努力建设美丽中国，实现中华民族永续发展。

（一）继承和发展马克思主义生态文明观，必须加强生态文明建设

马克思主义认为，"人是自然界的一部分"，是"有生命的自然存在物"，"人本身是自然界的产物，是在自己所处环境中并且和这个环境一起发展起来的"①，因此，人必须以自然界为其生存和发展的前提条件。② 同时，人通过实践可以能动地改造自然，但"我们不要过分陶醉于我们人类对自然界的胜利。对于每一次这样的胜利，自然界都对我们进行报复"③，"不以伟大的自然规律为依据的人类计划，只会带来灾难"。④ 马克思主义生态文明观博大精深，是建设生态文明的理论源泉。要在继承马克思主义生态文明观的基础上，结合我国经济社会发展的实践，对生态文明建设进行探索与创新，不断与时俱进，并将成果创造性地运用于实践、指导实践。

（二）实现可持续发展，必须加强生态文明建设

生态文明作为人类文明的基础，延续人类社会原始文明、农耕文明、工业文明的历史血脉，承载了物质文明、精神文明、政治文明的建设成果，贯穿在经济建设、政治建设、文化建设、社会建设的各方面和全过程。改革开放以来，我国经济快速发展的同时，带来了资源环境代价过大、发展不协调、生态环境恶化等问题。对此，只有坚持生态文明的理念和思路，才能提高全民族生态道德文化素质；只有走生态文明路子，才能突破种种"瓶颈"制约，实现经济社会协调发展。党的十八大报告把生态文明建设放在突出地位，作为建设中国特色社会主义事业的有机组成部分，就是要尽快消除因过度开发而造成

---

① 马克思、恩格斯：《马克思恩格斯文集》第9卷，人民出版社2009年版，第38页。
② 肖永贵：《试论生态文明建设的意义》，《三明日报》2013年1月20日。
③ 恩格斯：《自然辩证法》，人民出版社1984年版，第304—305页。
④ 马克思、恩格斯：《马克思恩格斯全集》第31卷，人民出版社1972年版，第251页。

的生态环境危机，努力建设以天蓝、地绿、水净为主要标志的美丽中国。

（三）走新型城镇化道路，必须加强生态文明建设

城镇化与生态文明建设是相互促进、相互制约的。当城镇化建设符合生态文明理念，城镇化建设将有利于资源的开发和利用，提高资源利用率，促进生态环境的优化。而生态环境的改善将大大增强城镇的综合竞争力，推进城镇化建设健康发展。反之，当城镇化建设违背生态环境建设和保护，必然造成资源的浪费和过度消耗、加剧环境污染，制约经济社会的发展。面对我国城镇化进程中的资源约束趋紧、环境污染严重、生态系统退化的问题，必须增强生态危机意识，切实加强生态文明建设。新型城镇化道路必须站在维护国家生态安全和保障社会健康发展的高度，告别盲目追求城镇化发展速度和规模的错误倾向，将生态文明理念贯穿到城镇化发展全过程，融入城镇发展规模、产业选择、生活方式、制度安排等各个方面，形成资源节约型和环境友好型的城镇化模式。

# 第二节　生态文明建设与城镇化的关联性分析

把生态文明融入城镇建设体系，全面推进以"人的城镇化"为核心的新型城镇化，建设有中国特色的新型城镇体系，是党的十八大和十八届三中全会提出的一项重大战略任务。2012 年的中央经济工作会议明确指出："把生态文明理念和原则全面融入城镇化全过程，走集约、智能、绿色、低碳的新型城镇化道路"。这既赋予了城镇化新的内涵，也给生态文明建设提供了重要的发展机遇。[1]

生态文明建设与城镇化的关系，作为一个学术问题，在学者之间

---

[1] 田文富：《新型城镇化与生态文明建设的互动机理及保障机制研究》，《中州学刊》2015 年第 3 期。

有不同的理解。国外的研究主要集中在城镇化发展与环境保护的关系上。杜克罗特（Ducrot）等研究了城镇化与自然资源保护之间的关系模型，提出城镇化发展过程中，尤其是城市边缘区要加强自然资源与环境的配套规划，协调好城镇化开发与环境保护的关系。[①] 波特尼（Portney）探讨了生态环保的公民参与和城镇化可持续发展的关系，认为公民参与对城镇化可持续发展以及生态环境保护有着重要的影响。[②] 比尔（Beall）等认为，城市化过程中要注重生态文明建设，尤其强调要加强自然资源保护、生态环境优化、产业结构升级等，以实现城市的可持续发展。[③]

国内有研究提出新型城镇化是基于生态文明之下的城镇化；[④] 也有研究认为，新型城镇化是生态文明的载体，生态文明是新型城镇化的目标；城镇化建设与生态文明建设高度关联，二者是相依相存、相辅相成的关系，生态文明建设有助于提升新型城镇化的质量；[⑤] 还有研究认为新型城镇化必然进一步强化生态文明建设，加强生态文明建设是推进新型城镇化的重要内容和重要环节。[⑥] 当然，也有研究提出，新型城镇化是推动生态文明建设的动力。[⑦] 除将新型城镇化和生态文明建设分开考察并阐述两者关联性的研究以外，还有学者将两者并列

---

① Ducrot, R., Page, C., Bommel, P. et al., "Articulating land and water dynamics with urbanization: An attempt to model natural resources management at the Urban Edge", *Computers, Environment and Urban Systems*, Vol. 28, No. 1, Jan. 2004, pp. 85 – 106.

② Portney, K., "Civic engagement and sustainable cities in the United States", *Public Administration Review*, Vol. 65, No. 5, May 2005, pp. 579 – 591.

③ Beall, J., Guha – Khasnobis, B., Kanbur, R., *Urbanization and Development: Multidisciplinary Perspectives*, Oxford: Oxford University Press, 2010, pp. 300 – 327.

④ 严海玲：《基于生态文明的新型城镇化探讨》，《经营管理者》2014 年第 3 期。

⑤ 王新燕、赵洋：《以生态文明思维推进中国新型城镇化战略的科学意义》，《求是》2014 年第 4 期；李冠辰、高兴武：《生态文明视角下的新型城镇化的几个相关问题》，《山东社会科学》2014 年第 5 期。

⑥ 谢启标：《新型城镇化推进中的生态文明建设思考》，《福建金融管理干部学院学报》2014 年第 1 期。

⑦ 田文富：《新型城镇化与生态文明建设的互动机理及保障机制研究》，《中州学刊》2015 年第 3 期。

起来，认为新型城镇化与生态文明具有相同目标，具有一致的核心内涵。① 中国特色新型城镇化道路即生态文明道路，生态文明视角下新型城镇化道路就是生态城镇化的道路，因此，新型城镇化的目标是建设生态城市。② 沈清基也认为，推进城镇化必须与生态文明建设同步，生态文明建设是可持续城镇化的动力和保障，两者间的协同发展方可解决城乡发展中的各项问题。但他同时认为，城镇化是工具和手段，而生态文明则是最终目标。③ 于立则认为，新型城镇化是生态文明建设的具体载体，新型城镇化是探索城镇化的新模式，以实现可持续发展为目标；而生态文明作为战略，明确了发展的目标，显示了一个过程，提出了一种进步。这个过程包含社会、经济和环境整体发展的内容和意义。④ 2014 年颁布的《国家新型城镇化规划（2014—2020年)》⑤ 是以"生态文明"作为整体的发展方针，把生态文明战略融入城镇化进程，推进绿色城市、智慧城市的建设。我们认为，在经济社会发展的新阶段，新型城镇化作为一项复杂的农民向市民转换、农村向城镇转化的巨大经济、社会实践活动，要以生态理念文明为指导，自始至终坚持生态行为文明，并以生态制度文明作为保障，从而使新型城镇化的经济效益目标、社会目标和生态环境目标得到均衡发展。生态文明建设是一个系统工程，新形势下将生态文明贯穿其中的任何一项经济社会实践都是生态文明建设的具体内容。因此，新型城镇化是生态文明建设的重要载体之一，而生态文明建设是新型城镇化的重要保障和内生动力，生态文明建设的加强也会进一步促进新型城镇化建设。在新型城镇化推进过程中，必须平衡和处理好城镇化与生态文明建设之间的关系，使两者相互促进、相得益彰，实现经济效

---

① 王雅芹、赵书昭、谢辉：《论新常态下城镇化与生态文明的协同推进——以河北省为例》，《农村经济与科技》2015 年第 11 期。

② 黄娟：《生态文明时代新型城镇化道路的战略思考》，《管理学刊》2015 年第 1 期。

③ 沈清基：《论基于生态文明的新型城镇化》，《城市规划学刊》2013 年第 1 期。

④ 于立：《生态文明与新型城镇化的思考和理论探索》，《城市发展研究》2016 年第 1 期。

⑤ 《新型城镇化国家规划（2014—2020 年)》，http：//www. gov. cn/gongbao/content/2014/content_ 2644805. htm。

益、生态效益与社会效益的统一。

## 一 新型城镇化是生态文明建设的重要载体

从生态文明建设的角度来看，新型城镇化至少在以下三个方面体现了生态文明建设的内容：（1）新型城镇化建设有利于自然空间的集约高效利用。通过严格控制城镇建设用地规模，严格划定生态红线，合理控制城镇开发边界，来优化城镇空间布局和结构，促进城市紧凑发展，提高国土空间利用效率，从而实现"促进生产空间集约高效、生活空间宜居适度、生态空间山清水秀"的愿景目标。（2）新型城镇化有利于生产要素的合理配置和集约节约。新型城镇化就是改变传统的高消耗、高浪费、高排放的"大拆大建"式的城镇发展模式，始终把生态文明理念融入城镇化发展的全过程，做到资源的集约节约，资金、技术、人力的高效利用，推进绿色发展、循环利用、低碳节能，推动形成绿色低碳的生产生活方式和城市建设运营模式。城镇化可以促使大量劳动力和其他生产要素在城镇及其周边地区集聚，为企业扩大生产规模提供便利条件，带来生产和市场的集聚集中，产生集聚效应和规模效益，节约单位产出的成本，从而为自然资源的减量化、再利用和再循环提供条件和可能。（3）新型城镇化带来的人口集中，使更多的人共享同样数量的公共道路、水电煤气等基础设施，还可以共享医疗、教育、社会保障等基本公共服务，从而降低人均公共投入的成本。由于公共道路具有非竞争性、非排他性等特点，在一定限度内使用者的增多并不会增加或者只增加很少的成本，因此，城镇化可以提高城市公共资源的使用效率，从而降低人均公共投入，减少社会总资源的消耗。①

## 二 生态文明建设是新型城镇化的重要保障

生态理念文明为新型城镇化建设提供了全局观念和可持续发展观念，生态行为文明为新型城镇化给出了整体效益最优的实施方案和实施路径，生态制度文明为新型城镇化提供了制度保障。生态文明建设

---

① 田文富：《新型城镇化与生态文明建设的互动机理及保障机制研究》，《中州学刊》2015年第3期。

成为了新型城镇化的内生动力之一。其推动作用主要表现为以下几个方面：一是生态文明建设为新型城镇化创造了新的经济增长点和增长动力。开发环保产业、新材料产业、可再生能源产业和清洁能源产业将会成为新型城镇化发展的新的动力。正确引导生产要素向这些领域的集聚，会创造更多的就业岗位，促进产业结构的优化升级，以形成可持续发展的城镇化前景。二是生态文明建设要求新型城镇化有更有力的环保投资。在新型城镇化过程中，不仅要注重产业的生态化以及新能源产业的开发，也应增加环保类基础设施的投资，加强公共基础设施建设、生活垃圾处理、城市道路建设等领域的投资，以提升城镇化的水平和质量。三是人们日益增长的对生态产品的需求也是新型城镇化有效的推动力。经过 30 多年的改革开放，人们的物质生活水平得到极大提高，对生活质量以及美好生活环境产生了更高的要求。因此，在新型城镇化过程中，投入大量的人力、物力和财力，实施重大生态修复工程，增强生态产品生产能力，成为推进新型城镇化健康发展的重要引擎。[①] 因此，只有建设好生态文明，才能更好地节约资源，优化人们的生活环境，协调人与自然的关系，最终实现资源节约型、环境友好型、人与自然和谐相处的城镇化。加强生态文明建设，必将有力促进城镇化的健康发展。

### 三　新型城镇化进程中的生态文明建设

国家统计局数据显示，我国 2015 年的城镇化率已达到 56.1%。[②]按照国际城市发展经验，城镇化率逾越 50% 以后，城镇化速度会进一步加速突破 60%—70%。[③] 然而，这个阶段可能导致城乡差距问题、生态环境问题和社会公平公正问题等诸多弊病。此外，世界银行数据显示，中国 2015 年人均国内生产总值达 7820 美元，居第 96 位，已步入中等收入国家行列，内需压力将进一步增强。因此，新型城镇化必须尽快从片面追求城镇化速度向城镇化质量转变，必须尽快从城市

---

① 包双叶：《论新型城镇化与生态文明建设的协同发展》，《求是》2014 年第 8 期。
② 国家统计局：《2015 年中国城镇化率为 56.1%》，中国经济网，2016 年 1 月 19 日。
③ 单卓元、黄亚平：《"新型城镇化"概念内涵、目标、规划策略及认知误区解析》，《城市规划学刊》2013 年第 2 期。

维度向城乡维度转变。① 在不断提升城乡公共服务质量的同时，要避免落入"中等收入陷阱"，保障经济健康繁荣，加强生态环境保护，促进生态文明建设和社会和谐稳定。

### 四　生态文明建设贯穿于城镇化全过程

新型城镇化的发展，是以生态文明理念为指导，建设生态城市为目标的发展。从"五位一体"高度把握生态文明建设在城镇化进程中的地位和作用，把生态文明理念渗透到城镇化发展的规划设计及基础设施建设、天然生态系统保护与绿化、生产和消费方式、法治和文化教育等各个领域和全过程。以环境承载力为前提，规划城镇发展建设的合理规模及相关的约束性指标，创新城镇发展模式。强化对自然资源、历史人文资源及城乡生态环境的保护力度，因地制宜，推进新型农村社区建设，从整体上形成集约紧凑的城镇化布局形态和产业功能配套、符合生态文明理念的城乡空间结构。② 推进新型城镇化与生态文明建设融合发展，要在加快城镇化发展中彰显生态文明建设的突出地位，按照"建设生态文明，是关系人民福祉、关乎民族未来的长远大计"的战略要求，将生态文明理念贯穿于城镇化发展全过程和城镇建设中的经济、政治、文化、社会等各个方面，寻求符合自身特征的生态文明建设方向和措施，不断开拓生产发展、生活富裕、生态良好的城镇化发展道路，促进自然、人、社会复合生态系统的和谐协调、共生共荣、共同发展。

### 五　生态文明建设成果促进城镇化发展

一个区域生态文明建设效果显著，将直接促进该区域的城镇化建设与发展。区域生态文明建设效果的一个重要标志是区域生态环境改善。当区域生态环境改善以后，一是会吸引更多的城镇化建设资金，直接介入城镇化建设行为；二是区域生态环境的改善使区域产品的竞争力加强，从而吸引更多的企业介入，区域产业得到更好的发展，就

---

业岗位也不断增加；三是区域生态环境的改善会吸引更多的民众在城镇安居，在城镇工作和生活，城镇化水平会大幅度提高。洱海流域的生态文明建设，大大改善了苍山十八溪和洱海的水质，大理市银桥镇等乡镇建设投资不断增加，娃哈哈等著名企业已经进驻，环洱海周边旅游业不断发展，经济效益可观，当地农民非农就业率不断提升，台湾同胞也相继涌入，形成了著名的银桥"台湾村"。

# 第三节　推进生态文明建设与城镇化融合发展

我国的城镇化过程正处在诺瑟姆曲线的加速发展阶段，在这个阶段注重城镇化的质量成为实现其可持续发展的关键。而要破解在城镇化过程中出现的问题，保证城镇化的质量，需要生态文明理念和思想的指导。只有将生态文明融入城镇化的过程中，科学推进生态文明建设与城镇化融合发展，才能使城镇化过程向着健康城镇化、生态城镇化以及可持续城镇化方向发展。

## 一　建立生态文明与城镇化融合发展理念

生态文明强调尊重自然、顺应自然和保护自然，坚持节约优先、保护优先和自然恢复为主的理念。城镇化过程中融入生态文明理念，不仅可以满足城镇居民的精神需求，还能够有利于城镇化质量的提高。建立生态文明与城镇化融合发展理念，一方面，需要加大生态文明意识的宣传和培育力度，通过各种宣传手段使生态文明理念深入人心，并转化为自觉的行动；同时，要完善生态文化基础设施和公共服务载体建设，为生态文明的传播提供渠道和途径；并通过发展生态文化产业，选择以普惠性为主，以定向性为辅的发展模式，向公众和社会提供生态文化创意产品与服务，形成可以永续传承的生态文化。另一方面，要充分利用传统媒体和新兴媒介在全社会进行绿色城镇化发展观念的宣传教育，引导公众选购使用能效标识产品、节能节水认证产品、环境标志产品和无公害标志食品等绿色标识产品，鼓励使用环保包装材料，抵制高能耗、高排放和过度包装产品，遏制铺张浪费，提倡绿色消费、低碳出行。值得一提的是，"关键少数"——领导干部必须带头树立与生态文明建设相适应的城镇化发展理念，处理好城镇化发展与生态建设和环境保护的关系，强化绿色发展意识。只有这样，才能激发广大群众建设低碳城镇、人文城镇和智慧城镇的自觉性和主动性。

## 二　按主体功能区战略要求做好城镇化顶层设计

任何经济社会活动都存在于一个特定的土地空间，而土地空间必有一种主体功能。推进形成主体功能区，就是要根据不同区域的资源环境承载能力、现有开发强度和发展潜力，统筹谋划人口分布、经济布局、国土利用和城市化格局，确定不同区域的主体功能，并据此明确开发方向，完善开发政策，控制开发强度，规范开发秩序，形成人口、经济、资源环境相协调的国土空间开发格局，构建高效、协调、可持续的城镇发展空间。[1] 因此，要按照主体功能区战略要求，发挥地区优势与发展潜力，科学地制定与资源环境承载能力相适应的城镇化规划，形成生态良好、功能定位准确、产业布局合理、区位优势凸显的城镇化格局。[2] 树立绿色、低碳、生态、人文的城市生态观，确立"产城人"融合发展的城镇规划体系。[3]

## 三　构建生态补偿机制促进区域城镇化协调发展

各地区资源环境禀赋不同，承载的生态功能不同，各区域实现城镇化的途径也会存在差异。对于优化开发区域和重点开发区域，应发挥其经济基础较好、资源环境承载能力较强、发展潜力较大、集聚人口和经济的条件较好等优势，实现人口聚集和经济聚集的主体功能。同时，对于限制开发区域和禁止开发区域，应发挥其土地生产力较高、生态涵养较好的优势，实现主产农产品和生态产品的主体功能。

---

① 马凯：《推进主体功能区建设　科学开发我们的家园》，《行政管理改革》2011 年第 3 期。

② 陈军：《生态文明融入新型城镇化过程的实现形式和长效机制》，《经济研究参考》2014 年第 8 期。

③ 田文富：《新型城镇化与生态文明建设的互动机理及保障机制研究》，《中州学刊》2015 年第 3 期。

建立以生态补偿机制为主，均衡性转移支付和地区间横向援助机制为辅的经济手段，消弭地区间的发展差距，实现不同区域的经济互补和环境互补，推动不同区域城镇化的协调发展。① 需要制定体现不同主体功能区发展差异的资源利用生态补偿和生态转移支付的政策法规，构建覆盖主要生态系统禁止开发区域和重点生态功能区的纵向生态补偿机制，推动建立开发与保护地区之间、受益与保护地区之间、上下游地区之间的横向生态补偿机制。建立生态补偿市场机制，引导社会资本向生态环境保护投入，逐渐完善多途径的补偿和激励方式，最终建立市场主导、政府推动、全社会参与的生态补偿和生态建设机制。建立和完善优化开发区域和重点开发区域向限制开发区域和禁止开发区域的生态转移支付制度，加大生态转移支付力度，提高转移支付比例和范围。②

**四　建立城镇化绿色 GDP 核算和考核评价体系**

根据主体功能定位不同，给出不同的考核目标。依据城镇建设科学发展、绿色发展的要求和导向，通过加大生态文明相关指标在城镇化考评中的权重，全面反映城镇化的真实发展水平，将经济发展速度、资源能源节约利用、生态建设与环境保护、生态文化培育、体制机制建设等指标纳入党政领导干部工作职责范畴和政绩考核体系，构建城镇化绿色 GDP 核算和考核评价体系以及相关考核办法，形成城镇化和生态文明建设融合发展的考评激励机制。

**五　运用财政金融手段促进生态文明与城镇化融合**

城镇化需要财政金融支持，支持什么样的城镇化直接决定了城镇化的发展方向。因此，只有建立有利于推动与生态文明相融合的城镇化的财政金融政策，城镇化才能朝着持续健康的方向发展。一是要构建合理的财政支出结构，强化政府基本公共服务供给的责任和义务。二是以教育、养老、社保和医疗等公共服务为突破口，构建合理的中

---

① 陈军：《生态文明融入新型城镇化过程的实现形式和长效机制》，《经济研究参考》2014 年第 8 期。

② 同上。

央与地方的财政关系，逐步提高中央财政在转移支付中对义务教育、基本养老、社保、基本医疗等基本公共服务支出的比重，帮助地方建立基层政府基本财力保障制度，增强地方政府提供基本公共服务的能力，努力使城镇财力与事权相匹配，推进教育、养老、社保、医疗、住房等社会保障体系改革，改善农业转移人口子女的教育机会公平，为农民提供基本社会福利，切实解决农民工实际生活困难。同时，加大财政支持力度，提高农村公共服务供给水平，继续推进新农村建设，基本消除城乡的二元化结构。三是要建立有利于构建合理产业结构的财政金融引导机制。财政政策要着眼于支持产业结构的进一步调整、优化与融合，推进新型工业化进程，实现工业化和城镇化的良性互动。根据不同地区的发展潜力，推进产业特色化发展，利用财政政策杠杆有效引导城际间产业分工与协调。四是要优化金融生态环境，充分利用合理的金融手段拓宽城镇化过程中的资金来源渠道，鼓励多元化的资金来源，发挥地方金融机构的作用，大力发展适合城镇化建设的金融产品和服务。

### 六 通过产业升级、转型和融合促进城镇生产方式转型

城镇化能否实现关键在于产业能否发展。一个地区产业成功升级、转型，实现了"三产"融合发展，农民才有可能成为工人，城镇化才有可能实现。因此，城镇化能否实施与是否可持续发展最终都要落实到经济发展方式的转变上来，落实到产业成功升级、转型和融合发展上来。一是在产业结构上要注重服务业和战略新兴产业的培育和发展，在生态环境和资源承载力范围内适度发展各类产业，形成符合"标准结构"、适应市场需求结构、合理利用资源、可持续发展的产业结构体系。二是要对能源、水资源、土地资源以及矿产资源实施合理的开发强度，通过理念创新、技术创新、管理创新等手段，节约、集约使用各类资源，不断提高资源的利用效率。三是要推进城镇生产方式的绿色、循环和低碳化转型。各类产业要按照"两型"社会的要求实现生产方式的转型，彻底摒弃高投入、高污染的粗放式发展，按照减量化、再利用、资源化的原则实现循环发展，按照低能耗、低污染、低排放的原则实现低碳发展。

# 第三章　洱海流域概况与生态文明建设

　　洱海流域具有显著的地域性。地域性是当地气候、传统文化、神话传说以及手工艺等各种因素综合影响的产物，最典型的体现就是根植于当地的自然、人文条件的传统民居聚落。洱海流域独特而罕见的高原高山景观结构，孕育滋养了独具特色的白族人民和灿烂丰富的人文景观。在人文景观单元内，生长出极富魅力的白族文化景观、宗教文化景观和人居环境景观。这些景观高度体现了人与自然和谐共存、协调发展的特征，也反映了人与自然相融合、相渗透、相协调的特点，具有重要的历史、文化、民族、宗教价值。"苍山不墨千秋画，洱海无弦万古琴。"洱海碧波万顷，东边与苍山环绕衬托，西边与点苍山相互辉映。洱海流域以洱海水生态为核心的生态文明建设对洱海流域人民群众的生产生活具有重要影响，是"一荣俱荣、一损俱损"、休戚相关的共生关系。

## 第一节　洱海流域概况

　　洱海流域地处澜沧江、金沙江和元江三大水系分水岭地带，属澜沧江—湄公河水系，地理坐标为北纬 25°25′—26°10′，东经 99°32′—100°27′。洱海流域是世界屋脊的屋檐下多元文化的交汇处。在地形上，洱海流域位于巨大的青藏高原向中国东部和南亚低地势区过渡的转折点——"世界屋脊的屋檐"。在气候上，洱海流域是南北气候带上南亚热带和中亚热带交会处，东南沿海温湿地区和西北内陆青藏干寒地区之间的过渡地带，同时也是西南季风影响横断山地第四纪冰川作用的首当其冲的地区。在地貌上，洱海流域是亚洲大陆末次冰期冰川作用最南的山地之一，或是有末次冰期冰川作用而无现代冰川的最南端山地。在植被上，洱海流域是云南高原植物区、金沙江植物区、滇西植物区和澜沧江红河中游区四个植物分布区的结合部位。在动物地理区划上，洱海流域处于古北界和东洋界的过渡地带，形成南北种类混杂的局面。在区位上，洱海流域是重要的区域交通枢纽，多元文化的交汇处，是我国西南地区重要的东西、南北向交通枢纽，历史上著名的茶马古道与蜀身毒道（西南丝绸之路）在此交会。

洱海流域有着悠久连续的发展历史和特色鲜明的南诏大理文化，体现了中国西南少数民族的聪明才智和各民族文化交流融合的积极意义。南诏大理存在于公元7—9世纪、历时两百年，曾经非常强大并且创造了辉煌文明的中国西南地区少数民族王国，其势力范围以洱海地区为中心沿金沙江、澜沧江、怒江、元江和伊洛瓦底江扩展，东到中国贵州、广西，南到老挝湄公河流域，西到缅甸那加山脉，北到中国四川大渡河一带，包括今中国云南全境，贵州、四川的部分以及越南、老挝、泰国、缅甸部分地区，控制面积超过 80 万平方千米。洱海流域长期以来形成的多元的宗教信仰、多彩的民俗风情、丰富的民间传说等多元独特的民族文化成果是南诏国历史和白族文化的独特见证，是世界文明史中文化交流与融合的杰出典范，是唐宋时期中华文明的有机组成部分。

## 一　洱海的演变形成

洱海，从地质上说，是一个典型的内陆断陷盆地，是喜马拉雅构造运动的产物。洱海盆地在构造上处于印度板块与欧亚板块结合带的北东段，元江—红河大断裂以北西—东南向穿越洱海断陷盆地。洱海断陷盆地的形成、发展是地质板块剧烈运动的产物。新生代喜马拉雅构造运动强烈活动，洱海北西—南东断裂两侧引起褶皱凸起形成高山或山丘台地，西高东低，沿断裂带断陷聚水形成山间湖泊。从孕育、发展至今经历六千万年。

洱海是喜马拉雅运动产物，与区域新构造线的方向完全一致。在古近纪时期，洱海、三营、乔后、剑川和鹤庆一带是滇西三大水系——澜沧江（含支流漾濞江）、金沙江及元江（含支流大西河、弥苴河）的分水岭，其间分布着若干独立的山间盆地。盆地中的堆积物在剑川、洱海断裂以西称为宝相寺组，断裂以东称为丽江组。洱海盆地于新世末期开始接受沉积，沉积物见于南端凤仪狮岗村及北端邓川右所附近的低山地带，分布高度为海拔 2000 米左右。当时洱海盆地堆积物的水平面大致在 1200 米。

在新近纪时期，强烈的喜马拉雅运动第二幕的发生，使鹤庆、洱海断裂以东的九顶山、大黑山、马耳山和鹤庆东山一带剧烈上升，河流溯源侵蚀作用强烈，致使金沙江支流落漏河经大王庙袭夺鹤庆内陆河、中江河经新庄袭夺鹤庆内陆河，均注入金沙江，成为外流河，但盆地的基本面貌并未消失。

早更新世，继新近纪之后，鹤庆、洱海断裂以东的鹤庆东山、马耳山、大黑山、九顶山一带上升缓慢，河流溯源侵蚀基本停止，新庄、大王庙原河流袭夺地段淤塞，洱海又恢复为内陆湖泊。洱海当时的水平面在海拔 1800 米左右。

中更新世，全区强烈上升，河流溯源侵蚀加剧，对新近系和下更新统煤系地层破坏极大。三营、洱海盆地沟通，水系经大王庙也向东流入金沙江。按沉积物的平均高度推算，洱海当时的水平面应在海拔 2080 米左右。早、中更新世是洱海的成长期（青年期）。此时，全区持续上升，河流的切割、搬运作用占主导地位，湖区范围扩大，水系沟通，湖水外流，区内水系基本定型。

晚更新世，此时气候寒冷，大理冰期来临，山岳冰川的刨蚀作用强烈，河道阻塞。河道西侧的点苍山从高到低发育着一系列冰川地貌和冰川堆积物。此时洱海水位为海拔 2160 米，是洱海发展的壮年期。在大理冰期，气温也有升降变化。当温度上升，洱海水泛滥时，通过大王庙和天生桥之北的龙大洞（另称一线天）两个龙打洞向外流入澜沧江。围绕点苍山东西两侧盆地间的河道沟通，形成两组串珠状湖泊；差异性的块状上升运动，使洱海西岸相对上升，东岸相对下降，西侧河流的溯源侵蚀作用强于东侧，断绝了东流去向，洱海水西流。

早全新世，此时气候变暖，大理冰期结束，河岸湖边洪积物发育。在洱海地区，苍山十八溪奔泻而下，于山前地带形成洪积扇裙。当时洱海水位 2020 米，早全新世时洱海水位开始下降，范围缩小，进入老年期。

中全新世，由于区内持续块状上升，河流侵蚀作用强烈，湖泊进一步缩小。此时，乔后、沙溪、凤羽等湖泊消失，剑川湖泊缩小，退至城南海拔 2200 米范围；三营湖泊也南移至洱源一带海拔 2060 米的地带；鹤庆湖泊基本干涸，仅在城北海拔 2240 米的小范围内残存；洱海范围缩小，水位下降到海拔 2000 米左右。

全新世晚近时期，三千年以来，区内湖泊进一步缩小。现在洱海地区仅存剑川剑湖、茈碧湖、西湖、邓川西湖和大理洱海。距今 1300 年前后，洱海水位在海拔 2010—2040 米，与开挖西洱河前洱海水位（1965 米）比较，1300 年以来，洱海水位自然下降 45 米，下降率为 3.5 毫米/年。1969 年挖掘西洱河道后，洱海水位迅速下降，北端江尾、西岸喜州——马久邑、南端里后山等地露出大片沙地。

洱海漫长的历史演变过程中，湖泊水位不断变化，主要经历了三个较大的阶段，即早全新世，由于苍山上升，西洱海下切，水面由海拔 2160 米下降到 2020 米；中全新世，块状上升，小湖泊干涸，水位降至 2000 米左右；1967—1982 年，由于建设西洱河水电站，水位由 1966 年的 1966.24 米降至 1982 年的 1962.94 米。[①]

## 二　地理位置与形态特征

洱海是白族文明的摇篮和发祥地，也是云南古代文明的发源地之一。白族语叫洱海为"杲"（gao），直译汉语就是海。汉语对洱海的称谓，最早见于《汉书·地理志》，称作叶榆泽。以上在不同的朝代，不同的时期古籍史书载称昆弥川、西洱河、西二河、洱河、叶榆水、弥海、西洱海等。今名洱海，始自明朝中叶。[②]

洱海发源于洱源县的茈碧湖，源头出自罢谷山，北有弥苴河注入，东南收波罗江水，西纳苍山 18 溪水。北起洱源县江尾，南至下

---

① 王圣瑞等：《洱海富营养化过程与机理》，科学出版社 2015 年版，第 9—10 页。
② 大理市志编纂委员会：《大理市志》，云南人民出版社 2015 年版，第 1095 页。

关，南北长 42 千米，东西宽 3—9 千米。从空中往下看，洱海宛如一轮新月，静卧在苍山和大理坝子之间，海岸线长 130 千米。蓄水最多时，面积 249.4 平方千米。最大水深 20.7 米，平均水深 10.5 米。正常库容 28.8 亿立方米。最大年来水量 18.8 亿立方米，最小年来水量 4.86 亿立方米。洱海水产资源丰富，共有鱼类 30 多种，其中有土著鱼 17 种，引入鱼类十多种。洱海有水生植物 61 种，分属 44 属 26 科，其中沉水植物 19 种、浮叶植物 7 种、漂浮及悬浮植物 6 种、挺水植物 11 种、其他植物 18 种。洱海水禽有 59 种，分属 8 目 12 科 31 属，其中有珍稀水禽 34 种。洱海气候温和，风光绮丽，景色宜人，素有"高原明珠"之称。人们将秀丽的洱海风光概括为"八景"：山海大关、金梭烟云、海镜天开、岚蔼普陀、沧波渔舟、海阁风涛、海水秋色、洱海映月。洱海与苍山紧紧拥抱，形成天然的苍洱风光。明代状元杨升庵留有"山则苍笼叠翠，海则半月拖蓝"的名句。[①]

　　洱海属断陷湖泊，是云南仅次于滇池的第二大淡水湖，是中国第七大淡水湖。洱海流域 2565 平方千米，包括大理市和洱源县 16 个乡镇、167 个行政村、854 个自然村，流域总人口 83.74 万。洱海主要补给水源为大气降水、森林滞留水及少量融雪。主要入湖河流 22 条，多年平均入湖水量为 8.25 亿立方米，西洱河为洱海的唯一出水口，多年平均出湖水量为 8.63 亿立方米。流域年均降雨量 1048 毫米。历史最高水位 1975.64 米（1966 年），最低水位 1970.52 米（1983 年）。1996—2013 年，洱海平均来水量 8.99 亿立方米，年均净入湖水量 4.52 亿立方米，年均生活用水 0.25 亿立方米，年均农业用水 1.25 亿立方米，年均增发 3.0 亿立方米，年均引洱入宾用水量 0.86 亿立方米，年均西洱河出水量 3.5 亿立方米。洱海水资源的环境状况直接关系到洱海地区的生态安全和可持续发展。[②]

---

① 薛琳：《新编大理风物志》，云南人民出版社 1999 年版，第 18—20 页。
② 大理州政府法制和政策研究办公室：《洱海保护治理机制的法治研究》，《大理政报》2016 年第 6 期，第 40 页。

### 三 自然环境

#### (一) 地势

洱海流域地处金沙江、澜沧江、红河分水岭地带，河流水系属澜沧江水系。地貌形态和山脉走向明显受构造线和断层的控制，呈现总体西高东低和以洱海盆地为中心向四周递增高度的层状地貌结构。苍山十八溪和凤尾河、玉龙河等则受东西向断裂控制发育。

西部的苍山切割强烈，主要由变质岩系组成，多形成陡崖和"V"形河谷。苍山 19 峰海拔高度均在 3500 米以上，最高的马龙峰为 4122 米。

东部为平缓起伏的山地丘陵地带，海拔多在 2100—2800 米，最高的九顶山，为 3117.5 米。

南部山丘海拔多在 2100—2600 米，最高为 3006.9 米。西洱河是洱海的唯一出水口，河谷的坦底摩村是大理市境内的最低点，海拔为 1340 米。

洱海盆地地形平坦、开阔，沿湖山麓谷口形成大小 36 个迭瓦式冲洪积扇裙。苍山 18 溪沿点苍山横切奔泻，流入洱海。

#### (二) 地形

洱海流域的地形类型主要有以下几类：

##### 1. 构造侵蚀地形

构造侵蚀地形是由侵蚀作用形成的地形。主要特征是：山纵谷横、山高谷深、峰峭谷窄。"V"形深切河谷发育，河床坡降大，山体坡度陡，地势险峻雄伟。山脊纵向延伸，受到南北向区域地质构造线的严格控制；沟谷横向分布，与东西向次级构造裂隙密切相关。其代表性景观如苍山东坡的"舍身崖"，下关西洱河谷的"天生桥""龙打洞"，都是新构造强烈上升活动与地表径流的侵蚀作用特别发育所致。

##### 2. 冰蚀地形

冰蚀地形是由冰川侵蚀作用形成的地貌形态。具体表现为：山脊狭窄状若刀刃（俗称"刀面山"），片麻石峰林千姿百态（由片麻岩类组成，分布高程 3200—3700 米），刃脊与角峰相连成岭神韵巍巍，高山冰碛湖成串分布，清澈如镜仿若"天河"展现。此外，尚有星罗棋布的冰窖、冰蚀洼地、冰坎、冰川幽谷（也称"U"形谷、冰川槽谷）、冰川悬谷等多种冰蚀地形，主要分布在海拔 3000 米以上，尤以 3500 米以上保存更为典型，是大理冰期精雕细刻的杰作。

3. 山麓堆积地形

山区河流自山谷流入平原后，流速降低，流水挟带的碎屑物质开始堆积，形成由山谷出口处向边缘缓慢倾斜堆积的山麓堆积地形。其景观特点以苍山东麓的洪积扇为代表。洪积扇是苍山边缘最显眼的堆积地貌单元，分布于山下，尤以东麓最为典型，可称山麓或山前洪积扇。洪积扇的形成是新构造抬升活动与地表洪流的水动力作用联合营造的结果，为洪流所挟带的固体松散物质组成，停积于苍山十八溪中下游，因河床坡降由陡变缓堆积而成。洪积扇的头部向西收敛，海拔一般在 2200 米左右；尾部向东呈扇形展开，海拔约 2050 米，此起彼伏连成一片，宛若裙边。苍山东坡的洪积扇也是典型的洪积扇裙。

4. 其他

苍山东麓，大约在海拔 2200—2500 米的高程区内，尚有不多的台地、丘陵、残积土层发育，属构造剥蚀地形或剥蚀堆积地形，往往是古人类活动的重要场所，对考古发掘有一定的价值。其代表性的人文地理景点，如中和峰麓的"马龙遗址"（海拔 2250—2280 米）。

深切河谷在苍山西坡也很发育，其横断面呈"V"形，谷底狭窄，河岸陡峻，其成因与苍山东坡十八溪相同，是苍山构造侵蚀地形的重要组成部分。

与前述构造侵蚀地形有别，在大理地区，苍山是断块隆起上升区，洱海是断陷沉降区，两者水平距离不到 10 千米，高差可达 2150 米，这种显著的反差对比，是地壳运动"升"与"降"的呼应造成的，二者有密切的生成联系。在地壳历史漫长的演化过程中，形成了相互依存的"断块山"与"断层湖"。

（三）主要山脉

洱海流域主要山脉有西部南北走向的点苍山山脉和东部的五福山—青山山脉，以及北西走向的南部风流坡、大笔架山山脉三大系统。每条主要山脉又可沿次级山岭山峰形成横向局部余脉。

西部点苍山属滇西横断山脉云岭的余脉，南北长 50 余千米，东西宽约 10 千米，海拔在 3074—4122 米，苍山十九峰由北向南依次为：云弄峰 3600 米、沧浪峰 3546 米、五台峰 3755 米、莲花峰 3958 米、白云峰 3790 米、鹤云峰 3920 米、三阳峰 4034 米、兰峰 3955 米、雪人峰 3944 米、应乐峰 4011 米、小岑峰 4092 米、中和峰 4092 米、龙泉峰 4088 米、玉局峰 4097 米、马龙峰 4122 米、圣应峰 3666 米、佛顶峰 3615 米、马耳峰 3285 米、斜阳峰 3074 米。

在苍山东麓发育有 18 条溪流，从北往南依次为霞移溪、万花溪、阳溪、茫涌溪、锦溪、灵泉溪、白石溪、双鸳溪、隐仙溪、梅溪、桃溪、中和溪、绿玉溪（白鹤溪）、黑龙溪、清碧溪、莫残溪、葶溟溪、阳南溪，溪流由西向东流入洱海。

洱海东岸与苍山平行的南北走向山脉有九顶山、五福山—青山—三峰山山脉，形成金沙江、澜沧江两大水系自然分水岭。海拔在 2500—3100 米之间，山间河谷少。

南部的大笔山、风流坡之间的山脉，山峰海拔 2500—3007 米不等。北坡河水入洱海，南坡则属红河水系。

（四）气候

由于洱海流域地形地貌复杂，地势海拔悬殊，导致气候水平分布复杂，垂直差异显著，具有多样性和立体性特点。随着海拔高度的增高，气温和雨量的垂直分布差异较大，一般情况下，气温随海拔高度的增高而降低，雨量随海拔高度的增高而增多。气候随海拔高度可分为"三层三带"，即低温层、中凉层和高寒层，并有北亚热带、暖温带和寒温带之分。从立体气候看，当洱海之滨苍山之麓已是绿树成荫、鲜花盛开的初夏，苍山山腰则是春茶发芽、杜鹃含苞欲放的早春，而苍山之巅还是白雪皑皑、呵气成冰的隆冬，正是"一山分四季，十里不同天"的真实写照。由于苍山、洱海的影响和调节，形成了独特的地方性气候，导致洱海东边雨量比洱海西边明显减少，干旱严重。与云南省内纬度、海拔相近的地区比较，冬春偏暖多大风，夏季雨量偏多无酷暑。

洱海流域属北亚热带高原季风气候区，坝区年平均气温 15.0℃，最热月平均气温 20.1℃，最冷月平均气温 8.5℃，冬季极端最低气温大于 -5.0℃，无小于 0℃ 的平均气温。夏季最热月平均气温小于22℃，极端最高气温小于 35℃。史书有"四时之气，常如初春，寒止于凉，暑止于温"的记载，多被称为"四季如春"，全年绿树成荫，四季鲜花盛开，是最适宜人居的地方。

洱海流域全年可照时数在 4400 小时左右，历年平均日照时数为2253.9 小时，占可照时数的 51.2%，平均每天有 6 小时以上的日照时间。年均降雨量为 1066.6 毫米。冬、春少雨多旱，11 月至次年 4月雨量仅 157.0 毫米，占全年的 14.7%，雨热同季，5—10 月雨量在909.6 毫米，占全年的 85.3%。大雨、暴雨天气多出现在夏季。

洱海流域年平均风速为 2.4 米/秒，瞬时最大风速超过 40 米/秒（13 级大风）。多年平均大风日数达 58.7 天，11 月至次年 5 月大风日数占全年的 98.5%。由于哀牢山与苍山之间狭谷地形的影响，使入侵气流产生狭管效应，下关风能资源储量优于全国大部分地区，故有"风城"之称。下关年平均风速达 4.1 米/秒，大风日数多年平均达78.5 天，是云南省大风日数最多的地方。

（五）水资源

洱海流域以洱海为中心，海西片每平方千米年产水量 6 万—89 万立方米，海南的下关片，每平方千米年均产水量 70.6 万立方米，海南的凤仪片每平方千米年均产水量 38.3 万立方米，海东片每平方千米年均产水量仅 26.2 万立方米。洱海作为特殊的区域，海面蒸发量大于降雨量，致使径流量呈负值。

全市地下水十分丰富。全市地下水资源总贮量为 2.77 亿立方米，具体分布是：海西片较为丰富，贮量为 1.89 亿立方米，占地下水总贮量的 68.2%；其次是下关片，贮量为 0.68 亿立方米，占总贮量的24.5%；再次是凤仪片，贮量为 0.17 亿立方米，占总贮量的 6.1%；最少的是海东、挖色两个镇，贮量仅为 0.03 亿立方米，占总贮量的 1.1%。

洱海流域内的河流和湖泊，除凤仪后山、三哨分水岭以南 17.9

平方千米属红河水系外，其余全部以洱海水流为吐纳中心，均属澜沧江水系。仅大理市境内共有大小溪河117条，除西洱河外，其他主要溪河有25条，全部发源于大理盆地四周青山并流入洱海。其中的苍山18溪源于苍山，东向平行流经大理坝汇于洱海，是洱海西部地区重要的地下水补给来源和农田自然灌溉水源。洱海流域内湖泊主要是洱海。据测定，洱海水位在黄海高程1966米时，南北长42.0千米，东西宽最大8.8千米，最小3.05千米，最大水深21.5米，平均水深10.8米，水面面积为252.19平方千米，库容量为27.94亿立方米，湖岸线长129.14千米，库容7.37亿立方米。

（六）植物资源

洱海流域位于云南高原植物区，澜沧江、红河中下游植物区，滇西峡谷植物区和金沙江植物区的交会过渡地带。境内地形复杂，气候多样，为各类植物生长提供了良好的环境条件，成为许多植物的发生中心和变异中心。合适的水热条件，复杂多样的地形，典型的山地立体气候，复杂的历史过程，不同区系的植物在此交会，形成了大理地区，尤其是苍山洱海地区丰富的生物多样性。据不完全统计，仅苍山一地就有5个垂直植被带谱，9个植被类型，21个群系。据统计，苍山约有蕨类植物40科，268种，种子植物170科，755属，2300余种。

水生植物以洱海最为集中，共有水生维管束植物的种类27科、48属、64种，其中沉水植物20种、浮叶植物8种、漂浮植物6种、挺水植物17种、其他13种。此外，洱海共有藻类183种，隶属8门10纲21目42科89属，其中绿藻门89种、硅藻门57种、蓝藻门26种、金藻门5种、甲藻门3种、黄藻门3种。

洱海流域内的林木树种主要有华山松、云南松、栎类、桤木、杉木、香樟、贞楠、楸木、桉树、杨树、柳树等20余种，此外，还有生长于苍山上部的高寒适生树种苍山冷杉和铁杉。主要经济林树种有核桃、板栗、棕榈、花椒、茶树、桑树、银杏、皂角等。野生果树有棠梨、拐枣、软枣、海棠、毛桃、多依、羊奶果、橄榄、杨梅、山楂、杏、梅、李树等。含栽培品种，梨共17个品种，桃共有12个品种。林果中，海东雪梨、文笔大唐桃、海东甜石榴、凤仪山楂、华营苹果、挖色板栗、太邑核桃为优良品种。

洱海流域的花卉以茶花、杜鹃、兰花三类较为有名。茶花品种达数十种之多，其中以恨天高、童子面、紫袍、牡丹、早桃红、狮子头、大理茶、松子鳞八大名花最为有名，尤以恨天高为珍贵品种。大理苍山在国际上被誉为"杜鹃花的故乡"。苍山的杜鹃花属植物达到44种，其中苍山杜鹃、阔叶杜鹃、和蔼杜鹃、兰果杜鹃为苍山特有品种，颜色有红、白、紫、黄等多种。大理是中国兰花驯化、培育、栽培中心。中国兰属（Cymbidium）植物31种，云南有27种。而苍山有兰科植物至少22属，按考察采集的标本计算，苍山兰科植物占我国兰科植物165属的13.3%，苍山兰科植物的一些属种属国内外稀有，包括大理铠兰、启无角盘兰、大理角盘兰、云南角盘兰、大理独蒜兰5种特有的兰科植物。大理民间养兰历史悠久，600年前白族同胞就留下了记录珍贵兰花的历史文献《南中幽芳录》。中国自古鉴别出可供观赏的兰花1200余种，这里就有约50%。

（七）动物资源

按动物地理分布区划，洱海流域属西南动物区系。近百年来，由于自然环境的变迁，人类活动范围的扩大，野生动物种类和数量有所减少。

洱海流域的鸟类主要栖息于苍山上。据统计，苍山已知鸟类共有15目39科201种，其中属一类保护的有1种，二类保护的有20种。一类保护鸟类是黑颈长尾雉；二类保护鸟类有雀鹰、普通鹰、白尾鹞、红隼、血雉、红腹角雉、雉鸡、黑颈长尾雉、白腹锦鸡、楔尾绿鸠、厚嘴绿鸠、绿翅金鸠、大紫胸鹦鹉、灰头鹦鹉、小鸦鹃、草鸮、雕鸮、红角鸮、斑头鸺鹠、领鸺鹠。

洱海流域的兽类主要栖息于苍山，苍山有哺乳类动物82种。由于过去乱捕滥猎动物和生态环境的破坏，曾在苍山上栖息过的虎、马鹿等大型兽类已无踪迹，穿山甲、小熊猫等遭到捕杀，如今数量已较少。据统计，苍山上的小型兽类共有5目12科30属53种，现存已知大型兽类有4目8科12属12种。

洱海流域的水生动物资源主要是鱼、虾、贝类及动物性资源，并集中产于洱海。洱海渔业资源有鱼、虾、贝三大资源，其中鱼类资源历史上以本湖特有的土著种为主，有经济价值较高的黄壳鱼（土著鲤鱼的统称）、弓鱼（大理裂腹鱼）、油鱼（油四须鲃）、鳔鱼（洱海四须鲃）、鲫鱼等。其中有一部分是洱海名贵鱼类，特别是大理裂腹鱼已被云南省列为野生动物二级保护对象。

洱海土著鱼类有 17 种，隶属于 4 科 8 属。其中，鲤科 12 种，占70%；鳅科 3 种，占 18%；青科、合鳃科各 1 种，均占 6%。鱼类区系特点是：种类贫乏；鱼类类型同域分化最为突出；特有种多；凶猛性鱼类少。洱海土著鱼类从其生活区的分布、摄食方式及产卵习性等方面的生物学特性上的差异，有利于其种群并存，组合面貌合理。但从 20 世纪 70 年代开始，土著鱼类大多已处于濒危状态。

洱海引进鱼种起始于 1962 年，随着青、草、鲢、鳙四大家鱼的引入，同时带入多种小杂鱼。自 1983 年起，还养殖太湖银鱼。现在，外来鱼种计 17 种，隶属 6 科 16 属，使洱海的鱼类从原有 17 种增加到34 种。引种促进了鱼产量的增加，但也造成鱼类区系组成的巨大变化。外来鱼种的引入破坏了原有生态系统的平衡，使鱼类之间产生了种间竞争和饵科基础再分配等一系列问题。

洱海内还有土著虾——米虾（又叫小红虾）和云南高原湖泊特有的贝类资源——螺蛳。后由大理州食品公司在 1962 年从昆明滇池引入日本沼虾，先在大理州鱼种站内塘试养，因 1966 年发大水而流入洱海。最高产量达 2759 吨（1992 年），以后年产量在 2000 吨左右。①

**四 社会经济环境**

洱海流域历史悠久、文化厚重。早在五千多年前，这里就产生了灿烂的洱海文明。公元前 109 年，西汉时，汉武帝在云南设益州郡，大理置叶榆县，从此大理地区正式纳入西汉王朝版图。东汉时，属永昌郡。三国蜀汉和东晋时期隶属云南郡。魏晋南北朝时归属东河阳郡。隋时属南宁州。7 世纪中叶，洱海地区出现了八诏及东、西河蛮

---

① 大理市志编纂委员会：《大理市志》，云南人民出版社 2015 年版，第 35—48 页。

等民族部落，其中有六个部落较强大，史称"六诏时期"。738 年，蒙舍诏统一洱海地区，建立南诏国，定都太和城。784 年，南诏迁都羊苴咩城。902 年，五代时，郑买嗣灭南诏建大长和国；926 年，赵善政灭大长和国建大天兴国；930 年，杨干贞灭大天兴国建大义宁国；937 年，段思平灭大义宁国建大理国。在南诏、大理国长达 500 多年的历史中，大理一度成为云南及周边地区的政治、经济、文化中心，直至元宪宗十一年（1261 年）置云南行省于中庆（今昆明市），至此，云南的政治、经济、文化中心由洱海流域转移到昆明。元、明、清时期，先后在大理设置大理路军民总管府、大理府，并设太和县及赵州。辛亥革命后，太和县改为大理县，赵州改为凤仪县。中华人民共和国成立后，先后设大理县、凤仪县、下关市。1958 年 9 月，并三县市为大理市。1960 年撤销大理市，恢复大理县、下关市、漾濞县建制，将凤仪县划归大理县。1983 年 9 月，经国务院批准，撤销原大理县、下关市，合并组建大理市。2004 年 1 月，原洱源县的江尾镇、双廊镇正式划归大理市管辖。①

洱海流域地跨大理市和洱源县两个县市，行政范围包括大理市的下关镇、大理镇、银桥镇、湾桥镇、喜洲镇、上关镇、双廊镇、挖色镇、海东镇、凤仪镇 10 个镇，洱源县的邓川镇、右锁镇、茈碧湖镇、凤羽镇、牛街乡、三营镇 6 个乡镇，以及大理国家级经济开发区和大理省级旅游度假区。流域面积 2565 平方千米，海拔 1974 米，总人口 83 万，约占大理州总人口的 25%，其中农村人口约 56 万，约占总人口的 78%，包括白族、汉族、彝族、回族、傈僳族、藏族、傣族、纳西族等 25 个民族。②

大理市在全力推进滇西中心城市建设的进程中，确立了把海西片区打造成为"农耕文化的承载区、千年文明和白族传统文化的展示区、康体休闲度假旅游区"的战略目标。2016 年提出建设国际一流

---

① 大理市志编纂委员会：《大理市志》，云南人民出版社 2015 年版，第 1—2 页。
② 董利民：《洱海流域水环境承载力计算与社会经济结构优化布局研究》，科学出版社 2015 年版，第 236 页。

旅游城市目标。

洱海流域种植业和畜牧养殖业是农业经济的主导产业。流域种植业主要种植水稻、小麦、玉米、豆类等粮食作物和油料、烤烟、蔬菜等经济作物。经济作物的种植面积在逐年增加，其中，独蒜是一个新兴品种，其种植规模正在迅速扩大。流域畜牧业的主要养殖品种有牛马驴骡等大牲畜以及生猪、羊等。流域林业生产总值主要来自核桃的种植，而由于洱海开始实施禁渔措施，流域渔业的发展受到阻碍。总体来看，农业是洱海流域基础产业，担负为流域居民提供绝大部分基本生活资料以及为流域加工业提供基本原材料的重任，尽管在工业化进程中，其在三次产业中的比重还会继续下降，但随着绿色流域建设的推进，林果业等绿色产业将会成为流域主导产业之一，其增加值还有较大增长空间。

洱海流域工业是第二产业的主体，占第二产业总产值的90%。其中，流域工业产业中重工业比重持续上升，说明随着流域各类资源的有效利用和基础设施的完善，随着工业化和城镇化进程加快，洱海流域工业发展有向"重化工业"时代过渡的趋势。流域工业的主要行业有烟草业、交运设备制造业、电力生产业、非金属矿物制造业以及饮料制造业等。随着绿色流域工业化进程的加快，流域工业的中坚推动作用逐步显现。在流域经济发展过程中，第二产业将占据越来越重要的地位。值得注意的是，流域耗水量大、排污多的工业企业须加以限制，而流域绿色农副产品加工业、特色民族产品加工业，以及新兴电子、信息、生物等高新技术或高智力型工业和清洁工业生产，应是流域工业内涵强质、外延增效的发展方向选择。

洱海流域集历史人文、自然、气候和区位四大优势于一身，旅游产业是洱海流域的支柱产业。随着1982年2月大理被国务院公布为全国首批24个历史文化名城之一，同年11月被公布为全国首批44个风景名胜区之一，1984年2月又被国务院批准为乙类对外开放城市，大力发展旅游正式列入政府的议事日程，提出了"以旅活市"战略，把旅游作为支柱产业之一大力培植，并于1985年1月成立市旅游局，加强对旅游工作的领导。在基础设施建设上，立足于苍山、洱海的秀美风光和厚重的历史文化遗址遗存，加大对旅游景区景点的硬件投入，先后投资 1.82 亿元重建了崇圣寺，投资 8400 万元新建开发了南诏风情岛，实施了大理古城墙修复一期工程、蝴蝶泉公园改造、苍山玉带云游路建设、东环海旅游公路建设、大理古城保护、苍山索道、天龙八部影视城等一大批重点旅游项目的投资建设，还对全市100 多个景区景点都不同程度地进行了改造提升。同时，加大对交通运输和接待宾馆以及旅游产品的开发建设，大大提高和提升了全市的旅游接待能力。1999 年 1 月大理市荣获首批"中国优秀旅游城市"称号，2004 年 9 月又荣获"最佳中国魅力城市"称号，使大理旅游的知名度得到进一步提升。2002 年 9 月，大理旅游集团有限公司成立，对各旅游景点进行整合，实行所有权与经营权分离，实行统一领导、统一营销、统一结算，搞活旅游产业。对 23 家旅行社进行整合，组建了旅行社经营管理公司和大理旅游"一卡通"有限责任公司，实现旅游企业间的网络电子交易和账务适时结算。在 1987 年推出的苍洱风光水陆一日游的基础上，又推出了大理风光游、大理文化游、大理民俗游线路。通过机制创新，整合了旅游资源，规范了市场，提高了竞争力。在行业管理上，坚持依法兴旅，依法治旅，加强了对旅游业的生产经营、服务质量、市场秩序、安全保险等管理；坚持以游客为本，加强职业道德培训；坚持涉旅人员持证上岗制度，提高服务技能；坚持开展创建十佳文明导游和优秀导游评选活动，提高导游整体接待水平。通过加强行业管理，培育了健康有序的旅游市场体系，打造了诚信大理旅游品牌。①

## 第二节　洱海流域生态文明建设历程

洱海流域各级党委、政府和广大群众历来高度重视生态文明建设。大理市实施"生态立市"发展战略，洱源县实施"生态文明示

---

① 大理市志编纂委员会：《大理市志》，云南人民出版社 2015 年版，第 5—7 页。

范县"建设，着力实现经济与人口、资源、环境相协调。苍山、洱海、海西是大理生态环境的基础，也是大理民族文化的承载平台。保护好苍山、洱海、海西，是实现大理可持续发展的基础，也是当地生态文明建设长抓不懈的主题。

## 一　洱海保护的历程

洱海是白族人民的"母亲湖"，具有优越的区位优势和厚重的历史文化，发挥着供水、农灌、发电、渔业、航运、旅游、调节气候等多种综合功能，是大理政治、经济、文化的摇篮，也是长期以来生态文明建设的重点。

洱海流域水污染治理大体经历了三个阶段。

### （一）水污染防治阶段（2002 年之前）

该阶段以洱海水质保护为核心，开展水质系统监测和调查，逐步建立了污染源防治体系，以点源治理为重点，以"双取消"①"三退三还"②为标志。

#### 1. 取消网箱养鱼设施

1992 年 11 月 1 日，率先取消影响饮用水的洱海团山取水附近和桃源旅游码头附近的 31 户养殖户、计 308 个网箱。1997 年 3 月 15 日，在州、市各级相关部门的努力下，沙村、上关一带的网箱养鱼设施全部撤除，其他各乡（镇）、村也按规定时限完成取消工作。经统计两县、市取消网箱养鱼设施共计 11180 箱，涉及 2966 户，其中洱海水域为 9507 箱，总计拔除竹、木杆 12 万根。此外，在撤除网箱设施的网时，还取缔严重破坏渔业资源的"迷魂阵"上千个，迈出了洱海"双取消"工作中最坚实的一步。

1997 年 3 月 1 日，喜洲镇、沙村、上关仍有 400 多个网箱未撤除设施，为确保州人民政府政令畅通，州委、州政府于 3 月 10 日向市委、市政府发出督察通知，请将大理市执行州委、州政府关于"双取

---

① 1996—1997 年实施"双取消"工程，共取消网箱养鱼 11184 箱，取消机动渔船动力设施 2576 台（套）。

② 2001 年投资 1300 万元实施退塘还湖 4324.84 亩，退耕还林 7274.52 亩，退房还湿地 616.8 亩。

消"决定的情况，于 1997 年 3 月 11 日下午 3 点前向州委、州政府做出书面报告。当晚，市委、市政府召开紧急会议研究部署，决定采取果断措施，限 3 月 15 日前必须取消完毕，限期内仍未取消的，将强制执行，市人民政府帮助养殖户解决实际困难，按期取消完毕。

2. 取消燃油机动渔船动力设施

1995 年，洱海船舶普查，湖内已拥有各类船只 5488 只（艘），密度每百亩高达 1.52 艘，为全省湖泊之最。

1997 年 6 月 3 日，由"双取消"领导组办公室发布《关于立即组织实施取消洱海机动渔船动力设施的通知》，在洱海渔政、公安、航务与沿湖各乡村密切配合下，取消机动渔船动力设施于 6 月中旬全面铺开，并于 6 月 10 日、18 日分别对大庄、才村等在外停靠的渔船采取"大行动"，以便促使机动渔船返回其辖地参加取消工作。6 月 25—26 日，海东乡海岛办事处在收缴挂桨时出现群众闹事和哄抢存放的挂桨事件。市人民政府对此发出明传电文，再次明确各乡（镇）党委、政府必须加强领导，党政"一把手"作为第一责任人，要及时做好稳定和转化工作，平息了事态的发展。由于海岛取消挂桨工作的反复，还波及双廊（6 月 29 日）、挖色（7 月 6 日）两乡相继发生群众哄抢挂桨事件。州人民政府于 7 月 9 日召开州洱海"双取消"领导组扩大会议，专题就进一步加大取消洱海机动渔船动力设施工作力度进行研究，要求进一步加大取消机动渔船动力设施工作的力度，对个别挑唆、煽动、造谣、阻碍取消工作的行为要采取强有力的措施予以打击，同时，决定推迟开湖时间，限期由各乡（镇）领导负责把挂桨全部送达洱海管理局"双取消"办公室。7 月 11 日，举行洱海"双取消"工作新闻发布会。7 月 14 日，在公安部门和银桥乡政府配合下，洱海管理局组织上百人，将停靠在磻溪的机动渔船扣留至下关，予以没收动力设施。这次取消工作自 5 月 20 日由大理市市郊乡率先拉开帷幕后，到 6 月中旬沿湖各乡、村全面铺开，成绩突出的有七里桥乡、城邑乡、湾桥乡、江尾乡等，上述 4 乡不仅在 6 月 20 日前完成，而且对稳定大局、避免反复起到明显的积极作用。7 月 25 日，挖色乡的最后一批挂桨运完，宣告历时 10 个月的洱海"双取消"工作全面完成，经统计洱海取消机动渔船动力设施为 2574 台（套），其中 12 匹马力及其以上者 1123 台（套）、6—10 匹马力及其以上者 1451 台（套），支出补偿金 369.36 万元。为巩固洱海"双取消"成果，对封存的渔船动力设施——小机挂桨，洱海管理局会同州监察、财政、水电等部门成立销毁挂桨监督领导小组和相应的工作班子，对销毁挂桨过程中每一环节层层把关，1811 台挂桨历时 1 个多月于 1998 年年底前全部销毁，总重量达 103.22 吨。

根据整治方案，洱海机动捕捞整治工作分为三个阶段：①宣传教育阶段（7 月 18—31 日）。共动员群众自行拆除渔船动力设施 692 艘、岸滩机动设施 371 套（台）、岸滩拉网 4 个、"迷魂阵" 34 个、机动辅助设施 3 台、临海窝棚 75 个，群众自行拆除率高达 95%。②执法取缔阶段（8 月 1—10 日）。共依法取缔机动渔船 1 艘、柴油机 31 台、挂桨 4 个、牙箱 18 个、卷筒 141 个、机架 5 个、岸滩拉网 5 个、"迷魂阵" 107 个、拆除 1974 米临海窝棚 55 个。③验收总结阶段（8 月 10—15 日）。由督察组对整治工作逐乡进行检查验收，验收合格的给予表彰奖励，不合格的进行限期整治。州人民政府兑现市人民政府以及挖色乡等乡镇以奖代补奖金 7.7 万元。为解决"双取消"后部分渔民生活困难问题，自 1997 年起，对洱海专业渔民采取免征两年渔业资源增殖保护费（捕捞费）。补助对象为 1999 年年末人数。在每年封湖期间，给予环湖渔业队、运输队每人 100 元粮差补助，2001 年 1 月 1 日起实行，一定三年。

3. "三退三还"

洱海"三退三还"是继洱海"双取消"之后洱海保护的又一次重大行动。历时 4 年，分为四个阶段：①部门合作，调查摸底阶段（1999 年 3 月至 2001 年 7 月）；②制定政策，广泛动员阶段（2001 年 8—10 月）；③分级负责，全面实施阶段（2001 年 10 月至 2002 年 3 月）；④检查验收阶段（2002 年 4—9 月）。

2001 年 10 月 7 日，由州人民政府发布《关于洱海滩地恢复保护的通告》，内容为："（一）未经主管机关依法批准擅自占用洱海滩地建房、建鱼塘、建砂场、建码头、造田等均属违法行为，属清理范围，当事人要在限期内自觉退出占用滩地。（二）滩地恢复保护工作坚持条块结合，以块为主，属地管理，分级负责的原则。沿湖各级政府根据州人民政府安排部署宣传政策，核实面积，落实保护措施，兑现政策性补偿。（三）占用滩地建鱼塘，一律退塘还海。处理办法：1989 年 2 月 28 日以前占用滩地建鱼塘的，对当事人给予每亩 2400 元工程补偿费；1989 年 3 月 1 日至 1998 年 9 月 30 日期间经乡镇以上人民政府和主管部门批准占用滩地建鱼塘的，对当事人给予每亩 1800 元工程补偿费。未经批准擅自占滩建鱼塘的，一律拆除，不作任何补偿；1998 年 10 月 1 日以后占滩建鱼塘的，一律清退还海，根据《洱海管理条例》第三十条之规定，对当事人并处 2000 元以上 10000 元以下罚款；鼓励户主自行拆除鱼塘，对不自行拆除的由乡镇人民政府统一组织依法拆除。（四）占滩建房处理办法：1998 年 10 月 1 日前占用 1974 米（海防高程）内国有土地建房的，分别按以下情况处理：经县、市以上人民政府或土地行政主管部门批准办理了征地手续并持有《国有土地使用证》的，予以认可。经乡镇以上人民政府和部门批准建房的，当事人提出申请，由县市土地行政主管部门补办国有土地划拨手续并核发《国有土地使用证》，对原持有的《宅基地使用证》，由土地管理部门收回注销，经乡镇以上人民政府和部门批准但现未建盖成型的，一律自行拆除。当事人重新申请宅基地用地手续的，由当地乡、镇政府在洱海管理区域外，从年内指标中优先解决建房用地；少批多占且已建房成型的，原未经主管部门处理的，多占部分原则上予以收回或罚款处理；少批多占但未建房成型的，多占部分一律自行拆除，清退还海；未经批准占滩建房的，一律自行拆除，清退还海；在规定期限内自行拆除的，视实际工程量给予一定补偿。逾期不自行拆除的，由土地主管部门申请人民法院强制执行。费用由建房者自行承担。1998 年 10 月 1 日以后占滩建房且未经人民政府批准，一律无效。已动工建盖的，一律依法拆除。（五）占用滩地建码头、建砂场处理办法：1998 年 10 月 1 日前占滩建码头，建砂场且符合州人民政府批准的总体规划的，予以保留，但须办理相关手续，征收规费，纳入洱海滩地规范管理，其余清退还海；1998 年 10 月 1 日后占用滩地建码头，建砂场且未经州人民政府批准的，一律清退还海；根据《洱海管理条例》第三十条之规定，对当事人并处 2000 元以上 10000 元以下罚款。（六）占用滩地造田处理办法：根据《洱海管理条例》规定，洱海海防高程 1974 米以下的滩地水面均属国有，在此范围内的所有土地一律收归国家管理，涉及承包田的，一律解除承包合同，并由农业社根据实际情况从机动田中予以调整，重新签订土地承包合同。对已退田还海的农户，县市、乡镇人民政府凭退田还湖证明减免农业税、统筹提留和其他相关费用。（七）滩地恢复后，根据《洱海管理条例》第十五条，在界桩内 5 米、界桩外 15 米的岸滩营造洱海环湖林带，由洱海管理局会同大理市、洱源县人民政府所属的有关乡镇组织营造管护等。"

2002 年 1 月 29 日，州人民政府在江尾镇召开"三退三还"工作会议，进一步明确相关政策：鱼塘清退过程中，州人民政府对附属设施和按规定拆除塘埂补助大理市 100 万元，鱼塘清退后符合洱海湖滨带建设规划有关退耕还林、还湖、还湿地要求的，按有关规定验收后，可享受国家退耕还林政策。为解决占滩建房问题，州财政一次性分别补助大理市 95 万元，由市乡镇掌握不同情况对农户酌情进行补偿。要求抓住节令，先行造林，对规格长 1.5 米，小头直径不小于 3 厘米的柳条，按质量栽种结束，经林业部门检查验收合格每株补助 2.5 元，苗木费用除退耕还林一次性苗木款外，由州财政补足不足部分。凡是按技术要求保质保量种植 1 株柳树，保证成活的，每株奖励乡镇、村委、办事处 0.10 元的奖金，乡镇、村、社分配比例自行确定。

洱海"三退三还"工作，经过一年的努力，完成退塘还湖 288.32 公顷；完成退耕还林 484.97 公顷，并实施了植树造林；完成退房还湿地 43.24 公顷。"三退三还"工作投入经费共计 1437.35 万元，其中，退塘还湖补偿费 887 万元，鱼塘附属设施费 130 万元，退耕还林补助费 60 万元，退房还湿地补偿费 360.35 万元。此外，还有工作经费 30.5 万元。涉及还海面积 800 多公顷，涉及农户 12612 户、

50448 人。①

（二）保护治理阶段（2003—2008 年）

该阶段的重点是生态修复与控源管理相结合，以实施"六大工程"为标志。

1. 环洱海生态工程

（1）一期洱海湖滨带（西区）10 千米生态恢复工程。投资1420.55 万元，从大关邑至罗久邑，全长约 10 千米的洱海湖滨带核心区，于 2003 年 1 月开始实施，同年 7 月通过验收。主要工程内容包括湖滨带生态恢复建设工程、湖滨带内鱼塘生态重建工程、桃溪河口净化工程、莫残溪下段河道生态恢复工程、小关邑停靠点、大关邑湖滨带生态修建性规划、湖滨区周城村落污水处理工程。

（2）二期洱海湖滨带（西区）38 千米生态恢复工程。根据云南省发展计划委员会《云南省计委关于洱海湖滨带（西区）生态恢复建设工程（二期工程）初步设计的批复》，工程从洱海西区罗久邑至罗时江河口约 38 千米，生态恢复面积共 413.6 万平方米。工程于2004 年 3 月 4 日开工实施，施工期为 80 天，2004 年 6 月初步完工并通过有关专家初验。该工程投资 1292 万元。工程内容主要包括：湖滨带生态修复建设工程、湖滨带生态重建工程、村落污水处理工程、入湖河口污染控制工程；分为六类区：半系列湖滨带生态修复工程、全系列湖滨带生态修复工程、连片鱼塘生态重建区、连片村落生态重建区、河口湿地生态恢复工程、海舌生态保护区，共 10 个标段，重点以基底修复为主，主要包括鱼塘拆除；湖滨带滩地清理；硬质田埂拆除；田埂的沟通与处置；农田灌溉余水的配水及村落污水排水配水；封堵墙、导流堤；护坡护岸；停泊区改造；双鸳溪河口净化工程；万花溪河口污水控制工程和鱼塘基地改造等。工程主要以基底修复为主，占整个工程的 80% 以上。其中，土建工程共完成石方拆除/抛填 6.84 万立方米，土方开挖/抛填 9.26 万立方米，硬质田埂削坡/

① 大理市志编纂委员会：《大理市志》，云南人民出版社 2015 年版，第 1111—1114页。

抛填 1151.98 立方米，人工挖淤泥/抛置 5.29 万立方米，滩地清理平整 99.92 万平方米，土方填筑 1.51 万立方米；生态修复共种植红花木瓜 2.5 万株、速生杨 1.15 万株、茭草 8.75 万丛、水杉 1000 株、芦苇 10.28 万丛、荷花 27.45 万丛、紫穗槐 2.93 万株、香蒲 5.23 万丛、美人蕉 2797 丛。

（3）沙坪湾生态恢复工程。投资 374.3 万元，治理沙坪湾湿地。主要是清除覆盖在湖底的水生植物残体和腐殖层，以消除内源污染源，为水生物提供适宜的生存环境，保证水体的畅通，改善水下光照条件，促进多种水草健康生长，恢复水体生机。

（4）洱海湖滨带（西区）48 千米生态修复建设工程。该工程以全面恢复湖滨带生态多样性为主，同时对已实施的部分工程进行完善，以及对某些重点工程实施改造和对重点地段进行强化设计。主要包括：湖滨带绿篱建设工程，湖滨带植物群落多样性配置工程、湖滨带内废弃鱼塘改造工程、湖滨带挺水植物带全系列生态恢复工程、河口生态修复工程和湖滨带特殊功能区生态修复工程。工程投资 2065 万元，2006 年 9 月初完成并通过初验。

（5）洱海南部湖心平台沉水植物恢复示范工程。投资 50 万元，面积 1 平方千米，于 2004 年 4 月实施，种植水草 90 万丛、菹草冬芽 150 万株，为洱海沉水植物的恢复积累了一定经验。

2. 污水处理和截污工程

（1）古城污水收集管网一期工程。古城污水处收集管网工程是大理古城至下关截污干管工程项目的配套工程，保证大理至下关截污干管工程最大限度地收集古城片区城市污水，主要满足大理古城远期（2020 年）供水规模 3 万立方米/日，供水服务范围 14 平方千米，服务人口 10 万人；排污规模 2.4 万立方米，服务范围 8.2 平方千米，服务人口 6.5 万人。工程投资 137 万元，全长 1399.7 米。一期工程实施 986.2 米，2004 年 2 月 20 日开工，5 月 18 日竣工。建设内容包括从东城楼沿下沿复线穿过大丽公路至下关截污干管起始井，敷设 DN1000 钢混污水干管，污水收集穿过大丽路的 12.3 米管道首次采用顶管施工工艺，并达到安全及技术要求。

（2）西洱河倒虹吸工程。连接洱河南路综合管网、北区污水管网和大理至下关截污干管4组跨西洱河倒虹吸工程，使西洱河以北的城市污水汇入洱河南路综合管网，连通大理市城市排污管网系统。在西洱河建设4组、8根，采用DN900—1100水下倒虹吸管，包括沉沙井、进水井、出水闸门井等内容，投资1387万元，于2004年11月建成。

（3）凤仪—波罗江管网工程。投资1.4亿元，实施长13.1千米的凤仪—波罗江管网工程，2005年9月10日开工实施。凤仪片区波罗江沿岸综合管网工程是与大凤公路同步建设的市政、环保配套工程，该工程从经济开发区宝源路大凤公路起点起，沿波罗江和大凤公路，终点至凤仪大江西村，全长12.79千米。解决凤仪片区的城市污水和初期雨水，综合管网工程由截污干渠、污水干管、雨水干管、电力电讯管道、供水管道和绿化等组成。规划服务面积为36平方千米，污水和雨水干管最大管径达1.8米，可满足每天12万立方米污水和每秒1.96立方米雨水的排放，可满足凤仪片区的长远发展要求。

（4）上和—登龙河截污干渠工程。大理市环洱海（上和—登龙河段）截污干渠建设项目经云南省发展和改革委员会批准建设，北京市市政工程设计研究院编制的初步设计，经云南省建设厅组织有关部门及专家审查通过。工程东起上和，西至登龙河，全长5.5千米，设计过水断面6.2米×3.0米，此流量32.4立方米/小时，主要接纳满江、凤仪、海东、挖色等片区的污水及初期雨水并输送至已建成的洱河南路综合管网后再送至大渔田污水处理厂。工程投资1.7亿元，同期同步建设环洱海24米宽的交通景观大道和电力电讯电缆沟。2004年11月20日开工建设，2006年年底建成投入使用。

（5）下关东城区排水二期工程。投资1.63亿元，工程东起红山路，西至机场路，全长1.1千米，规划按70米宽控制，55米宽建设。2002年12月云南省发展计划委员会批准，2004年4月云南省建设厅和省发改委通过了初步设计，2004年6月开工建设。主要包括雨水管网4.34万米、污水管网47327米、区内波罗江整治长度3322米，设计扬程3.5米、流量863.4升/秒，污水提升泵站1座，与满江片区开发同步进行。

（6）庆中污水处理厂。庆中污水处理厂位于登龙河入湖口，总投资 350 万元，日处理污水 5000 吨，主要处理大理经济开发区内的部分城市生活污水及工业生产废水，2004 年 4 月竣工并投入使用。

3. 面源污染治理

（1）推广土壤磷素活化剂和昂力素技术。编制《大理市蚕豆、水稻作物推广土壤磷素活化剂和昂力素技术》《大理市蚕豆、水稻、玉米作物推广优化平衡施肥技术》《大理市小麦、油菜、蔬菜作物优化平衡施肥技术》和《有机钼在蚕豆等作物上使用技术》等各种技术资料。开展科技培训工作，搞好技术指导和服务，从 2003—2005 年大小春大理市、乡（镇）、村各级召开洱海流域农田面源污染治理科技培训会，向农户发放科技资料，推广科技措施。

（2）实施沃土工程。2003—2005 年投入 120 万元资金，推广控氮、减磷，增施有机肥，示范推广昂力素和土壤磷素活化剂 35747.49 公顷，平均每亩减少氮肥使用量 3.2 千克、磷肥使用量减少 12.5 千克。2003 年，州下达大理市洱海流域农田面源污染治理面积 466.67 公顷，实际完成 747.33 公顷，带动全市农作物平衡施肥面积推广 702.67 公顷。2003 年，为正确评价优化平衡施肥技术和土壤磷素活化剂在水稻、玉米、蔬菜、蚕豆等作物上应用效果，对水稻等作物完成试验监测 14 套，对蚕豆等作物完成试验监测 14 套。试验监测结果：实施增施有机肥、控氮、减磷、增钾、补缺素以及推广土壤磷素活化剂等技术，较常规施肥控氮 15% 以上、减磷 20% 以上；在蚕豆作物上推广土壤磷素活化剂昂力素和有机钼、容大丰及在蔬菜大蒜上施用专用肥，减少无机化肥氮磷施用 10%—30%。同时，投入 52 万元资金，建成频振式物理杀虫灯项目 693.33 公顷。

（3）实施园田化项目建设。共建成吨粮田 8120 公顷，修建机耕路 178 条，总长 12.54 万米，绿化道路 18 万米；沟渠 183 条，总长 12.72 万米，坡改梯地 1866.67 公顷，减少土壤侵蚀、渗漏，改善沟渠排灌功能，减少地表径流，提高土壤排毒，保土、保水、保肥性能。

（4）调整种植结构。扩大洱海湖滨区旱作面积，实现粮经比 74:26，水改旱面积 1666.67 公顷，发展立体种植，加强间、混、套技术的推广应用。

4. 入湖河道和村落垃圾处理工程

（1）白鹤溪下游流域综合治理工程。2004 年 3 月开工，2005 年 12 月竣工验收。工程完成弹石路面铺设 3.65 千米，路面宽 9 米，两边绿化带各 1.5 米；河道宽 6 米，河边绿化 1 米，防护墙 7.3 千米，河道铺筑 1.83 万平方米，排灌渠道 6900 米；建成公厕 4 座、垃圾池 1 座、大桥 3 座、便桥 4 座、拦污网 5 道；绿化美化接点 3 处，绿化路河 3.65 千米，绿化面积 1.37 万平方米等。工程总投资约 800 万元，到位资金 610 万元，其中州级机关职工爱心献洱海捐助 230 万元，州政府补助 80 万元，市人民政府补助 200 万元，镇、村自筹 100 万元。该工程的建设实施较大地改善了区域基础设施条件，较好地提高了流域环境质量，起到十八溪流域综合治理的示范作用。

（2）镇、村垃圾清运。自 2002 年起，大理市投资 40.5 万元，在洱海流域 10 个镇和开发区配备垃圾车 39 辆；筹资 50 万元，建成垃圾收集池 503 口；投资 230 万元，建成乡镇垃圾中转站 10 座，其中银桥镇、古城西门、古城北门、下关龙泉组团 4 座投入使用，进一步完善了农村垃圾收集清运工作。投入资金 123 万元，专项用于垃圾清运。并与各镇签订《大理市关于洱海环湖农村垃圾清运车管理使用及垃圾清运责任书》，制定《大理市环湖乡（镇）环境卫生管理办法》和《大理市环湖乡（镇）环境卫生考核评比标准》，由市环保局、市城管办、市洱海管理局每月对各镇、区垃圾的收集清运工作进行考核检查。湾桥镇、凤仪镇、海东镇由镇统一负责管理垃圾清运工作，其余各镇将垃圾清运车配至村委会，由村委会负责管理。村委会采取"以奖代补"或"以车养车"的方式又将车承包给私人个体户负责清运，年清运垃圾 15 万吨，使流域农村垃圾清运工作逐步上了正轨。

（3）农村公厕建设。按照大村 2—3 座、小村 1 座的原则，2005 年年底，建成农村公厕 55 座。投资 50 万元，建设 500 个生态卫生旱厕。

（4）村落污水湿地处理系统工程。该工程采取人工湿地治理生活污水的工艺技术，有效降解有机物浓度，吸收污水中的氮、磷等污染物，完成小关邑、仁里邑、周城、新溪邑、金圭寺、和乐下村、河矣江、江上、河矣城、挖色、海东向阳街、喜洲董苑 12 个村落污水湿地处理系统工程建设，解决片区居民生活污水问题。总投资 43 万元，于 2004 年 6 月 15 日开工建设，年底完工交付使用。

5. 洱海面山绿化和水土流失治理

（1）小流域水土流失治理。治理天镜阁小流域水土流失面积 9.484 平方千米，于 2004 年 3 月 20 日开工，2004 年 12 月 15 日竣工，完成治理水土流失面积为 9.48 平方千米，营造水保林 415 公顷，坡改梯 5.17 公顷；营造经济果木林 120 公顷，主要种植核桃 103.33 公顷、美国加州李 16.67 公顷；封禁治理 303.93 公顷，新建管护房 3 座（3.8 米×3.8 米×2 间/座）、小流域碑 1 座、封禁桩 100 根，保土耕作 104.27 公顷；新建拦沙坝 1 座、谷坊 1 座、排灌沟渠 1.10 千米；投资 214.79 万元，其中国家投资 61.99 万元，群众投劳投资 152.80 万元。

（2）实施水源林建设和天保工程。建设公益林 600 公顷、人工造林 133.33 公顷，封山育林 733.33 公顷，配备管护人员 609 名，对省州下达本市 64733.33 公顷森林进行管护。实施环湖绿化带营造工程，退耕还林建设任务 2666.67 公顷，在洱海滩地补植柳树 20 万株。

6. 洱海环境管理

（1）建立健全沿湖环境管理工作机构。在沿湖各镇和开发区成立编制为 3—5 人的洱海环境管理所，聘请 89 名滩地协管员和 86 名河道管理员，对洱海滩地和 24 条主要入湖河道全面实施环境综合整治，改善污染状况，适应洱海管理向全流域、全方位管理辐射体制转变的要求。

（2）实行控船减量。2003 年年底，全面取缔湖内挖沙船 9 艘、机动运输船 127 艘、渡口船 15 艘，对 102 艘小旅游船减量重组，仅保留 52 艘从事营运。

（3）取缔面山采砂取石。进一步巩固、整顿苍山采砂取石行为，建立巡山制度。取缔苍山面山大理坝区及洱海东面山范围内零散的采砂、洗砂、取石 631 户；规划布点、规范管理 52 户；强制拆除 303 户，拆除生产设备 562 台、石灰窑 23 个，推平生产加工平台 293 个、砂石槽 319 个，没收粉石机 2 台，电动机 1 台；查处破坏林地案件 14 起，教育处理人员 162 人次。进一步规范大理市矿业管理秩序，遏制苍山、大理坝区及洱海面山环境破坏，控制洱海周边生态环境恶化。

（4）实行流域禁磷。2004 年，共检查经营户 2250 户，查处经营含磷洗涤用品 9 户，查处含磷洗涤用品 1726 件。2005 年，流域"禁磷"共检查工商户 1397 户，查获含磷洗衣粉 116 包、含磷肥皂 30 条，对 6 户经营户进行立案调查，罚款 7800 元。[①]

（三）生态文明建设阶段（2009 年后）

该阶段是以转变流域发展模式、开展生态文明建设为标志。[②]"九五""十五"期间，确立了综合治理思路，即：围绕"一个目标"——实现洱海 II 类水质目标，体现"两个结合"——控源与生态修复相结合，工程措施与管理措施相结合，实现"三个转变"——从湖内治理为主向全流域保护治理转变，从专项治理向系统的综合治理转变，以专业部门为主向上下结合、各级各部门密切配合协同治理转变。

为实现洱海 II 类水质目标，2012 年 9 月，大理州提出了"2333 行动计划"，即用 3 年时间，投入 30 亿元，着力实施好"两百个村两污治理、三万亩湿地建设、亿方清水入湖"三大重点项目的"2333 计划"。

1. "两百个村两污治理"工程

（1）以沿湖沿河种植养殖污染和农村生活污水治理为重点，自然村为单位，建立完善配套的生活污水收集处理系统，实施 200 座村落污水收集处理系统建设和完善工程，其中新建 146 座，完善 54 座。

---

① 大理市志编纂委员会：《大理市志》，云南人民出版社 2015 年版，第 1115—1120 页。

② 尚榆民、刘滨、王圣瑞、储昭升：《洱海流域生态文明建设的探索》，载《2013 年中国环境科学学会年会论文集》第 2 卷。

计划投资 29011 万元。

（2）建设一批畜禽粪便收集站及配套清运系统，建成两个以畜禽粪便为主要原料的有机肥加工厂，扩大有机肥料生产规模，提高洱海流域畜禽粪便集中收集处理生产能力，实现资源化利用，减少化学肥料施用量。同时，实施畜禽圈舍改造 8 万平方米、粪污处理 1 万立方米及配套设施建设。计划投资 34000 万元。

（3）完善洱源县城、大理古城、下关、海东、凤仪和喜洲等流域重点村镇污水集中收集、处理和再生利用等设施建设，着重配套完善建成污水处理设施的收集管网，提高污水入管率、收集率，确保建成设施正常运行，同时，加强庭院污水运行建设和管理，发挥应有作用。计划总投资 77618 万元。

（4）继续实施洱海流域垃圾分类收集、清运、集中处置系统建设，实现垃圾资源化和再利用。重点加快洱源县生活垃圾处理场和大理市海东垃圾焚烧发电厂建设进度。计划投资 30893 万元。

2. "三万亩湿地建设"工程

以建设环洱海生态旅游走廊为重点，实施洱海流域 3 万亩连片湿地生态恢复建设项目，其中洱源县洱海源头生态湿地 1 万亩，大理市上关片区生态湿地 1 万亩，大理市环洱海生态湿地 1 万亩。在沿湖启动新一轮"三退三还"，同时将环洱海生态修复与生态旅游景观带建设结合起来，打造环洱海生态景观新形象，促进大理生态旅游品质整体提升。计划投资 52000 万元。

3. "亿方清水入湖"工程

（1）实施洱海主要入湖河流凤羽河、弥苴河、永安江、罗时江、波罗江的河道综合整治及苍山十八溪中的灵泉溪、茫涌溪、清碧溪、白鹤溪、阳溪的生态环境保护和清水产流机制修复，同时，逐步开展对重点湖湾、主要入湖河口的清浚。计划投资 46817 万元。

（2）优化流域土地利用规划，实施流域种养殖业结构优化调整。强化海西保护"六条措施"，以大丽路以西大凤路以东范围为重点，种植以特色水果、特色花卉等为主的经济作物，实现规模生产和结构控污；严格控制洱海流域奶牛等大牲畜养殖数量，积极培育周边县养殖基地建设，逐步实现向洱海流域以外转移。计划投资 3000 万元。

（3）对洱海以西片区水资源进行统一规划、建设、管理，建设集中取水供水工程，逐步实现大理市城乡供水全覆盖。计划投资 10000 万元。

（4）统筹流域水资源调剂利用。在坚持优先保障洱海生态用水的同时，实现洱海流域水资源科学合理综合利用。加快洱海流域及周边水资源综合利用规划修编；对洱海上游茈碧湖水库进行扩容增蓄2400立方米，增强洱海水资源调节能力；统筹"引洱入宾"，在正常气候年景条件下，年安排宾川调水 7300 万立方米，对海稍水库进行扩容增蓄 4800 万立方米，改变引洱济宾放水方式，在丰水期将洱海水引到宾川储蓄，减轻旱季洱海供水压力；将大理市污水处理厂尾水引到巍山进行综合利用，设计年引水量约 2000 万立方米。通过综合实施增储扩容提高调节能力，实现洱海在干旱气象条件下，稳定高水位运行，增加洱海水资源利用综合调剂能力。计划投入项目前期工作经费5000 万元。

（5）抓好洱海流域水源地生态修复与保护、地质灾害治理及苍山面山生态保护。治理流域水土流失 30 平方公里，面山林业生态建设240 万亩。计划投资 14804 万元。

**二　海西保护的历程**

大理洱海海西片区西至苍山东坡、东至洱海西岸、南至阳南河、北至龙首关，辖下关、大理、银桥、湾桥、喜洲、上关 6 个镇，国土面积约 537 平方公里，占大理市总面积的 29.6%；总人口约 25.5 万，占大理市人口总数的 42.2%。海西片区是大理文化遗产最丰富的区域。大理市辖区内列入国家、省、州、市级文物保护单位的有 57 处，集中在海西片区的各级文物保护单位有 41 处，占总数的 72%。其中，崇圣寺三塔、太和城遗址、南诏德化碑、喜洲白族古建筑群、元世祖平云南碑 5 处国家级文物保护单位均集中在海西片区。此外，在海西片区的省、州、市级文物保护单位分别占类别总数的 64%、67% 和71%。海西片区是大理自然遗产最集中和民俗风情最浓郁区域。海西片区连绵的苍山和高原明珠洱海演绎了大自然的和谐与宁静，使大理的自然生态环境拥有了高原的雄浑与壮阔。海西地区以白族绕三灵为代表的民族节庆活动和以大理石工艺为代表的传统民族技艺彰显出了大理独特的民族文化魅力。山、水、林、田、城等要素俱全，富有一流的生态、良好的环境、厚重的文化，是宜居的家园、精神的家园。大理市在推进滇西中心城市建设的进程中，确立了把海西片区打造成为"农耕文化的承载区、千年文明和白族传统文化的展示区、康体休闲度假旅游区"的战略目标。在海西保护的实践探索中，坚持"保护为先、合理利用，科学规划、合理布局，突出特色、保护景观，发挥优势、提升产业，统筹城乡、协调发展"的原则，按照"四带四片"和十八溪生态廊道的规划布局，转变城乡建设用地方式，强化基本农田保护，加强村庄建设管理，推进旅游文化产业转型升级，实现海西保护与城乡建设和谐统一，促进经济社会协调发展。

（一）田园风光及白族民居建筑风格整治

为切实保护海西基本农田、保护历史文化、保护苍洱田园风光，按照"两保护、两开发"的原则和"保护海西、开发海东、发展凤仪工业区、提升改造旧城区、加强生态环境保护"的思路，以白族民居建筑风格整治为突破口，2008年2月，大理州、市党委、政府明确提出，打一场"整治海西，保护田园风光"的攻坚战。

大理市于2008年4月启动了海西田园风光保护及白族民居建筑风格整治工作，投入3亿元资金，用三年左右的时间，再现大理优美田园风光。大理市政府印发了《大理市田园风光及白族民居建筑风格保护办法》（大市政办发〔2008〕15号）和《大理市整治海西保护田园风光拆迁安置方案》（大市政办发〔2008〕64号）。2008年8月14日，《大理市海西田园风光保护及村庄整治规划》通过专家评审。2008—2030年，大理市将分近期、中期和远期三个阶段，加强区域景观生态环境综合保护、整治、整合和利用，改善海西景观生态环境质量，使海西成为集游览观赏、科普科研、休闲疗养度假为一体的胜地。

《大理市海西田园风光保护及村庄整治规划》以苍山、洱海为中心，以民居特色整治为突破，以苍山18溪综合治理为亮点、文化内涵挖掘为动力，突出苍洱田园风光。该规划的范围是环洱海区域全覆盖，重点突出大理市市域内阳南河以北至上关镇，东至洱海西岸，西至苍山东坡海拔 2200 米线以东，规划保护区面积 284.27 平方公里，涉及下关、大理、银桥、湾桥、喜洲、上关、双廊 7 个镇、58 个村委会、253 个自然村，规划控制范围达 573.79 平方公里。2008—2010 年年底，完成了全市应编制规划的 96 个行政村、458 个自然村中位于海西的 45 个行政村总体规划、199 个自然村整治建设规划，实现海西片区规划全覆盖；从 2008 年起，先后开展了以国道 214 线、大丽公路沿线为重点的田园风光保护和白族民居建筑风格整治，并按照"建筑民族化、村容整洁化、产业生态化、管理民主化"的目标，全面实施洱海流域"百村整治"工程，完成 41 个自然村整治工程，涉及居民 4185 户。

（二）加强海西规划建设管理

2011 年中共大理州委、大理州人民政府印发了《关于海西保护利用的意见》（大发〔2011〕41 号），要求按照"四带四片"和十八溪生态廊道的规划布局要求，制定海西保护利用规划。把海西片区划分为生态保护区、自然景观保护区、史迹保护区、风景恢复区、风景游览区、发展控制区和外围保护区。

2011 年 7 月 1 日起，实施《大理州村庄规划建设管理条例》，加强村庄规划建设管理，尤其是加强农村建房管理，严格执行村庄规划，加强村镇建设管理，强化执法检查，坚决整治村庄无序发展。

2012 年 6 月 18 日，印发《大理州加强海西农田保护严格村庄规划建设管理的工作意见》（大发〔2012〕15 号），提出了海西保护新要求：引入航拍和卫星遥感监测等先进技术，构建海西土地利用变化监测管理信息系统，建立海西农田动态监管档案，加强海西耕地保护。划定永久基本农田，实施重点保护。结合村庄规划、土地利用总体规划和海西保护利用规划，大理州启动了"确保 2012 年内完成海西永久基本农田划定工作"计划。设立保护标志，按照《基本农田保护条例》的要求，建立完善海西永久基本农田保护档案，并结合农村土地承包情况逐块、逐户建立完善海西农田档案。规范建设审批，健全完善管理机制。按照"大稳定、小调整"的原则和规范审批的要求，大理州国土资源局制定了海西村庄规划预留建设用地调整办法，引导支持村组对集体土地进行必要调整，以解决建房农户在村庄规划预留建设用地范围内无法获取建房用地的难题，确保村庄规划的有效实施。规范农村住房建设审批，建立一套以规划建设许可和用地审批为核心，方便快捷、可操作性强、规范有序的审批机制，实行上门服务、限时办结。积极推进海西空心村闲置建设用地的利用，充分挖掘潜力，节约集约用地。减少农村建房占用耕地的压力，控制村庄规模无序外延扩张。

2012 年 3 月 18 日印发的《中共大理州委、大理州人民政府关于加快海东山地城市开发建设的意见》（大发〔2012〕10 号）规定："大理推进建设项目向海东布局。按照严控海西海南、主攻海东的原则，坚持加快海东山地城市开发建设与保护洱海、保护海西、推进下关旧城改造有机结合，严格控制海西、海南新开发建设项目，从本意见下发之日起，在海西、海南布局的建设项目，需由市委、市人民政府报州委、州人民政府同意批复后方可实施。"

针对目前海西保护提升与项目建设的矛盾，从处理好保护与发展、历史与现实的关系出发，2012 年 6 月 16 日《大理白族自治州人民政府关于加强海西建设项目规划管理的意见》（大政发〔2012〕44 号），就加强海西建设项目规划管理提出：严格控制海西新增建设用地总量；严格控制商品住宅类建设项目；适度布局高端酒店（五星级及其以上）和高端康体养生项目；重点支持高端文化旅游项目建设；保障公益性和社会管理设施项目建设；严格规范村庄建设活动，实现海西建设项目控得住、管得好、建得美。

（三）海西保护立法

2013 年 6 月 1 日，《云南省大理白族自治州洱海海西保护条例》颁布实施，为保护海西提供了法律保障，成为深入实施"两保护、两开发"战略的重大步骤，是保护坝区农田、节约集约用地的有力举措。该条例对海西保护利用的区域划定、空间管制、开发强度、建筑风格、污染防治等提出明确要求：要求在海西范围内划定不少于 10

万亩的永久性基本农田保护区，实行最严格的保护制度；要求加强村庄规划建设管理，科学布局村民住宅用地，坚决整治村镇无序发展；要求严格控制海西项目准入，海西保护利用必须坚持保护为先，各项项目的规划和建设都必须服从和服务于这个大局。该条例的公布实施，为进一步加强海西保护提供了法律依据，使海西保护工作做到了有法可依，有利于推进海西保护的法制化、规范化、制度化和科学化。

### 三　苍山保护的历程

苍山，正名为"点苍山"，古代文献中称玷苍山、灵鹫山或耆阇崛山。李元阳纂于明嘉靖四十二年（1563 年）的《大理府志》载："鹫峰即点苍山也"。清顾祖禹辑注的名著《读史方舆纪要》一百三十卷，列云南的名山大川首为点苍山，次为高黎贡山和玉龙山。自古以来，苍山就是多种文化交汇叠合地带。东部是亚洲大陆，处在汉文化的西部边缘；西部是亚洲次大陆，处在印度文化的东部边缘；北接西北高原，处于青藏文化的南部边缘；南联中印半岛，处于海洋文化的北部边缘。得天独厚的区位优势、南来北往的商贾云集、独具特色的文化现象、世界各地的文化交融，造就了美丽神奇的大理，孕育了大理这方多元文化与自然和谐共荣的乐土。

苍山不墨千秋画。十九峰、十八溪，巍峨雄壮，与秀丽的洱海风光形成强烈对照。雄伟壮丽的苍山横亘大理境内，山顶白雪皑皑，银装素裹，人称"苍山雪"。

长期以来，洱海海西群众有靠山吃山的传统，尤其是从苍山上获取生活燃料，开采大理石，甚至人死亡后归宗于苍山。苍山不但是一座地质的宝库，变质岩的教科书，它同时也是我国的动植物资源宝库。保护苍山应保护好最为显著的古冰川遗迹景观、变质岩景观、气象景观、水文景观、生物多样性景观、中亚热带山地生态系统景观，保护好古城遗址、古村落、古道、古墓葬、古塔、古碑刻、古岩画等物质文化遗产。加强苍山世界地质公园的建设与管理，设立严格的"生态门槛"和准入制度，提高生态旅游管理水平。加强周边村庄共管管建，不断降低群众生产生活对苍山的依赖。切实加强苍山墓地管理，维护苍山生态安全。近年来，苍山保护工作引起高度重视，并开展了以下实践探索。

（一）绿化造林

苍山绿化造林历史悠久，但是，大规模的植树造林活动是在中华人民共和国成立之后。20世纪六七十年代，苍山大量采取人工和飞机直播造林，但是由于造林质量低，加之后期管理失调，保存成林者甚少。20世纪70年代以来，苍山造林采用飞机播种技术，加速了荒山绿化的步伐，先后在1970年、1984年、1987年进行了飞机播种造林作业面积36.94万亩，有效播种面积28.85万亩；1970—1989年完成迹地更新造林0.15万亩。据不完全统计，"七五"期间，完成苍山绿化8.22万亩；"八五"期间，接受世界银行"国家造林"和"森林资源发展和保护"项目造林工程，共完成营造工程林2.27万亩；"九五"期间，苍山大面积造林基本结束，完成营造林任务上千亩；"十五"期间，先后启动了防护林建设、天然林保护、退耕还林、竹子基地建设工程、优质泡核桃为主的特色经济林等林业重点建设工程，苍山天然林保护工程管护面积为43万亩，公益林建设任务为23003亩，其中人工造林710亩，封山育林20970亩，人工飞播1323亩；退耕还林613.3亩，其中，退地还林529.4亩，荒山造林83.9亩；建设示范样板林339块，面积达37650亩。至此，苍山森林覆盖率达到86.3%。[①]

（二）取缔大理石开采

大理石名扬天下，其称谓很多：因石出自苍山而名"点苍石"，被诗客称为"醒酒石"，因有"凤凰玉女点石"的传说而被民间叫作"凤凰石"，官家征石时上贡故称"贡石"，民间用于柱础故称"础石"。最终称为"大理石"，自然是宋代大理国建立之后。大理石是一种以碳酸钙为主，内含微量氧化硅、镁、铁等金属，非金属杂质的石灰岩。世界所产的大理石，以意大利为最多，又以云南大理银桥为最美最奇。苍山孕育了大理石，大理石被称为苍山之魂。徐霞客称大

① 大理白族自治州苍山保护管理局：《苍山志》，云南民族出版社2008年版，第272—273页。

理石"着色山水，危峰断壑，飞瀑流云，雪崖映水。层叠远近，笔笔灵异，云皆能活，水如有声"。银桥镇的大理石，大致可以分为"汉白玉""云灰石""采花石"。"汉白玉"即纯白色的大理石，洁白晶莹，给人以一尘不染和恬静肃穆的感觉；"云灰石"即白底章上起灰蓝色云水状或葡萄花状花纹的大理石，石质比较纤细松软，一般用作建筑板料或车制各种工艺品；"采花石"是大理石中的佼佼者，其花纹酷似中国彩墨山水画，极富水墨韵味，一般用作装饰、嵌镶庭院或家具、工艺品等。大理石集天地之灵气，得山水之造化，幻化无常，神工天成，透过那奇异的石纹，可以分明听到大理石的呼吸和心跳。正如托马斯·穆尔所说的："每一个石头都有自己的心灵。"

海西片区大理石开产已有一千五百多年的历史。但是，开山炸石，成才者少，废石者多，废土弃石往往引发泥石流等自然灾害。1998 年，州、市两级政府从环保和可持续发展的高度，对大理市开采进行严格管制。除将部分大理石采矿点关停以外，严格实行定点限量开产。在国道 214 线西侧规划建设了银桥石材园区和银桥大理石加工展销基地，完善相关配套设施，吸引加工企业（户）到中心展示销售产品。这样既统一解决生产污染问题，又发挥集聚优势，促进石材加工业健康发展。

（三）森林防火

苍山周边村寨密集，与当地群众的生产生活息息相关，同时以其优美的自然景观和厚重的人文景观，每年都有大量的群众和游客进入苍山，给苍山火源管理带来巨大压力。由于苍山风大坡陡、林密箐深、腐殖层厚，一旦发生森林火灾蔓延迅速，扑救困难。当地政府历来把苍山的森林防火看作林业工作的重中之重。1956 年，大理州森林防火指挥部及县市级指挥部成立。1963 年各基层护林防火组织成立。期间几经分合，机构并不稳定。1990 年，大理市、洱源县、漾濞县防火办从林政部门单列，并把苍山作为重点防火对象。

1987 年 2 月，根据云南省人民政府要求，大理州森林防火实行行政首长负责制，苍山沿线 14 个乡镇分别与有关县市政府签订《森林防火行政承包责任书》，把苍山列为重点保护对象。

在火源管理方面，1987 年以前，对苍山的火源管理主要依靠村规民约通过护林防火员具体执行。随着责任制的不断完善，苍山的火源管理采取与驻山经营户及施工单位签订防火责任书，划定防火区域，收缴风险抵押金；设卡检查，收缴火种、加强巡护等措施，严防火灾发生。

1994 年，大理市人民政府制定了严格实行野外火源管理"十不准"，即不准焚香烧纸，不准燃放鞭炮，不准进山吸烟，不准打猎驱兽，不准烧蜂，不准烧炭，不准野外烤火、烘烤食品和烧火做饭，不准烧山开荒、烧山造林和烧牧场，不准用火把照明，不准小孩和精神病人玩火。

（四）殡葬改革

土葬修坟立碑是大理习俗。千百年来，苍山山麓成为大理坝子天然的坟地。传统的殡葬方式与土地资源利用之间一直存在矛盾，从 20 世纪 80 年代开始，这种矛盾更加突出。在大理市，随着苍山自然保护区、洱海保护区和风景名胜保护区、大理古城被公布为国家级历史文化名城以及苍山被评为世界地质公园后，殡葬与环境保护的矛盾更加突出，这种矛盾已经不是土地资源利用的单一问题，而成为自然资源保护、生态环境保护、旅游资源保护、文化遗产保护以及社会发展等系列性问题。这些问题的出现，使传统的殡葬方式必须进行改革，必须寻求一种新的途径。

2004 年，大理市的殡葬改革工作全面铺开：一是在城乡推广遗体火化；二是在各乡镇建设公益性公墓区。到 2005 年，全市共建立农村公益性公墓区 53 座，建立经营性的青光山公墓 1 座。经过近 10 年的努力，大理市殡葬改革取得显著成效，最为突出的是城镇居民、国家企事业单位职工死亡人员已全部实行火化；在广大农村乡镇以火葬为主的殡葬改革已深入基层，到 2013 年，农村死亡人员的火化率已达到 12%。大理市的殡葬改革已走在了全州、全省的前列。但是，通过对大理市近 10 年的殡葬改革的回顾，并没有找到彻底解决殡葬与土地有效利用之间矛盾的办法。殡葬方面如何最大限度地节约土地，还存在较多的问题。现在已建成的公墓区都逐步葬满，都要进行扩容。所以，在殡葬改革中的建立公墓区这种形式并非长久之计。建立公墓区在土地资源的利用上与土葬并无本质上的区别，从长远来看都是一样的。大理市建设公墓区的用地情况，实际上已成为以"十年为一个周期性"的不断增长的增长极，出现土地使用需不断增加的状况，最终不能解决殡葬与节约土地之间的矛盾。因此，需要进一步深化大理的殡葬改革，破解大理的殡葬与土地资源利用之间的难题，寻求一种新的葬制。国家民政部在《中国殡葬事业发展报告（2010）》中所提出的"绿色殡葬"的理念，就是要求在殡葬改革中注重低碳、环保，注重生态文明建设，提倡建设殡葬园林。2013 年，为节约土地、保护资源、保护环境、促进人与自然和谐相处，从银桥镇鹤阳村委会、磻溪村委会开始，启动实施了骨灰寄存殡葬改革，站在生态文明建设的高度，关注、研究、探索、推广符合民族传统的殡葬改革新方式。

（五）制定《云南省大理白族自治州苍山保护管理条例》

为保护苍山，大理州充分利用民族自治权，通过立法手段，制定了多部针对苍山的法规。《云南省大理白族自治州苍山保护管理条例》于 2002 年 5 月 30 日获得云南省第九届人民代表大会常务委员会第二十八次会议通过施行。为了更好地管理和保护苍山，根据《苍山保护管理条例》公布以来在执法和管理中遇到的情况，大理州人大常委会又对《条例》进行了修订、完善。修改后的《条例》于 2009 年 3 月 27 日，经云南省第十一届人民代表大会常务委员会第九次会议审议批准施行。

为了更好地实施《云南省大理白族自治州苍山保护管理条例》，依法做好苍山的保护管理和开发利用，大理州人民政府依据《云南省大理白族自治州苍山保护管理条例》规定，组建大理白族自治州苍山保护管理局，专门负责苍山洱海自然保护区苍山保护区、大理风景名胜区苍山片区、苍山地质公园的统一管理，在业务上接受自治州自然保护、风景名胜、地质环境等行政主管部门的指导。管理局承担以下主要职责：①宣传、贯彻、执行有关法律法规和本条例；②依照保护区总体规划，制定保护管理措施，报自治州人民政府批准后组织实施；③组织有关部门对苍山自然资源、人文资源、地质遗迹、重要景观进行调查、监测，并建立档案；④协助有关部门做好封山育林、水土保持和河道保护治理等工作；⑤征收风景名胜资源有偿使用费；⑥设立保护范围的界标、重点保护对象标识；⑦行使本条例赋予的行政执法权。同时大理市、漾濞县、洱源县人民政府也组建了县市苍山保护管理（分）局，依法对苍山进行管理。

# 第三节　洱海流域生态文明建设指标体系

为有效开展洱海保护与流域生态文明建设工作，落实大理州委六届六次全会和州十二届二次人代会提出的"生态优先、农业稳州、工业强州、文化立州、旅游兴州、和谐安州"战略思路，大理州委、州政府和国家"水专项"洱海项目"十一五"课题组成员在遵循生态文明建设原则的基础上，根据"循法自然、科学规划、全面控源、行政问责、全民参与"的洱海保护经验和针对洱海科学的、系统的综合治理思路，分别侧重洱海流域水域系统、洱海流域陆域污染源系统、洱海流域环境经济系统和洱海流域环境社会系统四个方面，构建了水质规划调控指标、陆域污染源调控指标、环境经济调控指标和环境社会调控指标，即以洱海保护的"四大子系统"的协调平衡为宗旨，构建了洱海保护与流域生态文明建设指标体系。

## 一　洱海流域生态文明建设相关指标

在洱海流域水域系统，侧重构建水质规划指标，满足主要入湖河流水质达到相应的规划目标，保证流域居民饮用水的卫生安全，这是调控促进人与水关系和谐的根本。

在洱海流域陆域系统，侧重构建陆域污染源调控指标，反映在流域尺度上陆域层面，有效控制各类污染源。反映"污染源控制、陆域生态环境和水质改善、控源与生态建设相结合、工程措施与管理措施相结合"的清水理念。

在洱海流域环境经济系统，侧重构建流域环境经济系统调控指标，总体反映洱海流域资源环境与流域经济发展的速度、规模、产业结构、投资结构之间的协调平衡。

在洱海流域环境社会系统，侧重构建流域环境社会系统调控指标，总体反映洱海流域生态环境保护与社会发展之间的协调平衡，同时反映生态文明建设是包括物质文明建设、精神文明建设和制度文明建设以及满足社会公平正义基础上全民积极参与的人类社会高级文明形态。

在四大系统框架的基础上，进行反复讨论，筛选出 18 项具体指标，见表 3 - 1。

表 3 - 1　　　　　　　　洱海流域生态文明建设相关指标

| 目标层 | 准则层 | 指标层 | 单位 | 指标类别 |
|---|---|---|---|---|
| 洱海流域生态文明建设指标体系 | 水域系统 | 1. 洱海水质达标率 | % | 正指标 |
| | | 2. 入湖河流水质达标率 | % | 正指标 |
| | | 3. 流域村镇饮用水卫生合格率 | % | 正指标 |
| | 陆域系统 | 4. 城镇、村庄污水集中处理率 | % | 正指标 |
| | | 5. 城镇、村庄生活垃圾无害化处理 | % | 正指标 |
| | | 6. 工业固体废物处置利用率 | % | 正指标 |
| | | 7. 林草覆盖率 | % | 正指标 |
| | | 8. 化肥施用强度 | 公斤/公顷 | 逆指标 |
| | | 9. 畜禽粪便综合利用率 | % | 正指标 |
| | 环境经济系统 | 10. 流域财政收入增长率 | % | 正指标 |
| | | 11. 第三产业占 GDP 比重 | % | 正指标 |
| | | 12. 流域环境保护投资占 GDP 比重 | % | 正指标 |
| | | 13. 流域万元 GDP 能耗 | 吨标准煤/万元 | 逆指标 |
| | 环境社会系统 | 14. 流域农村居民年人均纯收入 | 元 | 正指标 |
| | | 15. 流域城镇居民年人均可支配收入 | 元 | 正指标 |
| | | 16. 生态文明教育普及率和参与率 | % | 正指标 |
| | | 17. 生态乡镇创建的比率 | % | 正指标 |
| | | 18. 公众对环境及社会公平正义的满意度 | % | 正指标 |

注：指标类别中"正指标"是指指标值越大，发展越好；"逆指标"是指指标值越小，发展越好。

## 二　生态文明建设指标的计量

### （一）洱海水质达标率

通过水质监测，洱海每年水质达到规划的Ⅱ类水质的月份数占全年 12 个月比重。数据来源：环保与水质监测部门。

（二）主要入湖河流水质达标率

通过水质监测，洱海主要入湖河流每年水质达到规划的水质的月份数占全年 12 个月比重。数据来源：环保与水质监测部门。

（三）流域村镇饮用水卫生合格率

流域村镇饮用水卫生合格率是指以自来水厂或手压井形式取得饮用水的农村人口占农村总人口比重，雨水收集系统和其他饮水形式的合格与否需经检测确定。饮用水水质符合国家生活饮用水卫生标准的规定，且连续三年未发生饮用水污染事故。其计算公式为：村镇饮用水卫生合格率 = 取得合格饮用水农村人口数 ÷ 农村人口总数 × 100%。数据来源：环保、卫生、建设等部门。

（四）城镇、村庄污水集中处理率

城镇、村庄污水集中处理率是指城镇、村庄经过污水处理厂二级或二级以上处理，或其他处理设施处理（相当于二级处理），且达到排放标准的生活污水量与城镇、村庄建成区生活污水排放总量的百分比。其计算公式为：城镇、村庄污水集中处理率 =（二级污水处理厂处理量 + 一级污水处理厂、排江、排海工程处理量 × 0.7 + 氧化塘、氧化沟、沼气池及湿地系统处理量 × 0.5）÷ 城镇、村庄污水排放总量 × 100%。数据来源：建设、环保部门。

（五）城镇、村庄生活垃圾无害化处理率

城镇、村庄生活垃圾无害化处理率是指城镇、村庄生活垃圾资源化量占垃圾清运量比重。数据来源：环保、建设、卫生部门。

（六）工业固体废物处置利用率

工业固体废物处置利用率是指工业固体废物处置及综合利用量占工业固体废物产生量比重，且无危险废物排放。有关标准采用《一般工业固体废弃物储存、处置场污染控制标准》（GB18599—2001）、《生活垃圾焚烧污染控制标准》（GB18485—2001）、《生活垃圾填埋污染控制标准》（GB16889—1997）。数据来源：环保、建设、卫生部门。

（七）林草覆盖率

林草覆盖率指流域内林草类植被面积，包括森林、草地、湿地、湖滨带面积之和（含天然和人工）占土地总面积的百分比。其计算公式为：林草覆盖率＝林草地面积总和÷土地总面积×100%。数据来源：统计、林业、农业、国土资源部门。

（八）化肥施用强度（折纯）

化肥施用强度（折纯）是指本年内单位面积耕地实际用于农业生产的化肥数量。化肥施用量要求按折纯量计算。折纯量是指将氮肥、磷肥、钾肥分别按含氮、含五氧化二磷、含氧化钾的百分之百进行折算后的数量。复合肥按其所含主要成分折算。其计算公式为：化肥使用强度＝化肥施用量（公斤）÷耕地面积（公顷）。数据来源：农业、统计、环保部门。

（九）畜禽粪便综合利用率

畜禽粪便综合利用率是指畜禽粪便通过还田、沼气、堆肥、培养料等方式利用的畜禽粪便量与畜禽粪便产生总量的比例。有关标准按照《畜禽养殖业污染物排放标准》（GB18596—2001）和《畜禽养殖污染防治管理办法》执行。数据来源：环保、农业部门。

（十）流域财政收入增长率

流域财政收入增长率是指流域本年度财政收入较上年度的增加值与上年度财政收入的比值。数据来源：财政部门。

（十一）第三产业占GDP比重

第三产业占GDP比重是指大理市和洱源县第三产业产值占全部产业总产值比重。数据来源：统计部门。

（十二）流域环境保护投资占GDP比重

流域环境保护投资占GDP比重是指流域大理市和洱源县用于环境污染防治、生态环境保护和建设投资占当年国内生产总值（GDP）比重。数据来源：统计、发展改革、建设、环保部门。

（十三）流域万元GDP能耗

流域万元GDP能耗是指流域总能耗（吨标准煤）与流域国内生产总值（万元）比值。数据来源：统计、经济综合管理、能源管理等部门。

（十四）流域农村居民年人均纯收入

流域农村居民年人均纯收入是指流域内农村常住居民家庭总收入中，扣除从事生产和非生产经营费用支出、缴纳税款、上交承包集体任务金额以后剩余的，可直接用于进行生产性、非生产性建设投资、生活消费和积蓄的那一部分收入。数据来源：统计部门。

（十五）流域城镇居民年人均可支配收入

流域城镇居民年人均可支配收入是指流域城镇居民家庭在支付个人所得税、财产税及其他经常性转移支出后所余下的人均实际收入。数据来源：统计部门。

（十六）生态文明教育的普及率与参与率

生态文明教育的普及率与参与率是指公众对生态文明建设的知晓、参与意愿、生态环境的支付意愿、生态文明生活习惯的培养和参与生态文明建设和环境保护的主动性、积极性的自我评价。数据来源：现场问卷调查。

（十七）生态乡镇创建的比率

生态乡镇创建的比率是指政府通过制度建设，评比出的生态乡镇创建的数量占流域全部乡镇比重。数据来源：政府相关部门。

（十八）公众对环境和社会公平正义满意度

公众对环境和社会公平正义满意度是指公众对环境保护工作、环境质量状况以及社会公平正义的满意程度。数据来源：现场问卷调查。

# 第四节  洱海流域生态文明建设的有利条件

生态文明建设是功在当代、利在千秋的大业。保护和改善生态环境是全人类面临的共同挑战。洱海流域虽然是一个边疆少数民族聚居的欠发达地区，也是全国生态环境保护良好的地区之一，历来高度重视生态文明建设事业。长期以来，洱海流域各级党委、政府和人民群众能够抓住有利于加强生态文明建设的各种机遇，在污染防治和生态保护方面做了大量的工作，在环境管理方面采取了许多行之有效的措施，群众的环保意识显著增强，生态文明建设成果丰硕。

## 一　各级政府高度重视

随着洱海流域经济社会的发展，洱海面源、内源、点源污染日趋严重。党中央、国务院及云南省委、省政府高度重视洱海保护治理工作，大理州以科学发展观为指导，积极保护、主动工作、科学治理，展开了新一轮的综合治理。狠抓洱海湖滨带恢复建设，重点控制内源污染；狠抓污染排放的整治，重点控制点源污染；狠抓生产生活污染治理，重点控制面源污染；狠抓面山生态修复，重点控制流域污染。把洱海源头的洱源县作为全州生态文明建设试点县，重点实施生态基础设施、生态农业、生态工业、生态屏障、生态旅游、生态家园和生态文化七大体系建设。洱海保护治理工作得到了国家和云南省政府的充分肯定，国家环保部将洱海列为落实科学发展观的联系点，并在大理召开了洱海保护经验交流会，向全国推广洱海保护治理经验。

## 二　群众形成保护共识

为加强生态理念文明，洱海流域从娃娃开始抓环保教育，不断增强广大干部群众"洱海清、大理兴"的意识，建立纵向到底、横向到边的重奖重惩责任制，将任务、目标层层分解，层层实行风险抵押和一票否决制，进一步统一思想、提高认识，广泛调动各级各部门和广大人民群众的积极性、主动性，真正做到洱海保护治理全民总动员。

## 三　科学规划明确方向

由云南省人民政府批准的《洱海流域保护治理规划（2003—2020年)》，为洱海的科学治理明确了方向。对洱海水质、入湖河道水质和农业面源污染实行每月、多点网格状监测和综合分析报告制度，及时跟踪掌握面源污染及水质动态，为对症施治提供了科学依据。初步建成的"数字洱海"信息系统和新组建的"洱海湖泊研究中心"，以及测土配方平衡施肥、周城和洱海渔村生活污水处理等项目获得成功并在流域推广应用，对洱海保护治理起到了系统的指导作用。

# 第五节　洱海流域生态文明建设的制约因素

洱海流域生态文明建设经过多年的努力，取得了显著的成效。但是，也面临着许多问题。只有清醒地认识到存在的困难和挑战，进一步增强危机感，采取断然措施化解问题，才能实现生态文明建设不断取得新佳绩。

## 一　生态承载的压力

作为大理风景名胜区所在地，大理市生态敏感性较为脆弱。苍山洱海、田园风光构成了大理独一无二的生态景观格局，是大理城市发展的根基与前提。苍山洱海的保护一直是大理各级政府的首要任务。随着社会经济的不断发展，城市发展对环境保护的压力也越来越大。如果洱海周边地区的开发强度过大，必然造成苍洱生态环境不可逆转的破坏。

近十年来，洱海流域社会经济处于高速发展状态，GDP 的年均增长速度达到8%，未来也将保持相当的发展速度。流域的水污染治理水平若保持现状不变，GDP 的增长速率按6%、8%、10%作预测计算，则入湖污染物负荷量也将随之大幅度增加。按照洱海流域社会经济发展趋势的计算结果，到2020年，流域的 GDP 总量将达到300亿元，农村人口约49万，城市人口约43万，总人口约达到92万。若保持现状污染治理水平不变，流域 COD、TN、TP 污染负荷量的发展趋势，将大幅度超过水环境的承载力的阈值限制水平。流域经济的高速增长将直接导致入湖污染物负荷量也随之大幅度增加，将给洱海带来巨大的水环境污染压力，更不利于洱海的水污染治理和水质恢复。洱海的水环境容量是流域社会经济发展的制约因素，更是发展的决定因素。①

　　大理在特定的自然环境条件下，环境容量和生态保护与大理滇西中心城市的发展目标之间形成矛盾。大理要建成"辐射面广、带动能力强、吸引力大的滇西中心城市"，必然要求大理做大做强经济，推进城市化的快速发展，引导人口的规模集聚。另外，大理要建设成为"特别适宜人类居住和发展的生态山水田园城市"，又必然要求大理保护生态环境，保护山水田园风貌，控制城市开发密度和人口经济密度。发展空间的需求和供给之间的矛盾在快速城市化的背景下难以进行协调，土地资源的有限承载能力和苍洱保护的压力客观上制约城镇化的发展空间。

## 二　产业发展的压力

　　城镇化和旅游业发展给洱海的生态保护带来逐年加大的压力，使洱海的水体质量长期处于生态治理临界点。洱海流域的城镇化发展主要集中在洱海西岸，全市一半人口住在洱海末端的下关镇。近年来，为拓展城市空间、保护海西、加快滇西地区经济社会发展，云南省政府做出打造海东新区的战略决策，以大理新城（海东镇）为主，整体规划包括上关镇、双廊镇、挖色镇和凤仪镇部分的占国土面积1/3的洱海东岸大片区。对于洱海这样的生态敏感区，大面积的城镇化和工业化开发若没有配合科学的环境保护配套方案，会对环境造成不可逆的破坏。

## 三　控污治污难度大

　　由于农业农村面源污染点多面广、治理难度大，加上缺乏有效的政策层面和技术层面的支撑，农业与农村面源污染仍未得到有效治理。洱海入湖河流上游农村污染源的管理仍然是难题，是洱海治污的薄弱环节。目前，很多村庄内部没有建立排污系统，生活污水和垃圾随意倾入小溪河流，不利于污水垃圾的集中处理，造成村庄污染不好管理。目前，以流域北部、西部坝区为主的区域农药化肥污染流失较为严重，有机废弃物尚未形成有效的资源利用途径，流域禽畜养殖业氮磷污染严

---

　　① 董利民：《洱海流域水环境承载力计算与社会经济结构优化布局研究》，科学出版社2015年版，第137页。

重，流域农村生活污水处理刚刚起步，农业、农村面源污染仍是洱海的主要污染源。农业经济发展速度虽已明显提高，但存在经济作物种植和禽畜养殖带来大量农业污染的问题。流域工业整体上仍处于高投入、高耗能、高排放、低效益的传统粗放型经营阶段。流域生态旅游资源丰富，但生态旅游尚处于初级阶段，缺乏广范围和深层次的开发。洱海流域环境与经济的协同发展需要调整经济结构、优化产业布局，走资源节约型、环境友好型的循环经济之路，流域产业结构亟待优化与调整。

### 四 群众参与度不高

虽然周边居民对洱海保护有极大热情，也为洱海保护做出了努力，但是目前公民参与环境保护的范围、层次、形式等仍有很大的发展空间，还有不少因素束缚着公民参与到环境保护中去。在"两保护"工作中，群众的参与度并不高，村组干部主人翁意识不强，保护工作一直是政府主导，并没有完全调动村组干部群众的积极性和参与性。从总体上看，民众参与洱海保护缺乏主动性，被动参与多于主动参与。城乡居民或多或少都参加一些与保护洱海相关的活动，一些部门的工作人员几乎年年都参加一些与洱海保护相关的活动，但这些活动基本是政府动员式的参与。目前，地方政府探索出了"农户缴费、政府补助、袋装收集、定时清运"的农村垃圾收集模式，由各村委会向农户收取 15—30 元的垃圾收集处理费，主要用于垃圾收集和清运。许多群众认为环保是政府的事，政府收取了各种治污费，就应该负责把环境治理好。相当一部分村民的环保意识不强，垃圾随处乱丢，生活污水随意泼洒。这是他们从小缺乏环保意识教育、长年累月养成的不良习惯，非一朝一夕能够改变。此外，许多农户并不了解政府的相关政策，也不太关心这些事情，虽然他们明白环境治理好了自己受益，但他们没有意识到，治理污水，保护洱海，人人有责，更不知道自己在环境保护中应承担怎样的职责。这样，治理污染就成为政府单方面的任务了。一方面政府在花大力气治理环境，另一方面老百姓还在继续污染环境。缺乏广大农民的积极参与和配合，洱海农村污水收集、处理及各项工程的后续维护工作等都将受到一定程度的影响，难以如期实现截污减排、改善洱海水质的目标。

# 第四章　银桥镇城镇化历程与区域特征

在人类文明进程中，河流是城镇产生和发展的摇篮，历史上众所周知的几个文明源地均位于河流的沿岸，并使人类聚居呈现以流域为基本单元的发展模式，这一特点在农耕时代尤为明显。流域既是一种特殊的自然区域，又是组织和管理国民经济的特殊社会经济系统。在一个流域内，不仅各自然要素互相关联，而且地区间的相互影响也极为显著，特别是上下游、干支流不同层次的地区间相互关系密不可分。流域城镇体系既具有区域的一般属性，同时又具有流域的特质。与一般区域相比较，流域城镇体系及其空间结构的关联性、整体性更强，因而也更具有规律性。对流域城镇化及城镇空间结构的深入认识有利于进一步加强流域开发的科学性。①

银桥镇位居洱海流域大理坝子正中央，跨苍山洱海中轴线上的特殊地理位置，成为平分上关与下关、喜洲古城与大理古城、龙首关与龙尾关的中心集镇，被誉为"平分百二"馥秀地。银桥镇是区域人口和社会经济活动相对集中的场所，它的发展与演变具有特定的规律。

在银桥镇的城镇化进程中，区域特征、政策和市场机遇促进了城镇化建设与发展，而水环境压力、市场竞争和配套设施建设滞后等制约了城镇化进程。结合银桥镇城镇化历程与区域特征分析，我们认为：推进新型城镇化建设，既不是以牺牲生态环境为代价的经济增长模式，也不是以牺牲经济增长为代价的生态保护模式，而是生态保护与经济发展相互适应、相互促进和相互协调的生态经济模式。

---

① 张侃侃：《国内流域城镇发展与演变研究进展》，《经济师》2016 年第 6 期，第 12 页。

# 第一节　城镇化历程

　　银桥镇经济社会发展的历史源远流长，并积淀成为银桥镇的深厚文化底蕴。无为寺胜景的帝王遗踪、三阳城遗址的历史沧桑、灵泉溪淌水的优美旋律、苍山洱海平分百二的壮丽山河，展示着银桥镇人杰地灵的独特魅力。源远流长的文化底蕴，孕育了银桥人淳朴的气度；得天独厚的自然资源，赋予了银桥人相对殷实的生活；稳步发展的现代农业、新型工业和特色旅游业，为银桥镇新型城镇化跨越起航奠定了坚实基础。

## 一　历史上的西国干城

　　秦汉时期，大理是从四川成都，经云南大理、保山进入缅甸，再通往印度的必经之地。这条通道，对促进大理地区和内地的联系、促进中国和东南亚诸国友好往来和经济文化交流起着重要的作用。汉王朝曾在此设郡县，唐宋时期，先后出现了南诏国和大理国地方政权实体，相继延续了五百多年。在元朝以前，大理是云南的政治、经济、文化中心，美国曾有历史学家将此考证为曾经是世界十四大城市之一。

　　大理市银桥镇是南方丝绸之路——茶马古道滇藏线上的必经之路，是西线茶马古道交通网络中一个重要的组成部分。自唐代"茶马互市"以来，银桥镇就是南涧、临沧、普洱和西双版纳等地区途经大理，通往滇藏线的要冲之一，成为促进大理经济社会发展和各民族文化交流以及宗教传播的重要路径。银桥镇现在的西国干城、西城尾自然村、城外庄自然村等地名，也印证了银桥曾是古老西国干城的厚重历史。到了清代，当地的商业资本得到了显著的发展，并产生了因在封建社会中崛起，带有浓厚的封建经济特征的著名商号。早在清嘉庆、道光、咸丰年间，马久邑村的"三元号"、塔桥村（即银桥村）的"裕和号"和沙栗木庄村的（今属五里桥村委会）"九和号"等，都是产生于银桥镇辖区内，均以经营棉花业务为主，在当时大理坝子有名的商号。这些商号的建立，成为后来的滇西鹤庆帮、喜洲帮民族商业资本的先驱。①

银桥镇境内的南诏"三阳城"遗址，位于苍山三阳峰麓，灵泉溪南岸。"三阳城"也称"长城"，始建于唐开元二十七年（739 年），是南诏国 738 年迁都太和城后，为防止吐蕃的侵扰而构筑的夯土防御城墙。在南诏与吐蕃联军进攻成都失败后，吐蕃迁怒于南诏，南诏第六代国王异牟出于政治考虑想重新归附唐朝，军事上防御吐蕃"兴师问罪"，把南诏王都从太和城迁到羊苴咩城。三阳城与龙尾城一样，是一道由苍山麓至洱海边的一座城墙，是南诏王都——苴咩城北面又一道重要的防御要塞，在银桥民间被称为"西国干城"。原城墙西起灵泉溪的溪口内西沿 1000 米处，东顺灵泉溪延至洱海边西城尾村。三阳城墙总长 7000 多米，墙高 3—4 米，基宽 11 米，全为沙质土夯墙。现仅存三阳峰麓至 214 国道 1500 多米及西城尾村西一段约 1000 米。《南诏野史·隆舜传》载："光启二年（886 年）地震，龙首、龙尾二关，三阳城毕崩。"大理国时曾进行维修。元代始废。三阳城历史上是捍卫南诏大理国重要的北面屏障之一，曾在城墙东侧发现大量的南诏有字瓦，为研究南诏的历史、文化、军事历史等提供实物依据，是一项珍贵的历史文化遗产，1985 年确定为大理市第一批颁布的市级重点保护文物单位。2014 年被大理白族自治州人民政府确定为州级重点保护文物单位。

据《大理县志稿》记载，《水经注十七·渭水》："渭水之右，磻溪溪水注之。水出南山兹谷，乘高激流，注于溪中。溪中有泉，谓之兹泉。泉水潭积，自成渊渚。"银桥镇磻溪村委会南磻溪建有"平分百二"照壁，照壁上镶嵌着用大理石镌刻的"平分百二"四个大字，以此鉴印大理"百二河山"分界所在。磻溪本主庙内有一块巨大的分水奇石，距上关（龙首关）、下关（龙尾关）各五十里。平分百二照

---

① 张旭、杨永新、张锡禄、苏松林调查，苏松林整理：《大理马久邑"三元号"的兴衰情况》，载《中国少数民族社会历史调查资料丛刊》修订编辑委员会云南省编辑组《国家白族社会历史调查（三）》，民族出版社 2009 年版。

壁已有一百多年历史，现在的照壁曾多次进行过重修。大理坝子以此分为南北，南部以大理古城为中心区域，北部以喜洲为中心区域。分水石是"百二山河"的分界点，也是洱海西岸的中分点、洱海的中分线。分水石上镌刻着楹联："磻石镇中流平分山河百二，溪水归大海变成气象万千。"

## 二 当代的产业发展

银桥镇不仅地理优势突出，交通便利，而且拥有得天独厚的自然资源。银桥镇的土地资源和水资源丰富，为产业发展提供了先决条件。目前，杭州（大理）娃哈哈有限责任公司利用灵泉溪矿泉水进行纯净水及乳制品生产；辽宁丹东天赐花卉有限公司在银桥镇组建了大理天赐花卉有限公司并创建了全国西南部最大的蓝莓种苗繁育基地；昆明好宝箐生态农产品有限公司发展了优质有机水稻基地；福安园林公司创建了千亩苗木基地；大理市银顺蔬菜专业合作社创建了无公害蔬菜基地；辖区西侧苍山自然保护区内闻名天下的黑龙潭、双龙潭、白王洞、灵山寺、无为寺及"苍海高尔夫球场"等资源，吸引了世界500强企业——力宝集团在银桥镇投资 13.5 亿元。银桥已成为云南省现代农业示范基地，并进一步延伸为银桥绿色食品工业园区。

银桥镇紧紧围绕云南省委、省政府提出的发展园区经济、民营经济、县域经济"三大战役"的部署，深入贯彻落实州、市党委、政府确定的保护洱海、保护海西的要求，走"在保护中开发、在开发中保护"的路子，立足镇情稳妥推进建设"三区（现代农业示范区、绿色食品工业区、养生度假休闲区）、两带（生态示范展示带、临海旅游示范带）、一中心（头铺中心集镇）"。

### （一）万亩现代农业示范区

银桥镇现有耕地 19500 亩，其中农田 18480 亩，水浇地 1020 亩，适宜水稻、小麦、蔬菜、花卉等多种粮食、经济作物生长。各种作物都有一定面积的分布。此外，银桥镇三阳峰下灵泉溪周边年产甘甜可口、翠绿诱人的有机绿茶 51 吨，约占大理市茶叶产量的 40%。为实现"土地向种田大户集中"，银桥镇积极引进和培育龙头企业，协助企业流转租赁土地，逐步实现从分散低效的传统农业向规模化、集约化的现代农业转变。辽宁丹东天赐花卉有限公司在银桥镇创建了大理天赐花卉有限公司，流转租赁土地 1500 亩，建成了全国西南部最大的蓝莓种苗繁育基地以及苍山杜鹃等种苗生产和示范基地，培育种苗 1900 多万株，鲜果销往北京、上海、广州等地，农户每亩年收入在 3600 元以上；昆明好宝箐生态农产品有限公司通过土地流转，租赁土地 2000 亩，建立了同步实施稻田养鱼项目的优质有机米生产基地；福安园林公司通过土地流转，租赁土地 1000 余亩，创建了千亩苗木基地；扶持培育了大理市银顺蔬菜种植专业合作社、霖场蓝莓种植专业合作社等 13 个农业专业合作社，种植的意大利生菜、油麦菜、奶白菜等新品种销往香港、广州等地，年销售额突破 500 万元。抓住大理市烤烟产业实行"控制总量、提升质量、优化结构、突出特色、稳中求进"的发展机遇，树立绿色生态健康烟草新理念，2012 年发展了 2100 亩的烟草种植区，成为大理市现代烟草农业建设的新烟区。

银桥镇现代农业示范区坚持"政府导向、项目支持、多元投资、共同建园、旅游互动"的思路，发展科技型、生态型、特色型、休闲型、高效型一体化的现代农业，成为现代农业生产、休闲旅游以及综合服务的示范园区。在尊重基地现状的基础上，积极适应现代农业的发展趋势和市场需求，充分考虑基地农民的利益诉求，将银桥镇现代农业示范区的发展结构定位为：两个核心发展轴、三个节点、四个功能定位、五个种植区。

两个核心发展轴：沿 214 国道形成核心发展轴，联系各功能区，发展休闲度假、农家乐等农业旅游和现代农业服务业；沿大丽公路形成中心观景轴，发展农业休闲观光和现代农业展示。

三个节点：银桥绿色食品工业园区，为银桥镇乃至大理市农业提供下线发展服务；以大理天赐现代农业有限公司为支撑的蓝莓生产基地；以昆明好宝箐生态农产品有限公司为支撑的有机稻米生产基地。

四个功能定位：①生产加工：规模化、标准化、集约化的水稻、花卉、蔬菜、蓝莓、茶叶生产基地，运用现代生产技术与装备，提高农产品生产效率，保障农产品品质；依托银桥绿色食品园区，将银桥镇现代农业示范区发展成为蓝莓加工、茶叶加工、纯净水加工、花卉食品加工的基地。②实验研究：稻田养鱼技术实验、有机种植技术实验、无公害种植技术实验、现代农业管理模式实验等，并开发成为滇西北农业技术的研究中心、农业院校的研究基地、农业企业的研究平台、农业技术转化的研究平台。③示范展示：种植技术示范推广、生产工艺技术示范推广、产业发展模式示范推广、产业类型示范推广，以及种植技术展示、生产工艺展示、稻田养鱼展示。④观光度假：现代农业观光旅游、农家乐、农业体验等以农事体验、田园风光、民族习俗为主题的观光、度假、休闲农业。

五个种植区：生态有机茶种植区、特色水果种植区、无公害蔬菜种植区、工业加工型玫瑰种植区、生态有机水稻种植区。

（二）银桥绿色食品工业园区

按照《大理州实施县级工业小区建设意见》和《云南省工业经济园区发展规划》精神，经大理市人民政府（大市政批〔2003〕118号）批准，2003年启动建设银桥绿色食品工业园区，以生产加工生态绿色食品为主导产业。银桥绿色食品工业园区位于大理市银桥头铺中心集镇，距大理古城6千米，东临214国道，南至磻曲村，北至鹤阳下村。工业园区的发展目标是以自然生态环境保护为前提，建设成为以新型绿色食品加工业为主的生态型花园式工业园区。园区建设至今，各级政府累计投入基础设施配套资金5000多万元，引进并培育了大理娃哈哈食品有限公司、下关沱茶集团、汇泉塑业等7户企业，引进协议资金3.2亿元，实际到位资金2.6亿元。2012年，园区完成工业总产值9亿元，上缴税收2600万元。银桥绿色食品工业园区规划区总面积120.96公顷（1814.40亩），已建成面积180亩，在建面积304亩，现规划建设预留用地1330亩，其中储备国有土地280亩。银桥绿色食品工业园区发展以贯穿东西的灵泉溪景观主轴线为主体向南北两翼展开，形成了"两轴、一心、五片"的发展格局。

两轴：以灵泉溪自然生态景观廊道与东西向的经西路及南北向纬二路的主干道为两条主轴线。

一心：在两条主干道的交叉路口，以灵泉溪两岸的公共绿地为基础，在绿地西南角构建环境优美的厂区前导空间，在绿地东南角建设生态型的交通集散广场，形成一个别具特色的园区中心。

五片：①建设并形成一定规模的娃哈哈集团公司纯净水及乳制品生产为主的工业片区；②3 万吨精制茶叶的茶制品工业片区；③处于园区中心主要为娃哈哈集团公司以及茶厂等企业服务的公共服务区；④靠近 214 国道以西、灵泉溪以北的区域以农贸市场为主的商业服务区；⑤靠近 214 国道、灵泉溪以南的区域为工业园区的综合服务区。

（三）特色旅游休闲区

充分发挥大理苍洱高尔夫球场的辐射效应，深入挖掘无为寺历史文化和苍洱田园风光资源，积极发展休闲、康体、度假、养生旅游区。目前，正在实施建设与苍洱景观协调一致、依山就势的五星级高端休闲度假酒店，含国际医疗康体中心、现代中心养生馆、运动休闲中心、绿色餐饮服务中心等。项目建成后将有效推动银桥镇乃至大理市旅游业的转型升级。

随着银桥镇境内大凤路、村村通生态环保公路的修建，辖区内各村庄的道路通行条件显著改善，各村庄生产生活更加便利，让游客来得通畅、住得舒服、吃得尽兴、玩得愉快，既能够实践低碳出行，低碳生活，全身心沉浸在优美恬静的田园风光和多姿多彩的民俗风情之中，又可以享受相对方便、便捷的现代文明生活。车在海边跑，人在画中游。银桥镇围绕西环海景观路及"村村通"公路，坚持洱海保护优先，突出白族民俗文化特色，不断拓宽"农家乐"发展渠道，打造体验式休闲度假旅游项目，构建交通便利、风景优美、文化内涵丰富的乡村休闲旅游区域，推进以民居、民俗旅游为主的乡村休闲度假旅游业健康发展。例如，磻溪村委会以公司与农户联营的模式，积极推动磻溪村发展农家乐旅游项目，将磻溪村丰富的旅游资源纳入整个项目进行开发，留住游客，带动劳动力转移，促进农户增收。大理天赐花卉有限公司将以"绿色、休闲、参与、体验"为主题建设蓝莓观光休闲体验庄园，以功能多样化、投资多元化、发展产业化为总体思路，以实现经济效益、社会效益和生态效益相统一为目标，加速推动传统农业向生产、生活和生态"三生合一"的功能方向转变，推进城乡互动，构建融农业和旅游业为一体的现代农业旅游发展体系。

### 三　建设中的中心集镇

根据大理市城市社会经济发展战略，在城镇化水平快速发展进程中，以城乡一体化统筹发展，推进社会主义新农村建设，实施产业强镇的发展思路，确立了把银桥镇打造成为"具有鲜明特色、充满活力、富有魅力的工贸型新市镇"的战略目标。为深入贯彻科学发展观，坚持"以人为本"的指导思想，科学合理地指导和控制镇区的各项建设，有效使用土地，使头铺中心集镇的社会、经济各项建设事业协调持续发展，2011年银桥镇政府委托大理市设计院编制了《大理市银桥镇小城镇建设头铺中心集镇控制性详细规划》，以指导头铺集镇的社会、经济、公共服务基础建设及市政公用基础建设各项工作的实施。

头铺中心集镇是全镇的政治、经济、文化中心，与银桥绿色食品工业园区组合成一个新型的工贸型新市镇。规划区以大凤路及灵泉溪为南北、东西方向的发展轴，向东、南、北三个方向发展，规划建设面积共为56.65公顷（849.75亩）。头铺中心集镇道路网平面为近方格网棋盘式布置，形成五纵四横的结构。按照头铺集镇的自然地理条件，现有的各项市政基础设施和公共服务设施，以及经济社会发展的基础和态势等各方面的因素，规划以穿过头铺集镇中心的大凤路与灵泉溪形成"两轴、一心、七片"的规划发展格局。

两轴：即以大凤路为南北向发展轴，以灵泉溪为东西向发展轴。

一心：在两条轴线交叉处形成集镇的中心，以布置行政中心、文化中心、绿地广场及商业、贸易、金融业。

七片：①行政办公区；②商贸金融服务区；③小型餐饮服务区；④生活居住区；⑤文化教育区；⑥田园风光生态旅游休闲服务区；⑦食品工业园区。

# 第二节　区域特征与特色城镇化

立足特色文化，发展特色经济，打造特色城镇，能够形成强劲的内在发展活力和竞争力。以特色产业为支撑，建设个性化的小城镇，可以促进城乡之间生产要素有序流动，扩大城镇对乡村辐射带动作用，带动农村第二、第三产业发展，为农村富余劳动力向城镇和非农产业转移创造条件，促进农村经济和农村产业结构调整，加快农村经济发展，形成以城带乡、以工促农和城乡发展一体化格局。[①] 加快银桥镇新型城镇化进程，必须深入研究银桥镇的区域特征，按照"生态为本、文化为魂"的理念，充分挖掘文化底蕴，坚持生态立镇，培育特色产业，才能实现环境保护与经济社会协调发展。

**一　旅游资源独特彰显城镇化特色**

银桥镇既有迷人的大理水乡农村风光，又有新颖的海西现代农业田园气息；既有浓郁的白族乡村本土文化，又有时尚的休闲旅游文明风貌。银桥镇的城镇化建设，应立足于自身资源优势，形成自己的鲜明特色。

（一）银桥镇位于国家级风景名胜区

云南大理风景名胜区是国务院 1982 年公布的第一批国家级风景名胜。大理风景名胜区是一个依山傍水的高原盆地。这里是云南古文化的发祥地之一，南诏、大理国的都邑，被誉为"亚洲文化十字路口的古都"。大理风景名胜区包括苍山洱海、石宝山、鸡足山、巍宝山和茈碧湖温泉五个景区。银桥镇所在的苍山洱海风景区由气势恢宏的苍山、秀丽的高原明珠洱海及山海之间自然与人文完美结合的田园风光构成。苍山洱海风景区旅游资源得天独厚，大理古城、三塔寺、蝴蝶泉等文物古迹享誉中外，苍山洱海、风、花、雪、月的自然景观久负盛名，构成了秀丽独特的自然景观。大理历史悠久，文物古迹众多，纵贯了唐、宋、元、明、清及民国等各个历史时期。大理作为数百年云南政治、经济、文化中心，文人名流会集，史籍文献甚丰。加之在当地占主要地位的白族人民，文化素养历来较高。因此，明、清以来大理素有"文献名邦"之称，历代以来人才辈出。大理文化是中原文化、藏传文化、东南亚文化及当地民族文化融合的产物，白族人

---

① 罗应光：《云南特色新型城镇化道路》，云南人民出版社 2014 年版，第 203 页。

民从服饰、住居、婚嫁、信仰、习俗以及庆典节日，都充满着独特的民族情趣。苍山洱海风景区孕育、沉积了丰厚的历史文化，有突出的南诏大理文化、独特的本主崇拜、多彩的民族风情和丰富的民间传说，还有丰富多样的生物资源景观、独特罕见的天气景观、地质景观等。苍山洱海风景区集数顶桂冠于一身，涵盖了世界地质公园、国家级自然保护区、国家历史文化名城、国家优秀旅游城市、全国最佳魅力城市等。

（二）银桥镇旅游资源禀赋突出

位居苍洱中轴线上的银桥镇，地处大理市腹地，海西田园风光保护区的中心位置，交通便捷，气候宜人，具有得天独厚的交通、区位、气候等旅游优势。随着大理"生态为本，文化为魂"的旅游二次创业步伐的加快，银桥镇在积极打造"金水银桥、平分百二、西国干城、无为胜景"四大旅游文化名片的同时，坚持以推进农业产业化发展和改善农民生产生活条件为重点，以突出农民增收和生态和谐发展为核心，狠抓乡村生态旅游开发，全镇农村发展的外部环境、农业生产经营方式、农村经济社会结构、农民就业和收入结构等都发生了重大而深刻的变化，乡村旅游迅速成长为银桥镇旅游产业和农村经济发展新的增长点，发展潜力和上升空间较大。

（三）特色城镇化必须立足于资源禀赋

《大理滇西中心城市总体规划（2010—2025 年）》提出，努力将大理建设成辐射面广、带动力强、吸引力大的滇西中心城市，国际知名的旅游文化休闲胜地，中国面向西南开放的重要枢纽，面向东南亚、南亚，联系川藏的教育科研、医疗养生基地，全国民族自治州科学发展示范区，白族文化与多元文化融合、山水生态宜居的文化生态走廊，云南省先进加工制造业基地与滇西区域中心城市。

"旅游驱动新型城镇化是以人为核心，以旅游业为主要载体，形成市场在资源配置中起决定性作用、政府和社会充分参与的作用机制，促进资源、资本、土地、人口四大要素优化配置，进而实现经济建设、政治建设、文化建设、社会建设和生态文明建设'五位一体'

的城镇化。"①

把大理滇西中心城市建成国际知名的旅游文化休闲胜地，必须把创新作为发展的生命线和灵魂，立足自身的历史文化与自然生态资源，依托国家批准的旅游综合改革实验区的建设，抓住云南省旅游二次创业的机会，进一步发挥改革开放的窗口和试验田的作用，不断创新旅游开发模式；全面推动政府、市场、企业和社会方面的基础改革，努力为中国旅游发展改革的纵深推进探索新的方向与路径；从大理、滇西、大香格里拉三大旅游圈出发，整合"1＋6"旅游资源，优化旅游结构，构建协同统一的旅游服务网络，提升旅游管理的国际化水平，把大理滇西中心城市建成资源节约型、生态保护型、文化厚重型、旅游国际型的旅游休闲胜地和旅游特区，引领云南省乃至中国旅游发展改革与创新的方向。

**二　生态保护是城镇化的前提**

大理作为云南省重要的次级中心城市，辖区内有苍山洱海国家级自然保护区、大理国家级风景名胜区、大理国家级历史文化名城、大理苍山世界地质公园等重要生态敏感区和底蕴深厚的少数民族文化资源，正确处理好城市发展和人口、资源、环境的关系，是实现可持续发展的关键。

**（一）银桥镇位于国家级自然保护区**

自然保护区是指对代表性的自然生态系统、珍稀濒危野生动植物物种的天然集中分布区、有特殊意义的自然遗迹等保护对象所在的陆地、陆地水体或者海域，依法划出一定面积予以特殊保护和管理的区域。②

建立自然保护区是保护自然资源和生态环境的一项重要措施。通过保护有典型意义的生态系统、自然环境、地质遗迹和珍稀濒危物种，以维护生物的多样性，保证生物资源的持续利用和自然生态的良

---

① 刘峰、杨晓东、黄斌：《旅游驱动新型城镇化：湖北武当山特区发展模式研究》，中国工人出版社2014年版，第4页。

② 《中华人民共和国自然保护区条例》，载中国林业年鉴部《中国林业年鉴》，中国林业出版社1994年版，第14—17页。

性循环。由于自然保护区保存了完好的生态系统、珍稀濒危的野生动植物、典型的地质剖面和自然遗迹等，环境优雅，空气清新，是开展旅游的理想场所。

银桥镇所在的苍山洱海国家级自然保护区，由苍山、洱海两部分组成，地跨大理、洱海、漾濞等市、县，总面积79700公顷。1993年升级为国家级自然保护区，保护区总面积为7.97万公顷，其中，核心区面积17000公顷，缓冲区面积38500公顷，实验区面积24200公顷。大理苍山洱海国家级自然保护区属于自然生态系统类别，同时兼属自然遗迹类别，其中包含三种类型：森林生态系统类型、内陆湿地和水域生态系统类型和地质遗迹类型，是一个多层次、多功能、大容量的综合型自然保护区。保护对象主要是：高原淡水湖泊水体湿地生态系统；第四纪冰川遗迹高原淡水湖泊；以苍山冷杉——杜鹃林为特色的高山垂直带植被及生态景观；以大理弓鱼为主要成分的特殊鱼类区系。

建立苍山洱海国家级自然保护区，目的是有效地保护苍山——高山垂直带生态系统和洱海——高原湖泊生态系统，防止和降低人类活动造成的损害；有效地保护和管理苍山洱海地区的生物多样性；提高苍山洱海地区的自然生态环境质量和人们的生活质量；有效地保护和管理保护区内的生物资源、水资源、土地资源、矿产资源、湿地资源、景观资源和自然遗迹。建设和保护好苍山洱海国家级自然保护区，立足于优美的自然生态环境和丰富的生物多样性，有助于区域民族经济和环境保护的协调发展，促进旅游业和生物资源产业化开发。苍山洱海自然保护区地处澜沧江—湄公河流域的上游，直接关系到流域水资源的质量，影响到澜沧江—湄公河次区域的综合开发。保护好苍山洱海国家级自然保护区，不仅关系到苍山森林资源安全，维护生物多样性，还直接关系到大理市近60万人口的生命财产安全，对保护大理良好的人居环境、旅游环境、投资环境具有十分重要的意义。

苍山洱海国家级自然保护区也是生态极其脆弱的区域。洱海海西地区年降雨量大，加上山高、坡陡、谷深的影响，水土流失非常严重。大理市水土流失区主要分布在洱海西部地区的滇藏公路以西至苍山山麓地带及苍山十八溪河流两岸，以及海南和海东两片区的荒山、荒坡地带。大理市的城市建设都围绕着洱海，使洱海受人为干扰也较为强烈。极度敏感区主要分布在洱海西部水土流失比较严重的区域，以及洱海东部植被覆盖较差的碳酸盐岩地层分布区，受控于气候、地貌和人类影响活动；高度敏感区分布在洱海周围，主要受人为因素的驱动，反映出人类活动强度对区域生态环境的影响。因此，地处洱海流域的银桥镇推进新型城镇化，必须把生态文明建设放在首位，坚持优先考虑和做好环境保护。

（二）生态环境是银桥镇发展的根基

习近平总书记指出："中国将按照尊重自然、顺应自然、保护自然的理念，贯彻节约资源和保护环境的基本国策，更加自觉地推动绿色发展、循环发展、低碳发展，把生态文明建设融入经济建设、政治建设、文化建设、社会建设各方面和全过程，形成节约资源、保护环境的空间格局、产业结构、生产方式、生活方式，为子孙后代留下天蓝、地绿、水清的生产生活环境。"

环境既是人类生存和发展的物质生活资料最主要、最直接的来源和人类精神生活的主要条件，同时也是社会生产的必要条件。人们生产什么和怎样生产取决于自然环境所提供的物质条件。人类要生存，要发展，一刻也离不开环境。从生产力发展的角度看，环境是一种资源，是一种生产要素，一言以蔽之，环境就是生产力。传统的教科书中把生产力概念定义为人们征服自然和改造自然的能力。现代生产力概念定义为既包括人们征服自然和改造自然的能力，还应该包括人们适应自然、保护自然和创造自然的能力。不知道保护自然，就无法改造自然；不会给予自然，就不可能征服自然；不去适应自然，就不会创造自然。现实中，生态环境日益恶化，致使生产力被严重破坏，人与自然关系的失衡，说明作为生产力发展条件的人与自然的对立统一，在许多方面已转变为对抗，并且由此成为阻碍生产力发展的根本性制约因素。只有通过有效的环境保护措施，才能逐步矫正人与自然关系的失衡，重新实现和谐与统一，也才能使生产力健康持续发展。环境保护既是制约生产力内部矛盾平衡的外在条件，又是使生产力内部基本矛盾恢复正常状态的条件，是生产力持续发展的保证。银桥镇在新型城镇化进程中，通过有效的环境保护，可以改善和优化环境，实现生产与生态、经济发展与环境发展的统一，达到生产力发展最佳状态。

（三）特色城镇化坚持生态保护优先

在各类生态旅游资源中，自然保护区是一种特殊的生态旅游资源。银桥镇所在的苍山洱海国家级自然保护区，不仅资源丰富，而且风景优美，对生态旅游者产生巨大的吸引力，在生态旅游业的发展中占举足轻重的地位。但是，如果在开展旅游的实践中缺乏科学的管理和监督机制，忽视资源的保护和管理，就会导致因旅游造成环境污染、自然资源和生态环境的破坏。因此，银桥镇推进新型城镇化，必须寻找产业发展的新途径，改变传统的发展模式，坚持保护优先，协调经济与环境保护的关系，实现环境、社会、文化和经济可持续发展。具体原则有：一是坚持生态系统原则。山地与洱海共同组成一个完整的山岳湖泊生态系统。洱海的水源靠四周山地径流补给，山地的开发利用要考虑到面源对洱海的 N、P 污染及泥沙冲淤。二是坚持自然保护原则。苍山是国家级苍山洱海自然保护区的主体部分之一，已按自然保护区要求作了规划，山体分为核心区、缓冲区和经营试验区三个部分。开发利用只能在海拔 2500 米以下的经营试验区内进行，对其他区要进行严格保护。三是坚持景观保护原则。苍山洱海是大理风景名胜区的核心部分，旅游又是大理的支柱产业，所以，山地开发应遵循景观保护原则，与景观相协调，不能破坏优美的自然景观。

三 民族文化是特色城镇化之魂

民族经济的特色禀赋是指民族经济受内含的资源环境和文化特质所约束呈现的性状在开发条件下显示出的特有素质。民族经济的特色禀赋源自民族经济的资源特色，即具有民族经济资源特色的资源结构是民族经济特色禀赋的内在基础。[①]"越是民族的，越是世界的"。银桥镇作为白族聚居地区，必须深入研究当地的民族文化，找准民族特

① 王文长：《民族视觉的经济研究》，中国经济出版社 2008 年版，第 385—387 页。

质，培育特色产业，才能走出具有自身民族特色并富有竞争力的新型城镇化模式。近年来，银桥镇积极参与云南民族团结进步边疆繁荣稳定示范区"十百千万创建工程"①，成功创建了头铺自然村省级民族团结进步示范村、下阳波自然村省级少数民族特色村寨、上银自然村省级少数民族特色村寨。下阳波村被省民委表彰为"十百千万示范点"优秀示范村。银桥镇"率先发展、全面小康型"省级民族团结进步示范镇列入了 2017—2018 年的示范点创建计划。

（一）银桥镇是白族聚居区

大理白族自治州是全国唯一的白族自治州。大理市是大理白族自治州的州府所在地，是一个以白族为主体的县级市。白族历史悠久、文化灿烂、民风淳朴。早在四千多年前，白族先民们就在以洱海区域为中心的滇西高原淡水湖泊群边繁衍生息，并创造了独具特色的洱海地区新石器文化、青铜文化、稻作文化等人类早期文化，成为云南古文化的主要缔造者之一。自唐宋以来，以辉煌的南诏、大理国文化为代表，白族文化在中华民族史册上写下了浓墨重彩的一笔。数千年的历史长河中，白族以其开放包容、兼收并蓄的博大胸襟，不断吸收和借鉴其他民族优秀文化，最终形成了光辉灿烂、多元和谐、生动活泼的当代白族文化格局。

考古证明，早在 4000 多年前，大理地区就有人类生活，汉代设置郡县，唐代至南宋末年，南诏和大理国历经 500 年的两个地方政权都以大理为中心。著名民族学家马耀先生在《大理丛书》序中曾概括道："以洱海为中心的大理地区是云南古代文明的发祥地。剑川海门口青铜文化向东发展，形成以大小爨碑为标志的西爨文化，西来的土著文化与东来的中原文化相互碰撞的结果，产生了大放异彩的南诏大

---

　　① "十百千万创建工程"是指在云南民族团结进步、边疆繁荣稳定示范区建设中，在全省范围内创建 10 个示范县市、100 个示范乡镇、1000 个民族团结进步示范村（社区）和 1 万户民族团结进步示范户，坚持"共建共享"原则，充分发扬基层干部和各族群众的首创精神，打造一批类型多样、各具特色、具有标杆性的示范典型，为全省示范区建设探索经验，形成以点串线、以线连片、以片带面的云南民族团结进步、边疆繁荣稳定示范区创建格局。

理国文化。以上各种文化之间不仅有纵向传承与横向传承的关系，而且始终构成云南三千年文化的主流。"①

据《云南苍洱境考古报告》，早在公元前 1800 年左右，白族等的先民就在洱海地区劳动、生息、繁衍，创造了灿烂的民族文化。在漫长的历史长河中，白族人民亲仁善邻、锐意进取、海纳百川、积极与各民族交往交流交融，创造了别具一格的璀璨夺目的民族文化。

中原文化、藏传文化、白族文化为主体的本土文化相互交融，构成了兼收并蓄的大理历史文化。大理也因此成为中国首批公布的 24 个历史文化名城之一。

白族学者马耀教授于 1956 年大理白族自治州建立之际，在《白族对于祖国文化的贡献》一文中写道："白族在发展过程中，不仅接受了大理汉族文化，同时也吸收了西藏以及印度、缅甸文化中的某些精华，更重要的是白族善于融合它们而创造出自己的民族文化。诸如工艺、神话、文学、美术等，白族都有其独特的风格……值得指出的是，白族在接受祖国的先进文化，在相当大的程度上是自觉自动的。"②

（二）银桥镇民族文化资源特色鲜明

民族文化是各民族在其历史发展过程中创造和发展起来的具有本民族特点的文化。包括物质文化和精神文化。饮食、衣着、住宅、生产工具属于物质文化的内容；语言、文字、文学、科学、艺术、哲学、宗教、风俗、节日和传统等属于精神文化的内容。民族文化在全球化时代，对全球化带来的文化趋同具有一种互补功能，体现出多元的文化经济价值。银桥镇由于地处低纬度高原，大理地区四季温差小，季节更替不明显，一望无垠的农田和丰富的河流、湖泊适于灌溉、耕种，自古农业就十分发达。农耕生活成为各民族人民生存发展的主要生存方式，农耕文化成为大理地区文化的根基。和谐自然的生存、耕读传家的文化历史、白族本主文化、开放包容的民族精神孕育

① 赵怀仁：《大理丛书》，民族出版社 2006 年版。
② 施立卓：《白族丛谈》，云南民族出版社 2004 年版，第 32 页。

的多元宗教文化、近现代工商文化，为大理留下了丰富多彩的民族文化遗存。

银桥镇具有鲜明的地域文化特色，在岁时节令、衣食住行、婚育寿丧、生产经贸、工艺产品、信仰祭祀和文体技艺等诸多方面，蕴含着丰富的民俗文化资源。传统的绣花鞋制作、石材工艺系列、风景石雕、橡塑加工及编制品等工艺品至今仍以"一村一业、一户一坊"等形式在经营，形成了新邑橡塑加工业、新邑绣花鞋制作业、阳波皮鞋制造业、双阳石材加工业。新邑村委会现有橡塑加工户340户，从业人员780人，从生产工艺上区分，可划分为汽车轮胎翻新、胶桶制作、钢丝胎粉碎、废轮胎收购及编制鸡笼5类；新邑村委会的上波溯自然村、大邑自然村、下波溯自然村现有绣花鞋加工户50户；阳波村委会现有从事皮鞋加工生产户为90户；双阳村委会现有石材加工户270户，主要加工生产青麻石、青石板、大理石。镇内白族民居建筑历史悠久，古村落、古镇、古街、寺庙和祠堂等建筑形式多样，是海西片区白族民居建筑的典型代表，具有很高的历史价值、科学价值和艺术价值。如新邑村里的文昌宫照壁、马久邑村的镇海寺大殿，建筑风格独特，艺术手法庄重朴实，为大理市四大丛林建筑之一。

（三）特色城镇化以白族文化为魂

党的十七届六中全会通过的《中共中央关于深化文化体制改革推动社会主义文化大发展大繁荣若干重大问题的决定》指出："加快文化产业发展，推动文化产业成为国民经济支柱产业"是新时期我国对文化产业发展的重大举措和重要方针。站在全球化背景下重新思考文化价值，除了文化在本民族的凝聚、传承和实用性价值外，文化也具有十分重要的经济价值，是民族地区跨越式发展的重要战略资源。

银桥镇在推进新型城镇化进程中，要用积极的文化支持保护战略，通过建立文化支持保护体系，使文化遗产和自然遗产在文化支持保护名录中得到传承和更新发展，从而保护人类和民族的文化生态环境，并使其获得新的生命力，以适应于新的文化生存环境。要注重文化的继承与创新。只有继承，没有创新，民族文化就不会有持久的生命力。只谈创新，没有继承，创新就会成为无源之水、无本之木。继承就是要把以白族为主的多元民族文化的优秀部分进行整理、挖掘并发扬光大。创新就是在继承的基础上，汲取人类一切文明成果，把大本土文化放在世界文化发展的总趋势中来考量，使新型城镇化进程既具有浓郁的地方民族特色，又有鲜明的时代特征。在继承、创新的同时，必须加强对不可再生的民族文化资源的抢救和保护，既要避免没有节制地掠夺式开发，又要在加强保护的同时进行可持续性开发，形成在保护中开发、在开发中保护的良好态势。总之，要在保护的基础上，科学、合理地利用和开发，使城镇化进程走上一条"保护—发展"的良性循环道路，推动民族文化不断提升、扩容和开拓发展，实现物质文明、精神文明、生态文明的和谐共荣。

# 第三节　推进特色城镇化的有利条件

在全面建设小康社会、新型工业化、西部大开发等国家发展战略政策的带动下，借助省域中心城市发展的辐射带动作用，云南省省域次级城市也将面临历史性的发展机遇，大理市银桥镇具备推进特色城镇化建设的有利条件。

## 一　区位优势

改革开放以来，大理市利用自身的资源和良好的区位条件，通过完善的交通体系确立了枢纽性战略地位。银桥镇所在的大理市是滇西的交通枢纽，是滇西黄金旅游线的关键节点，也是昆仰经济走廊的节点城市。320 国道、214 国道和 221 省道等交通要道在大理交会，依托广大铁路、大理机场向南与中南半岛、南亚各国相连，向北与西藏、四川相通，向东与昆明、楚雄相接，向西与中缅边境的瑞丽、畹町相望。大丽铁路、泛亚铁路西线的建成开通，进一步强化大理的区域枢纽作用。大理作为滇西区域经济的中心，区位上就是陆路连接滇西八州市和通往东南亚的交通要冲，是滇西陆路交通枢纽和重要物资集散地，也是中国与东南亚国家进行文化交流、通商贸易的重要门户。

银桥镇位于大理市的腹地，距下关 20.5 千米，距大理古城 6 千米，214 国道、大丽公路、环洱海路横穿银桥镇，地处大理市环洱海经济圈中心区、大理经济圈边缘区、滇西经济圈次中心区，在城镇化进程中具有得天独厚的区位优势。

### 二　自然优势

银桥镇东巡洱海，西及点苍山脉，气候温和，土地肥沃，山水风光秀丽多姿，拥有得天独厚的自然生态环境和悠久的历史文化底蕴。苍山、洱海、大理古城、下关城区、凤仪新城以及田园基底共同构成了大理"山、水、城、田"交相辉映的唯美生态画卷。大理在加快城市建设步伐的同时，始终把生态环境建设放在第一位，洱海已经成为全国保护最好的城市近郊湖泊之一。海西建筑风格整治和田园风光保护行动初见成效，各项基础设施和服务设施建设项目稳步推进，城市管理水平不断提升，园林城市和生态城市的创建取得新成效。2008年，大理市被省政府命名为省级园林城市，被全球人居环境论坛组委员会评选为全球人居环境绿色城市。通过区域山水格局、城市功能、生态环境、文化特色、建设风貌和农林景观要素的综合协调，大理已经成为环境优美的山水生态宜居城市。

银桥镇背靠西依巍峨雄伟的苍山，山顶艳阳白雪，山腰葱茏叠翠，山麓松荫塔影，繁花似锦，引人入胜；东临碧蓝如镜的洱海，烟波浩渺，冰清玉洁，风姿万千，妩媚秀丽。苍山洱海如诗如画的美景，加之区域地势西高东低，冬无严寒，夏无酷暑，年均气温 15℃，年均相对湿度 66%，年均降雨量 1080 毫米，属典型的亚热带西南季风气候，成为海内外向往的创业宜居地。银桥镇境内多姿多彩的人文景观、文物古迹，国内外绝无仅有的优质天然大理石、苍山水等资源，成为国内外游客生态观光、旅游度假、休养定居、投资经商的锦绣之地。

银桥镇辖区内有苍山十九峰中的白云峰、鹤云峰、兰峰、三阳峰和雪人峰，这些国家级山体森林资源是我镇发展乡村旅游的天然载体，苍山十八溪中的锦溪、灵泉溪、双鸳溪、白石溪和隐仙溪等水系资源是我镇发展乡村旅游的天然纽带，而苍山洱海之间的万顷良田则是银桥镇传统农耕文化的承载区、是大理千年文明和白族传统文化的展示区、是现代康体休闲度假旅游区及特色农业的开发区。

### 三　人文优势

银桥镇历史悠久，人文底蕴深厚，三千五百多年古朴淳厚的白族民俗文化得到较为完整的传承，始终保持着诚实守信、开放包容的社会风尚。根据 2011 年大理市非物质文化遗产保护管理局核实，银桥镇被市级列为非物质文化遗产保护名录的项目有 12 项，不可移动文物保护名录项目 21 个。银桥历时五百多年的辉煌灿烂文化，是壮大镇域经济、发展乡村旅游业的一项用之不尽的重要资源。银桥镇按照"严格保护、合理开发、持续利用"的总体要求，全力打造"金水银桥、平分百二、西国干城、无为胜景"四大文化名片，加快民族文化旅游资源产业化的步伐，使民族文化资源在促进银桥镇新型城镇化的进程中发挥应有作用。

本主文化是大理白族的独特民族文化，在银桥镇具有典型代表性，地域人文特征突出。大理的本主文化以其源远流长的历史、深远广泛的影响和连绵不绝的传承，产生深刻而巨大的影响。在苍山之麓、洱海之滨，走进田园间的白族村庄，每个村庄都有一座白族民居式建筑的典雅大方的本主庙，供奉着神态各异、气象万千的本主神，背后隐藏着一个个生动有趣、耐人寻味的本主故事，还能听到一曲曲古朴悠扬、高深玄妙的本主音乐。本主庙供奉的本主神各不相同，有英雄人物、古代帝王、战争对手等，甚至还有少数自然崇拜，如太阳、山、石、树、牛、虎、猴等。白族人以"凡有功德于民者，当荐香以报之"的朴素观念祭奉，被称为村寨保护神的本主。"本主"是本境之主，是一个村寨的守护神。但是，白族的本主信仰没有恐怖神秘、高高在上的宗教色彩和唯心主义思想，反而人和本主是相同的。本主虽然是白族人民心中守卫村寨的神灵，但是并不高悬于芸芸众生之上，而是活在人们身边的良师益友，为民解忧、与民同乐，具有浓郁的世俗人间烟火气息。绕三灵、本主会和本主节日期间，白族人民穿红戴绿、载歌载舞，走村串寨迎接本主。洞经音乐、霸王鞭、八角鼓等白族人民喜闻乐见的文艺表演和宗教祭祀活动在这里得到延伸。白族本主崇拜中折射着朴素的唯物主义思想，闪耀着白族人民崇拜人与自然、人与神、人与人和谐相处的人文思想。以日常祭祀和民俗活动为主要载体的本主崇拜向世人展示了一个博大精深的白族文化宝库，既有民俗风情、宗教信仰，又有文学、音乐、舞蹈、辉煌、雕塑、建筑、民间文艺的白族文化艺术，是白族文化的天然博物馆。本主文化作为一种宗教信仰，是以唯心主义为主要基调的，很多内容不是真实的幻想。但是，作为一种传承和影响了白族上千年的社会文化现象，是白族最典型、最厚重的文化遗产，是一笔厚重宝贵的民族文化旅游资源。

# 第四节　特色城镇化的制约因素

城镇化是一个系统工程，涉及人口、产业、土地、环境、资源、文化、住房、就业、社会保障、公共服务等诸多因素。只有系统全面地研究协同推进新型城镇化的各种因素，尤其是有针对性地克服不利因素的制约作用，才能促进城镇化健康发展。

## 一　生态保护与产业发展的矛盾

银桥镇生态保护的压力巨大。资源环境承载约束是目前城市发展面临的主要问题之一，人口规模、产业规模、开发强度等只有控制在资源环境承载范围之内，区域才能实现可持续发展。因此，必须明确基于人口、资源、环境承载力的城镇发展阈值，为开发强度控制和产业结构调整提供指引。

作为风景名胜区所在地，银桥镇生态敏感性较为脆弱。苍山洱海、田园风光构成了大理独一无二的生态景观格局，是大理城市发展的根基与前提。苍山洱海的保护一直是大理各级政府的首要任务。随着社会经济的不断发展，推进新型城镇化对环境保护的压力也越来越大。如果洱海周边地区的开发强度过大，必然造成洱海环境不可逆转的破坏。在特定的自然环境条件下，环境容量和生态保护与新型城镇化的发展目标之间形成矛盾。推进新型城镇化，必然要做大做强经济，引导人口的规模集聚。另外，要建设成为"山水田园宜居城镇"，又必然要求保护生态环境，重焕山水田园风貌，控制城市开发密度和人口经济密度。发展空间的需求和供给之间的矛盾在快速城镇化的背景下难以进行协调，土地资源的有限承载能力和苍洱保护的压力客观上要求在环保优先的前提下推进新型城镇化。因此，如何在保护苍山洱海和海西田园风光的前提下进行发展，如何在发展的过程中保护好苍山洱海及田园风光，两者之间的矛盾比较突出，对加快银桥镇的发展产生一些不利的影响。

### 二 民族文化保护的压力

文化生态是一个地区赖以生存、发展的自然、社会与文化环境的总和，也是一个地区文化建设、文化产业发展的基础。大理白族自治州是全国唯一的白族自治州，是白族文化的荟萃之地。白族文化是大理文化的亮点和支撑点，是大理最重要的文化旅游资源。但在市场经济的冲击之下，白族传统文化正以惊人的速度在衰退甚至消失。随着全球一体化进程的加快，一些独具特色的民族文化元素也受到了不同程度的冲击；而民族文化元素和自然遗产本身就是民族地区发展文化产业的基础，是需要加以保护和利用的遗产。从民族地区实际出发，落实科学发展观，建设生态文明，推动旅游二次创业，就必须用积极的文化支持保护战略来保护海西片区的开发建设。

### 三 镇域产业体系不完善

银桥镇在现代农业发展进程中，大而强的龙头企业较少，农业规模化经营还不够，主导产业优势没有得到充分发挥，辐射带动能力不强。不管是龙头企业培育还是现代农业示范区的建设，都是对传统农业经济生产方式的转变和产业结构的调整。只有有效提升农业产业化，走集约型高科技的现代农业之路，实施产业结构调整，才能在一定程度上增加农产品的附加值，提升农业的经济效益。与全国先进地区相比，银桥镇农业经济的效益仍然偏低，产业结构尚不合理。产业链条衔接不紧密，农产品产销一体化的链条尚不健全。在农业产业化链条中，只有农户生产的产品得到企业的认可，才能转化为农民的收入，实现农民的增收。只有企业生产的农产品得到市场的认可，才能转化为企业的收益。目前，企业农户之间存在信息不对称，农业信息化建设上有薄弱环节，严重影响了农业经济效益的提升。因此，银桥镇在农业产业结构调整上，如何有效提升农业产业化，是农业经济效益进一步提升的关键。

银桥绿色食品工业园区由于受政策的影响，未纳入大理创新工业园区的统一管理，很多省、州配套政策及资金补助难以落实到位，园区的基础设施建设投入严重不足，基础设施较差，投资硬环境不够优化，制约了招商引资工作的开展；工业产业发展与当地经济发展的关联度较低，园区企业间产业关联度不高，产业配套服务业薄弱，园区内大而优的企业较少，经济总量不足，支柱单一，培育新型工业经济任务较重。

银桥镇第三产业主要以发展乡村旅游为主，尽管近年来实现了快速发展，但是还面临许多"瓶颈"和挑战。全镇乡村旅游以餐馆及客栈为主，没有通过"吃、住、行、游、购、娱"旅游六要素的融合发展延长乡村旅游产业链。产品核心竞争力不强，同质化的乡村旅游产品多，农耕文化和民俗文化内涵挖掘不够，离规模化、品牌化的要求还存在较大差距。银桥镇沿洱海四个行政村已呈线状发展，但缺乏统一管理、统一规划，统一营销，都是以家庭填充式为单位，小农经济意识比较强，各自为政，没有走上规模化、集约化经营的良性发展道路，不知道如何做特色、创品牌，还处于低水平的相互模仿和价格竞争阶段。乡村旅游人才匮乏，难以走上规模化、品牌化的良性发展道路。乡村旅游的迅速发展与经营管理人员素质的矛盾逐渐凸显出来，主要表现在三个方面：一是乡村旅游处于粗放经营，不知道如何延伸产业链、如何延长游客在乡村的停留时间来增加收入；二是疏于管理，服务水平和服务质量不高，或是有热情但服务技能欠缺，低水平的服务带来的往往是低收入的回报；三是由于经营和管理者本身的素质和生活习惯，导致了清洁和环保意识不强、住宅与畜禽圈舍混杂、污水垃圾没有得到有效处理等问题。

## 四 中心集镇建设任重道远

银桥镇至今仍未制定总体规划，而已制定的《银桥绿色食品工业园区控制性详细规划》《银桥镇头铺中心集镇建设控制性详细规划》《银桥镇现代农业示范区发展规划》及各自然村《村庄整治规划》之间衔接不够好，缺乏引领性的、科学的总体规划，对发展的前瞻性缺乏指导，影响产业的科学布局和空间管控，不同程度地影响了"两保护"工作。乡村旅游的道路建设、用电保障、环境卫生、规范的旅游引导标识系统等基础配套服务设施建设还很不完善。在道路建设方面，有部分村旅游区（点）的可进入性不强，狭窄的乡村公路使小车不好会车，旅游大巴也不好进入；在用电保障方面，经常受到停电和电压不稳的困扰，致使无法正常经营，经营户也因此不敢加大投入来提质扩容；在旅游环境方面，脏、乱、差现象仍然可见，虽然乡村旅游区（点）和农家乐经营业主已经注意周边环境卫生的改善，但一些没有从事乡村旅游的农户仍然维持原有的生活陋习，一时难以改变，环境保护与治理的问题依然突出；在旅游标识系统方面，由于没有科学合理的规划，各乡村旅游区（点）和农家乐普遍缺乏规范的引导标示和指示牌。

# 第五章 新农村建设、特色城镇化与 生态文明建设

云南省委、省政府明确指出：要一手抓以人为中心的新型城镇化，一手抓以美丽乡村为目标的新农村建设，努力走出一条具有云南特色的城镇化路子。① 新农村建设与生态文明建设密切相关，是区域特色城镇化的重要载体。银桥镇将宅基地供给制度创新、空心村整治和古村落保护与传承作为新农村建设的重点工作进行安排，有效组织实施，直接推进新农村建设，并促进区域的特色城镇化和生态文明建设。

## 第一节 宅基地供需平衡

宅基地是农村建设用地中最重要的组成部分，是农民建造住宅的物质保障和基本生活资料。农村宅基地管理直接涉及农民切身利益，事关农村社会稳定和经济发展，也是基层土地管理的重点和难点。在城镇化快速推进和农田保护刻不容缓的背景下，如何高效配置农村宅基地成为推动农村节约集约利用土地的重要平台和统筹城乡发展的有效抓手。由于现行农村宅基地存在制度设计缺陷，实现宅基地供需平衡不仅面临巨大的交易费用，而且难以实现集约节约利用土地的目标。通过研究现行制度框架下宅基地的供需关系和制度成本，以降低

---

① 郭凯峰：《加快推进具有云南特色的新型城镇化建设进程的思考》，http: www.ynzy.gov.cn，2014 年 5 月 26 日。

交易费用为着力点，探索建立农村宅基地集中规划建设审批的整合流转制度，有利于提高农村土地节约集约利用效率，促进农村宅基地供需平衡，直接推动新农村建设、特色城镇化和生态文明建设。

**一　现行制度框架下的宅基地供需关系**

从产权视角看，宅基地的供需实质上是宅基地使用权的确认与流转。宅基地使用权是作为农村集体经济组织的成员，依照法律所规定而专门享有的在集体所有的土地上建造个人所居住的房屋的权利。宅基地使用权作为一项特殊的用益物权，具有无偿性、人身依附性、福利性等特殊属性。从本质上讲，宅基地是集体经济组织给予其内部集体成员的一项福利。凭借自身独特的身份属性，本集体经济组织的内部成员可以无偿获得其所属集体经济组织所批的宅基地使用权。问题在于：集体经济组织通过怎样的制度安排和管理机制能够将可以建设居民住宅的宅基地地块公平合理地分配到符合申报宅基地条件需要建房的农户，实现建房户有地方建房、农村宅基地供需平衡的土地资源有效配置目标。

**（一）宅基地的现实需求分析**

2011 年 7 月 1 日起施行的《云南省大理白族自治州村庄规划建设管理条例》第二十六条规定，符合下列条件之一的农户，可以在村庄规划区内申请住宅用地：①住房用地面积坝区村庄每户小于 110 平方米，山区村庄每户小于 120 平方米，或者人均住房用地面积坝区村庄小于 30 平方米，山区村庄小于 35 平方米的；②分家析产、房屋归并前本户住宅用地面积符合前项规定的；③因不可抗力导致原有住宅用地不能建房居住的；④因国家基本建设征用原有住宅用地的；⑤因政策性调整，需要易地新建住宅的。第二十七条规定，在村庄规划区内申请住宅用地符合下列情形之一的，应当优先批准：①经村民小组认定的住房困难户；②主动放弃规划区外原有住宅用地的；③因国家基本建设征用或者征收原有住宅用地的；④独生子女户。根据银桥镇农村宅基地管理使用情况调研课题组 2013 年 7 月开展的逐户调查统计结果显示，银桥镇 6912 户中符合宅基地申请指标的共有 1036 户。

（二）宅基地的现实供给分析

《中华人民共和国土地管理法》在宅基地使用权制度的规范上规定：农村村民建住宅，应当符合乡（镇）土地利用总体规划和土地利用年度计划；建房用地应尽量利用原有的宅基地和村内空闲地；在土地利用总体规划制定前已建的不符合土地利用总体规划确定的用途的建筑物、构筑物不得重建、扩建。《云南省大理白族自治州村庄规划建设管理条例》第十九条规定：村庄建设用地应当充分利用闲置住宅用地、未利用地、荒坡地、空闲地。银桥镇土地利用总体规划中，银桥镇东西最大横向距离13.2千米，南北最大纵向距离9.8千米，69.87平方公里，耕地面积19497亩，人均占有耕地0.634亩。2009年编制的《大理市银桥镇村庄建设与整治规划》中，银桥镇8个村委会的32个自然村近期（2009—2015年）村庄规划预留村民住房建设发展用地628.33亩；远期（2016—2030年）村庄规划预留村民住房建设发展用地935.61亩。

（三）宅基地的供需关系分析

按照现行的农村宅基地制度，农户必须既要符合宅基地申报条件，又要拥有符合乡（镇）土地利用总体规划的土地，才能顺利建设住房。村民在批准建房指标后需要自己落实选择建房用地，集体缺乏应有的统筹协调机制和措施。多数建房户仍需在自家的自留地或承包地上选址，如果其自留地不在村庄规划区范围内，就只能进行私下调换，对于无法私下调换或私下买卖的农户只好强行在规划区外的承包地上建房，从而产生了违反规划、基础设施不配套、建房面积和形状大小不规范等一系列问题。如果不及时建立以村组为主体的土地适应性调整机制，那么建房土地调整的交易成本将会不断提高，调地难度将越来越大，当建房户预期的违法成本低于土地调换成本时，乱占乱建行为还会不断出现。调查统计结果显示，银桥镇符合宅基地申请指标的1036户中：土地在规划区内的589户，占56.9%，不在规划区需要调整土地的有400户，占38.6%，无证无地的30户，占2.9%，有宅基地批准手续未落实建设地点的有10户；家庭住房特殊困难户有288户，占符合申请指标的27.80%。按照现行的宅基地政策，银桥镇符合申请宅基地申报条件的 1036 户中，只有土地在规划区内的 589 户可以建房，但是，规划区内的土地如果缺乏与村庄道路相连接的通道，也不能建成交通便利的住房。

## 二　现行宅基地政策的交易费用考量

交易成本（或交易费用），是新制度经济学中的一个核心概念。新制度经济学的开创者科斯在《企业的性质》一文的开篇以简单而惊人的语句表述了他的发现：如果价格机制能够有效地配置资源，那么企业为什么会存在？为了回答这一问题，科斯认为："创建企业成为有利可图的主要原因似乎在于：存在着利用价格机制的成本。"[1] 这一成本可以归纳为许多因素：发现价格的成本以及谈判和签订合同的成本。最早使用交易成本的埃罗声称："市场失灵并不是绝对的；最好能考虑一个更广泛的范畴——交易成本的范畴，交易成本通常妨碍——在特殊情况下阻止了——市场的形成"；这种成本就是"利用经济制度的成本"。[2]

威廉姆斯把交易成本规定为利用经济制度的成本。他认为，交易成本相当于物理学中的"摩擦"，交易成本的存在取决于三个因素——受限制的理性思考、机会主义以及资产特殊性。[3]

按照威廉姆斯的见解，如果上述三个因素不同时出现，交易成本就不会存在。诺斯认为，交易成本由产权转让过程中两个阶段的费用所组成。第一阶段包括交换没有发生时界定和管理独占权的费用；第二阶段是就权利交换和转让的契约进行谈判和行使而引起的费用。[4]

交易成本包括事前准备合同和事后监督及强制合同执行的费用，

---

① Coase, R., "The Nature of the Firm", *Economica*, Vol. 4, No. 16, 1937, pp. 386 – 405.

② Arrow, K. J., "The Organization of Economic Activity: Issues Pertinent to the Choice Market Versus Nomarket Allocation", In Joint Economic Committee, the Analysis and Evaluation of Public Expenditure: The PPb System, Vol. 1, pp. 59 – 73, US Washingtion D. C.: Government Printing Office, 1969.

③ Williamson, O. E., *The Economic Institution of Capitalism: Firms, Markets, Relational Contracting*, New York: The Free Press, 1985.

④ North, D., "Institutions, Transactions Costs and Economic Growth", *Economic Inquiry*, Vol. 25, No. 3, Dec. 1987, pp. 419 – 428.

与生产费用不同，是履行一个合同的费用。[1]

由于交易与信息的关联，交易成本在一定程度上与索取有关交易费用的信息费用相联系。在完全信息假定下，信息无须成本，所以，经济活动当事人都知道欺骗与偷窃的后果，交易的最后结果是确定的。现实世界中，信息是有成本的，交易费用时刻存在着。埃莉诺·奥斯特罗姆将交易成本分为信息搜寻成本、协调成本和策略成本，并认为契约不确定性决定了交易成本，而信息不确定性是契约不确定性的源泉。[2]

当然，不同制度下交易成本会存在差异，交易成本的变化可以体现出制度结构的变化。[3]

当交易成本不为零时，合法权利的初始界定会对经济制度放开的效果产生影响，不同产权制度将带来不同的交易成本，创造何种制度、如何创造都将带来不同的经济收益。[4]

我国现行的农村宅基地供给制度设计在土地流转的各个环节均面临较高的交易成本：交易前，建房户选择合适地块的信息收集成本较高，而且会产生较高的协调谈判成本；交易时，建房户难以量体裁衣地流转到与政府批准的宅基地建设面积相吻合的地块，导致难以依法充分有效利用流转到的地块；交易后，政府对农户超面积占地建房行为的监管难度加大，而且难以按照村庄规划高效节约地配套基础设施。我们现行的农村宅基地供需平衡方式，面临着较高的交易成本问题以及难以集约节约利用土地的弊病，具体表现为以下五个方面。

（一）农地自发流转难

当前中国农地制度安排，已经演化出诸多弊端，特别是随着人口的增多，土地承包不断地将土地细分，人口越多，土地分化越细，每

---

① Matthew, R. C. O., "The Economics of Institutions and the Sources of Growth", *Economic Journal*, Vol. 96, No. 384, Dec. 1986, pp. 903 – 910.

② Ostrom, E., "Collective Action and the Evolution of Social Norms", *The Journal of Economic Perspectives*, Vol. 14, No. 3, Summer, 2000, pp. 137 – 158.

③ 卢现祥：《西方新制度经济学》，中国发展出版社 2003 年版，第 9—12 页。

④ 罗纳德·科斯：《企业的性质》，载盛洪《现代制度经济学》，北京大学出版社 2003 年版，第 103—114 页。

人分得的土地越少。因此，推进土地交换是必然选择。[①] 要进行宅基地流转的交易，流转一方必须搜寻愿意与他进行交易的另一方，这种搜寻的过程不可避免地会产生费用。在流转信息不对称的情形中，双方就会存在无效率的多次协商谈判的局面，产生谈判和决策费用。另外，履行宅基地流转交易的过程中，为了杜绝违约现象发生、保护流转双方的权利并监督其执行合约的条款的过程中产生监督和合约义务履行的费用。调查统计结果显示，2008 年以来银桥镇涉及宅基地流转79 户，共流转土地92 宗，流转面积40.8 亩，其中，出租土地47 宗、面积 24.98 亩，转让土地 45 宗、面积 15.82 亩。由于现行宅基地流转制度缺失，所弃旧宅基地只能荒废或私下转让，新批宅基地需要流转地块的情况也比较频繁，导致交易纠纷频发。

（二）农户土地分割难

《云南省大理白族自治州村庄规划建设管理条例》第二十二条规定：坝区村庄每户住房用地不超过 180 平方米，生产辅助设施用地不超过 90 平方米；山区村庄每户住房用地不超过 200 平方米，生产辅助设施用地不超过 150 平方米。占用耕地的下调 10%。银桥镇属于坝区，宅基地占用面积不能超过 270 平方米。但是，由于各农户所属地块的难分割性，农户乐意按照地块大小和地块形状建房，而不是按照法定面积建房，因为农户认为，所选地块中超法定面积的土地难以分割出来流转给其他建房农户，用于建房是改善居住条件的最佳用途。在经济制度偏离以转让产权为中心、经济政策偏离以交易费用为基准的地方，占用土地资源的机会成本极其低下，势必刺激很高的占地需求。这也是农村产生大量的农户超标准占用宅基地的重要原因。[②] 银桥镇许多农户占有半亩至一亩宅基地，建筑面积只占其中的一小部分。院落内房屋布局凌乱，宅基地用地景观效果差。农村宅基地缺乏统一规划，星状分布，院落布局零乱，户型不一、户均用地差距大，

---

① 刘正云：《大国地权：中国五千年土地制度变革史》，华中科技大学出版社 2014 年版，第 17 页。

② 周其仁：《改革的逻辑》，中信出版社 2013 年版，第 170 页。

严重影响公共设施建设和公共安全管理。松散的村庄建房布局体系不仅造成了土地利用效率低下，而且加大了配套公共设施的建设难度，增加了管理成本。

（三）布局分散监管难

《土地管理法》第六十二条规定："农村村民一户只能拥有一处宅基地，其宅基地的面积不得超过省、自治区、直辖市规定的标准。"但是，农村宅基地布局散乱难以监管。由于现有村级规划较为薄弱，农户建宅主要为生产、生活方便，在基层土地管理部门监督不严、村两委宅基地管理无序的情况下，农民擅自挤占道路建房、沿村落边缘占地建房、扩建院墙、强占面积，造成村庄形状的破碎、无序蔓延，进而增加了宅基地管理难度。调查统计结果显示，全镇农村宅基地"少批多占"的共有159户，占全镇农业总户数的2.3%；实占土地84.44亩，超占土地38.27亩，超占面积占总面积的45%，平均每户超占0.24亩，建房面积26760.33平方米，户均168平方米；"未批先占"宅基地情况的共有345户，占全镇农业总户数的5.0%，占地面积179.03亩，户均占地面积0.52亩，建筑面积47447.05平方米，户均138平方米；存在"一户多宅"情况的共311户，占全镇农业总户数的4.5%，总占地面积234.37亩，其中，老宅基地占地面积173.77亩，新批占地面积144.13亩，户均总占地面积0.75亩。

（四）基础设施配套难

农村基础设施建设存在邻里之间的正外部性，受传统小农经济思想的影响，这种"邻里外部性"可能导致农户邻里双方彼此作出积极的邻里预期，即双方都预期对方会进行基础设施的建设，并都想从中获取外部经济效益，从而产生了类似于"囚徒困境"的博弈问题。因此，除政府或村组投资建设基础设施外，农户个体无法提供公共设施的供给。即使政府或村组投资建设基础设施，也由于村庄布局分散凌乱，提高了基础设施配套的难度和降低了基础设施的使用效益，其结果是农户住房坚固气派，而院外缺乏良好的公共设施。村内缺乏污水处理管线，居民只能以明沟方式将污水排向村内水塘或其他地方，导致水体严重污染。村内公路严重不足，且路面宽窄不一，通行能力低。由于基础设施不健全、不配套，许多农户为求宽敞、讲美观、图方便，就舍弃老宅破屋，纷纷向村外路边寻求"风水宝地"，更愿意将新房建到公路附近等生产生活便利处，形成"路边村"和"田中户"，村庄建设"摊大饼"式蔓延。

（五）村庄规划实施难

村庄规划是对农村土地资源的开发、利用、整治和保护在时间和空间上所作的总体安排，是优化土地利用结构，提高土地利用率的关键。但是，目前村镇规划编制远远滞后于农村经济发展速度和农民建房需求。现行的农村宅基地规划为 1∶10000 的数字规划，没有落实到具体的点和面上，缺乏村镇建设规划、村镇布局规划和控制性详细规划，规划滞后，规划的引导作用和控制力度不够，未能合理确定小城镇和农村居民点的数量、布局范围和用地规模，从而在一定程度上阻碍了城镇化及居民小区、中心村的建设，导致农村住宅建设用地规模在一定程度上的失控。[1] 由于宅基地审批缺乏详细的规划依据，只要符合宅基地指标申请条件的农户选择建房的地块属于村庄规划预留建设用地，政府就必须予以批准，导致住宅建设散乱，村庄整体布局不合理。一旦路边的房屋建设完了，没有为后面的宅基地建设留足道路等设施用地，就会产生新的"死角地"，浪费了村庄规划预留建设用地指标。

三 政府主导的宅基地整合流转制度与供需平衡

土地资源优化配置是以土地产权流动（交易）及地权运行为基础的。土地产权的界定、规范及运行是有费用的，即交易费用。一方面，交易费用的增加意味着社会资源的浪费；另一方面，土地产权的明确又会促进土地资源的有效利用，从而减少土地资源的浪费。交易费用的大小取决于产权要素在不同主体之间的配比关系，即产权组织方式。产权结构意味着土地产权要素（使用权、收益权、处置权）在不同财产主体之间的配比关系，而土地产权管理实质上是如何将产权要素在不同财产主体之间进行分配的问题。土地产权管理的效率目标

---

① 韩俊：《中国农村土地问题调查》，上海远东出版社 2009 年版，第 307 页。

是制度交易费用最小、资源配置效率最大。

由于不同财产主体（国家、集体、企业、农民）行为方式、目标和行为的有效性不同，同一产权要素在不同行为主体之间的投入会产生不同的边际收益，合理的土地产权结构应该是产权要素在不同行为主体之间分配，使制度创新及行为运行的交易费用最小、效率最大。[①]为切实解决农村建房分散、监管难、少批多占、规划滞后、基础设施配套难等问题，进一步盘活村庄"死角地"、空闲地，有效满足农村住房困难户的建房需求，银桥镇以降低交易成本为着力点，坚持"政府主导、村级主体"的原则，探索实施农村宅基地集中规划建设审批的整合流转制度，构建宅基地的供需平衡机制。

（一）镇政府设计方案

银桥镇政府与相关专家对宅基地制度和供需平衡机制进行研究，以政府引导土地有序流转为抓手，以疏堵结合调节供给与需求为手段，以实现土地集约节约利用为目标，充分发挥镇政府的指导作用和各级村民组织的积极性与主动性，进行宅基地制度顶层设计。为有效推进宅基地制度改革，镇政府下发了《大理市银桥镇人民政府关于农村宅基地集中规划建设审批试点工作的通知》，明确了试点工作步骤及要求，成立了农村宅基地集中规划建设审批试点工作领导组和办公室，负责对试点村的试点工作的组织领导和统筹协调；各村相应成立了村庄规划建设管理促进会，作为试点工作的实施主体，负责各项具体工作。

（二）自然村选择地块

土地是农民的米袋子、菜篮子、命根子，选择好各村集中规划建设宅基地的地块对于保护好农田和建设好村庄至关重要。银桥镇各自然村在镇政府的国土、规划等业务管理部门的指导下，充分征求群众意见和尽力尊重农户意愿，因地制宜选择最适合规划建设宅基地意向性地块。地块选择综合考虑以下因素：地块总面积控制在 3—7 亩；优先选择村庄中间的空闲地块，实施"填空式"地规划建设审批宅基

---

① 濮励杰、彭补拙：《土地资源管理》，南京大学出版社 2002 年版，第 39—40 页。

地；选择在一般耕地、建设用地预留范围、符合村庄规划的地块；选择靠近现有旧村庄的地块，有预见性地实现与旧村改造提升相结合；选择环境影响最小的地块。

（三）村集体收回土地

各自然村充分发挥村庄规划建设管理促进会的群众自治协商、自主流转、自我管理职能，根据自身实际情况，自主创新土地流转方式，从农户手中有偿流转收回用于集中规划建设宅基地的地块。目前的主要流转方式有：一是等面积置换。土地提供者等面积挑选宅基地使用者的土地进行置换。二是货币补偿。商定补偿价格，土地补偿价格不得超过 10 万元／亩，按照面积兑现流转出来的土地补偿金。土地承包户与自然村签订《农村宅基地审批用地调整试点承诺书》，同意将位于村庄规划区内用于集中规划建设农村住房的承包土地自愿流转归还集体，土地流转补偿方式同意按照村民代表大会集体协商决定的方案实施。

（四）规划院编制详规

2014 年 12 月 24 日，大理市规划设计研究院在银桥镇政府挂牌成立了银桥规划分院，安排 3 名规划专业人员，专职负责编制银桥镇各村集中规划建设宅基地的地块规划。根据土地利用总体规划和村庄整治与建设规划，按照科学性、前瞻性和合理性的要求，在银桥镇国土、建设、规划等部门的指导下，充分征求村组和群众的意愿，编制修建性详细规划。在实地勘察地形图的基础上，科学规划住宅、道路、供水、排水、消防、供电、通讯、生产生活服务设施、垃圾收集、绿地等各项设施布局。

（五）镇政府下达指标

修建性详细规划编制完成后上报银桥镇政府。银桥镇规划委员会领导组召开规划例会，对自然村上报的农村宅基地集中规划建设审批地块修建性详细规划进行评审。评审通过后，银桥镇政府根据该自然村人口数、住房困难户数、该地块修建性详细规划等因素，整合宅基地资源，经银桥镇党政联席会议集体研究后，书面下达该自然村当期可建设的宅基地指标和对应的宅基地宗数。镇政府主导分配宅基地建设计划，促进各自然村集中规划建设审批地块按照"总体规划、分期建设"的原则，有计划地满足村民近期和远期的建房用地需求。

（六）自然村分配指标

自然村将规划好的各宗宅基地按照镇政府下达的指标数有偿分配到亟须建房的住房困难户。各自然村制定住房困难户的认定标准，并公示拟安排宅基地建房指标农户的现有家庭人口结构和住房情况，接受群众监督，公开、公平、公正地分配宅基地。建房户按照土地流转协议，采取有偿使用的方式获得宅基地指标和建设宗地。村民住宅用地实行一户一宗、退旧批新的原则，在取得新住宅用地使用权前，必须签订《银桥镇整治宅基地使用权收回协议书》。有下列情形之一的农户，不予批准住宅用地：①原有住房用地达到或者超过本条例规定的住房用地面积的；②拒绝签订原有住宅用地退旧协议的；③一户具有两宗以上住宅用地的；④出卖、出租和将原有住宅赠予他人的；⑤现有宅基地用于商业经营的。

（七）建房户设计图纸

建房户到大理市规划设计研究院银桥规划分院或者其他具有相应执业资格的设计单位或者具有执业资格的个人设计图纸，或者使用《大理白族自治州农村住房建筑适用图集》中的通用图。大理市规划设计研究院银桥规划分院的农户建房图纸设计实行优惠价格收费，特困户持村委会开具的困难证明免费设计图纸。建筑设计方案必须符合《大理市洱海海西田园风光和白族民居建筑风格保护办法》和《云南省大理白族自治州洱海海西保护条例》规定的相关要求：农户住房建筑突出以白族民居为主的建筑风格，建筑层数不能超过三层，建筑总高度不能超过 12 米。农户住房建设必须按照图纸施工，无图纸或图纸不合格的不得开工。房屋设计图纸经审批通过后发放准建证。房屋建设完工并通过验收后发放《云南省村镇规划建设许可证》。

（八）促进会建立机制

为充分发挥村民自治能力，注重村民在实施宅基地制度创新管理中的积极作用，银桥镇各村委会成立了村庄规划建设管理促进会，通过制定村规民约和工作方案等方式探索建立长效机制，使制度的设计符合目标指向，制度的执行准确到位。一是宅基地供需平衡调节机制。在银桥镇农村宅基地集中规划建设审批过程中，村庄规划建设管理促进会通过"一个池子蓄水，集体收储宅基地"，"另一个池子放水，将宅基地分配给最急需的住房困难户"，构建了宅基地供需平衡机制。同时，加强对村内集体建设用地、公益建设用地、村民建房、规划管理、违章建房、矛盾调处等方面进行有效管理和监督，切实维护村民和集体的公共利益。二是农村宅基地批新让旧机制。严格执行一户一宅的政策，对于申请新批宅基地农户原来占有的老宅基地、没有办理转让手续的祖遗宅基地，必须交回集体或者由集体出面协商，将宅基地调整转让给符合条件的其他农户。对老宅基地没有进行处置的农户，不能新批宅基地，努力实现一户一宅（院）。三是农村宅基地回收补偿机制。对于农户交回集体的祖遗老宅基地、新批宅基地后原来占有的老宅基地、村庄道路和公益设施建设占用的土地和其他零星土地，由集体参照市场完全重置价对房屋建筑物进行评估补偿后退回村集体。对于村集体整理出来的土地，村庄规划建设管理促进会按照不赔不赚的原则，按照总成本扣除国家投入部分后的净成本向申请安排宅基地的农户收取占用费，在不同地块之间可以实现土地级差价格。村集体回收整理出来的土地主要用于解决本村住房困难户的需求，禁止城镇居民到农村购买宅基地。四是年度实绩考核奖惩新机制。在推进农村宅基地集中规划建设审批试点工作中，银桥镇探索建立了与《银桥镇农村建房规划建设管理办法（试行）》的实施、督察、考核相配套的镇纪委督察通报制度、村组干部绩效考核一票否决制度、镇挂钩组包村指导和与村组同等问责制度、村庄规划审批例会制度、有奖举报制度、定期巡查制度六项制度。2013年年初，银桥镇政府与各村负责人签订《银桥镇国土监督管理目标责任书》和《银桥镇规划监督工作管理目标责任书》，确保各司其职，督察检查到位。实践充分证明，银桥镇依靠各项制度和有关法律法规政策，充分发动社会各界参与农田保护和村庄规划建设管理的热情，提高了村社干部和群众参与的积极性和主动性，筑牢保护好农田和建设好村庄的群众基础。

### 四　宅基地供给制度创新绩效

农村宅基地集中整合流转制度充分体现了从分散建设到集中建设转变、从无序落地到规划引领转变、从农户行为向集体意志转变、从分散监管到集中监管转变的制度创新，降低了宅基地流转的交易成本，遏制了宅基地粗放利用方式，有助于科学高效管理宅基地和保护土地资源。2013 年 11 月启动试点工作以来，通过宣传发动和实践探索，群众积极参与，促进试点工作有序开展，在实践探索中建立了大理洱海海西片区农户建房管理的良性发展长效机制。银桥镇辖区内有 8 个村委会、32 个自然村，在村庄规划区有偿流转收归村组村庄规划预留建设用地 395 亩，共规划 782 宗建房用地，目前已将其中的 115 宗分配到亟待建房的住房困难户。随着试点工作的深入实施，将有效地规范农村建房秩序，彻底遏制乱占乱建现象，确保农村建房依法、规范、有序进行，走出一条不多占耕地、保障村民建房刚性需求的好路子。银桥镇探索实施的农村宅基地集中规划建设审批的整合流转制度，于 2017 年 1 月荣获云南省大理白族自治州第三届政府创新奖。

（一）降低了建房监管成本

在新农村建设过程中，农村宅基地管理一直是农村国土资源管理工作中的薄弱环节。农村现阶段一户多宅、少批多占的现象严重影响了耕地面积的保护。如何有效管理宅基地的使用权对其进行科学规划，关系到广大农民福祉。银桥镇农村宅基地集中规划建设审批制度在具体规划和管理中，克服了农房分布散乱、布局混乱等问题。通过规划引领集中建设，以道路为界限，消除了农户建设少批多占的土地空间，如果超占影响周边农户的土地利用空间，周边农户会及时制止超占行为，达到邻居自发监督邻居建设行为的目的，切实减轻了政府监管成本，实现了政府对农户建房行为监管"无为而治"的实效。

（二）实现了集约节约用地

我国宅基地取得制度主要围绕农村宅基地所承担的社会保障功能而展开设计。随着人口的增长、经济建设用地的需求与日俱增，耕地保护压力越来越大，宅基地取得制度的设计必须要有利于切实保护耕地这一基本国策的落实。[①] 银桥镇农村宅基地集中规划建设审批制度通过适当增加农村宅基地的基础规划和建设投入，将闲置、分散、占地面积过大的宅基地集中整合，从而减少占地面积、优化空间布局，提高宅基地的利用效益。单宗宅基地节约集约利用度的提高表现在容积率提高和占地面积的减少；区域范围内的农村宅基地节约集约利用度的提高表现为单位面积宅基地承载人口数量的增加、村庄集中度和规模度的提高等方面。通过政府主导、村民主体的宅基地流转优化配置，宅基地利用由分散布局结构走向集中布局，由粗放利用走向集约利用，减少了对周边耕地的占用，有利于保护耕地。

（三）盘活了集体建设用地

宅基地供需平衡机制不仅实现了住房困难户有地方建房的目标，切实解决了许多住房困难户没有合适的集体建设用地从而导致宅基地指标落地难的问题和土地私下无序低效交易的问题，而且从规划上消灭了死角地、杜绝了产生新的路边村、田中村、空心村，也解决了少批多占监管难、基础设施配套难的问题。土地流转集中规划建设审批机制，将集体建设用地存量高效配置到建房需求户，盘活了规划区内的集体建设用地。按照地块的修建详细规划和镇政府下达的指标数，分期逐宗建设农户住宅，不仅注重村庄规划的空间属性，而且赋予了村庄规划区的时间属性，在规划上明确各宗宅基地依次先建与后建的问题，有利于实现村庄规模有序发展，促进宅基地的资源高效配置和供需平衡。

（四）解决了公共设施配套

完善的基础设施和公共服务设施是农村建设的重要内容。农村宅基地集中规划建设审批制度实现了宅基地合理的空间布局，提高了基础设施和公共服务设施的利用效率。银桥镇在宅基地集中规划建设审批管理中，向每个建房户分摊120平方米的公共道路，实现村庄道路"户户通"，而且在地下统一规划埋设自来水管、电路、雨污收集管

---

① 谭峻、张璋、张丽亚：《地籍管理制度与农村土地问题探索》，中国经济出版社2012年版，第227页。

网,彻底解决了村庄饮用水源、供水设施、污水处理设施、道路交通设施、通信设施、生活垃圾收集设施、公共绿化等公共设施配套问题和农户雨水、污水统一收集问题,促进了公共资源的高效利用和水土环境保护。

（五）促进了社会民主和谐

社会公平问题是政府和社会必须面对和处理的问题,社会不公会严重侵蚀广大社会成员对整个社会规范的信任和遵从,动摇公民对整个社会规范和社会秩序的信心,进而造成社会的恶性循环和畸形发展。[①] 近年来,随着经济、社会、文化的发展,农村居民的民主意识、法律意识以及维权意识也得到了较大幅度的提高。但是,在民主、法律与维权意识增强的同时,村民民主参与能力与依法维权能力未能同步发展,而往往出现意识到位—行动缺位、意识到位—行动越位、意识缺位—行动越位等问题,进而产生了村民在公共事务中参与不足、过分诉求以及非理性参与等不良现象,给基层社会治理带来了诸多管理困难与治理压力,对治理提出了新的要求,必须强化村民的参与,拓展参与渠道,切实实现民主决策、民主管理和民主监督,由过去的行政依附型走向自我管理型。[②] 银桥镇农村宅基地集中规划建设审批的整合流转制度以自然村为单位,成立村庄规划建设管理促进会,建立工作章程和相关制度,对村内集体建设用地、公益建设用地、村民建房、规划管理、违章建房、矛盾调处等方面进行有效管理和监督,切实维护村民和集体的公共利益。通过充分发挥农户在宅基地制度创新管理中的主体作用,尊重农村的家庭和家族观念、公私观念等传统习俗,保护农民的宅基地权益。在政府的指导下,坚持以人为本,充分调动农民在宅基地使用管理中的积极性和自主性,让农民思想意识上更容易理解和接受,实现政府对宅基地管理的目标和均衡各主体间的利益,达到政府行政目标和农民利益保障"双赢"的成效。

---

① 郑杭生:《本土特质与世界眼光》,北京大学出版社 2006 年版,第 116—126 页。

② 吴晓燕:《农村土地产权制度变革与基层社会治理转型》,《华中师范大学学报》（人文社会科学版）2013 年第 5 期,第 11 页。

总之，银桥镇农村宅基地供给制度创新的实践探索，通过降低交易成本促进了宅基地的供需平衡，不仅在节约集约利用土地中规范了农村宅基地管理，而且在推进村庄规划建设管理中改善了农村生产生活条件；不仅向住房困难户有效提供了建设住房的宅基地，而且以规划引领集约节约用地和完善配套基础设施，实现村庄规模有序发展，确保按照规划"建得起、建得好、建得美、建得规范、建出特色"。

# 第二节　空心村整治

随着农村经济社会的快速发展，农村居民改善住房条件的愿望诉求日趋强烈，建房能力日益增强。由于土地调整难、村庄规划滞后、村落基础设施落后等原因，农户更愿意将新房建到公路附近等生产生活便利处，但是农户建新房不拆旧房，原来的老宅日益荒废，村庄建设"摊大饼"式蔓延，形成了外实内空、外新内旧、外齐内乱的空心村。根据云南省大理市海西耕地保护"空心村"整治试点工作领导小组办公室调研统计：2012 年大理市涉及空心村整治的村委会有 67 个，占全市 111 个村委会的 60%；涉及"空心院"的自然村有 258 个，占全市 517 个自然村的 49.9%；全市"空心院"达 3024 院，"空心户"共有 7960 户，"空心院"房屋面积 1265 亩，占地面积 2217 亩，预计整治后可安置宅基地 4613 户。整治空心村成为改善农村居住环境、提高农村土地资源利用效率的又一重要途径。但是，空心村整治涉及挨家挨户的利益调整，需要公共基础设施的配套建设，难以依靠单纯的市场机制和农户的自发行为实现，必须依靠政府组织实施和财政支持激励。因此，如何通过财政资金投入，引导群众参与空心村整治，让空心村变废为宝，已经成为推进社会主义新农村建设的当务之急。

## 一　空心村的问题及危害

村庄集聚是村庄空间发展的趋势，而空心村却背离了这种趋势，导致农村村镇布局无序混乱，村镇规划建设乏力。空心村在很大程度上浪费了土地资源，恶化了农村居民的生活环境，影响了农村经济生活的发展，引发了一系列的社会问题，严重制约了社会主义新农村建设的进程。

（一）浪费土地资源，加剧了人地矛盾

空心村占用的土地，耕不能耕，用不能用，造成了土地资源的极大浪费，加剧农村人地矛盾。一方面，农民建新不拆旧，空心村宅基地占用了大量的土地，既无人居住也无法作为耕地再次利用；另一方面，一部分需要住房的村民在建设用地控制范围内没有土地，长时间不让建房，就会突破红线，千方百计把房屋建到承包地上，违法占用耕地，致使村庄占地面积不断扩大，人地矛盾日益突出。

（二）影响村容村貌，破坏了人居环境

空心村里新房、旧房、破房、废弃房随处可见，严重影响村容村貌。空心村破坏了农村整体布局和环境卫生，使道路管网、排水系统等基础设施难以按规划实施。废弃房屋宅基地无人修缮，有些甚至是倒塌。部分村民直接在老房子里饲养家禽，但没人进行消毒、清理等卫生管理，导致村内垃圾成堆、污水横流、杂草丛生、蝇蚊乱飞、粪便遍地等"脏、乱、差"的卫生问题，严重影响居住环境和身心健康。

（三）存在安全隐患，阻碍了农村发展

空心村的老房子多数长时间无人居住，更没有人管理，老化导致房子本身存在极大的安全隐患。仍然居住的空心村房子，大多破旧不堪，年久失修，而且结构不合理，存在通风、采光、排水、消防等诸多隐患。空心村的存在，使农民居住地分散扩大，村庄外延蔓延过长，增加了农村水、电、路、通信、公用设施等基础设施的配套建设难度，不利于农村经济社会发展。

（四）潜伏矛盾纠纷，影响了文明建设

空心村内废弃的住宅多年没有人管理，邻居之间的土地界线变得逐渐模糊。随着土地价值不断增值，一旦遇到土地重新划分，原来的地界必然会引起争端，这些废弃宅基地可能会引发邻里间的矛盾纠纷。空心村的无序发展，造成农民的集体意识下降，很难形成统一的思想。空心村成为贫困化的象征，过去的邻里关系被打破，给留守下来的贫困居民造成了心理压力，不利于加强精神文明建设。面对空心村的问题，要实现新农村建设目标，让村民过上安居、和谐、幸福、富裕的生活，必须重视村庄规划建设，配套建设基础设施，引导农户科学有序建房。

## 二 空心村整治方案设计

银桥镇 8 个村委会 32 个自然村均存在空心村现象，已经成为全镇农村经济可持续发展和城乡一体化进程的"绊脚石"。全镇涉及空心村改造的户数达 634 户，占全镇 1423 户的 45%，预计可以整理出面积 240 亩。经深入调研、广泛征求意见后，采取先行试点、循序渐进的方法，进行空心村整治方案设计。

（一）财政合理补偿回收整治土地

空心村整治工作虽然是一项实实在在的民心工程，但实施中遇到了农民不愿拆、没钱拆等一系列的矛盾和问题，需要财政资金补偿激励农户支持空心村整治项目。具体运作程序是：（1）对试点村范围内的老房旧屋、厩舍厕所、违章建筑、空闲土地及所涉及的农户、人口等基本情况进行全面统计清查。（2）将需要拆除的房屋、建筑物、宅基地统一收归集体，并给予合理的财政资金补偿。（3）对收回集体的宅基地参照同期国家征地补偿价 5 万元/亩按实际面积给予补偿，对于地上建筑物及附属物给予相应的拆除补偿款。（4）根据农户房屋结构完整程度，将房屋分为结构完整和结构不完整两大类，再按照结构类型和成色各分为五类补偿标准。房屋结构完整的五类每平方米分别补助 620 元、490 元、372 元、248 元、160 元；房屋结构不完整（无屋顶）的建筑五类每平方米分别补助 130 元、120 元、110 元、100元、90 元。目前，银桥镇已有 132 户农户签订了《大理市空心村整治宅基地使用权收回协议书》，支付农户拆迁补偿款 270.85 万元，拆除旧房并收回宅基地 22.24 亩。

（二）运用财政支持建设配套基础设施

银桥镇镇政府对双鸳村自然及经济社会因素进行综合考察，统筹考虑村庄道路、供排水、电力、通讯及教育、卫生、企业用地等相关功能，就拆除范围进行道路设计和宅基地布局，共安排 46 宗宅基地，促进村庄用地集约、功能完善、居住方便，达到实用、经济、环保、美观、协调统一的要求。银桥镇政府积极整合各类财政扶持资金，投入 15 万元新建了 1 座公厕，投入 60 万元配套了污水收集管网，投入 181 万元硬化了进村路及村内道路，村组之间实行"户户通"。双鸳村面貌焕然一新，成为"道路硬化、环境优化、房屋美化、村庄亮化、卫生净化"的文明新村。

（三）有偿配置收归集体的建设用地

按照"农村村民一户只能拥有一处宅基地"和"农村村民迁居后的宅基地应当限期退回集体"的规定，对宅基地占用情况进行清查管理。建立健全宅基地批新让旧、有偿使用、回收补偿、流转使用、道路退让、分家析产、民主管理等长效机制。将理出来的集体建设用地，严格按照"批新让旧、一户一宅"的规定，公开、公平、公正地有偿配置给符合条件的农户作为宅基地，禁止在规划区外新批宅基地。宅基地配置按照以下程序申报审批：建房户写出书面申请报村民小组进行条件审查；经审查符合申请条件的由村民小组加盖审查意见，法人签字后上报村民委员会审批；经村民小组审查合格的建房户报经村民委员会，提交村民代表大会讨论通过，形成决议后由村民委员会公示 10 天，无争议的由村民委员会进行审批，并报镇人民政府备案。将整理出来的集体建设用地有偿配置给农户取得的收益，存入银桥镇空心村整治专户，由镇政府统筹安排用于启动其他空心村整治项目，实现空心村整治工作在滚动开发中逐步推广。

三　空心村整治的成效及经验

银桥镇空心村整治在试点中探索，在实践中积累经验，并取得明显成效。主要体现在三个方面：一是土地资源得到有效节约。双鸳村通过拆除旧房整合闲置土地，同时严格落实"一户一宅"的规定避免了乱占耕地。二是农民生活环境得到较大改善。经过整治铲除了卫生死角，硬化了路面，绿化了村庄，美化了环境，亮化了路灯，一个现代文明花园式新农村展现在人们面前，人们的生活习惯、卫生意识、环保意识也随之改观。三是邻里干群关系得到明显改善。双鸳村整治前，不少农户为争宅基地，邻里纠纷不断，有的受旧习惯和封建思想影响，常常与邻里比台阶，争屋顶高低，造成邻里反目和上访告状。村庄规划整治后，由于统一了标准，做到了公开、公正、透明，原有的住宅矛盾纠纷彻底解决，农村文明新风逐步形成。双鸳村空心村试点主要取得了六个方面的经验。

（一）政府主导是关键

空心村整治是一项十分复杂繁重的社会系统工程，没有政府的坚强领导与财政资金的扶持引导，没有村干部的具体执行，就难以顺利实施。政府必须结合村庄现状与农户实际，成立专门的农村发展规划小组，对旧居民点的建筑密度、年限、质量、结构、面积、造价、使用性能以及外部空间环境进行合理评估的基础上制定规划和实施计划。同时，要强化村干部队伍建设，提高政策水平、法律意识和管理能力，及时解决空心村整治中出现的矛盾和问题。

（二）群众参与是基础

空心村整治是一项顺应民意的探索性工作，事关广大群众及子孙后代的切实利益，关系到农民的切身利益，也是推进新农村建设的契机。整治空心村不仅是拆旧建新的问题，更是破除农村旧传统、旧思维。农村群众既是实施者，又是受益者。能否争取到群众的理解和支持，事关空心村整治的成败。只有坚持群众路线，充分调动群众参与的积极性，才能赢取民心，推动空心村整治走上规范有序的轨道。从空心村整治的计划、决策到具体工作的开展，必须都有村民代表全程参与，民主决策，民主管理，最大限度地取得群众理解和支持，引导群众自觉自愿参与空心村整治。

（三）科学规划是引领

村镇规划滞后于农村经济发展速度和农民建房需求，宅基地审批缺乏依据，造成农民建房的随意性和盲目性，是空心村形成的主要原因。整治空心村必须制定科学合理的村庄建设发展规划，既要提供不同的新建户型满足不同家庭结构、经济条件、居住方式的需求，又要预留好发展用地和配套的基础设施。只有立足村庄实际，按照合理布局、节约用地的原则编制村庄发展规划，才能做到有规划、有步骤地引领村庄建设发展。

（四）基础设施是支撑

基础设施缺乏导致居住环境恶化，是农民迁移到村外另觅新址，修建新居的主要原因。要吸引人口在老村庄居住，就必须要改善村庄内部的居住环境。强化建设村庄内部的道路交通、娱乐休闲、教育医疗等基础设施。加强村庄环境综合治理，改善村庄人居环境，培养村民环保意识，为建设新农村奠定基础。

（五）财政支持是保障

整治空心村必须收回闲置土地，拆除破旧建筑，配套基础设施，归根结底需要资金投入。双鸳村空心村整治面积48.16亩，其中拆除面积36.76亩，每亩补偿5万元，回收地价达183.8万元。另外，还发生了以下费用：地上房屋拆除补助费230.67万元、地上附着物拆除补助费63.22万元、基础设施配套费256万元、规划经费18万元、调查经费10.5万元。因此，整治空心村，建设新农村，财政扶持是保障，不仅要支持公共基础设施建设，而且要扶持农村经济发展，为空心村整治后走上良性发展道路提供产业支撑。

（六）节约用地是目标

空心村整治必须严格建设用地审批管理，严格控制村庄向外蔓延，严防新的土地资源浪费。只有建立严格的申请、审核、批准和验收制度，提高农民素质和法律意识，才能将农村建房用地引向依法有序的轨道。严格按照"一户一宅、不超标准"的规定，加强农村宅基地管理，对已有一处住宅的农户，原则上不再安排新的宅基地建房，鼓励农民拆旧建新；对确需新占宅基地建房的农户，签订《建新宅退旧宅承诺书》，原有宅基地由村集体依法收回。实行建房用地"批前、批中、批后"全程管理和动态巡查，对不符合建房申请条件、不符合村庄建设规划、能用存量土地而占用增量土地、能用非耕地而占用耕地、老宅不拆除的坚决不批。村庄建设规划、农民建房选址及用地审批结果公开接受村民监督，促进农民严格执行国家关于宅基地管理的法律法规，形成节约土地资源的理念。

# 第三节　古村落保护与传承

位于苍山洱海之间的大理市有着独特的历史脉络和白族地域文化。独特的白族乡土建筑，忠实地记录了洱海流域尤其是大理白族历史进程中的发展和演化过程。"石头砌墙不倒"乡土建筑文化是洱海流域白族先民创造的一种地道的土著建筑文化，尽管深受中原汉建筑文化的影响，但至今仍然保持着鲜明的地域特色和浓厚的白族风格。目前，银桥镇磻曲村仍有保存较为完整的石头墙建筑。

乡土建筑文脉是传统村落发展的历史过程中所形成并存在的人与事物、人与建筑、人与村落在历史文化大背景下不能割舍的传承记忆、内在联系和血脉关系，表达着传统村落发展过程中形成并一脉贯穿的历史文化或文明的渊源、基因和信息，成为传统村落生命不断延续的脉络和精神动力。

"文脉"是人的活动在空间的时间印迹。场所文脉是空间与一定的区域文脉相耦合。只有在立足于物质形体环境的同时，充分尊重当地人的活动、社会文化，场所文脉才能实现保护和传承。[1]

随着城市现代化发展的影响和日益突出的物性空间趋同现象，白族传统民居面临来自主体生活的转变和旅游开发等压力，脱离了地域的文化背景，逐渐失去场所原本的文脉气息。因此，充分挖掘、研究、传承磻曲村乡土建筑文脉，让乡土建筑文化得以传承具有重要理论意义，对特色小镇建设中的建筑文化元素提炼、建筑特色建构、更好地满足现代人生活需求等具有重要的现实价值。

## 一　石头砌墙古村落的形成

磻曲自然村隶属于银桥镇银桥村委会，原名"新城邑"，原村址在白族语叫"赛则因"，汉语为"新城邑甸"。现在的磻曲白族聚居

---

[1] 赵克让、苏军、李肖敏：《历史文脉在古城镇景观设计中的传承与表达》，《四川建筑》2011年第10期，第25页。

古寨，大约建于唐朝中期，因那时灵泉溪发特大洪水，将新城邑冲毁，先辈们通过辛勤劳动，艰苦创业，才建起现在的古寨，距今有一千三百多年历史，全村有李、董、周三个姓族，其中以李姓为最大姓族。

磻曲自然村坐落于苍山三阳峰麓、灵泉溪南岸、214国道以西、大理市银桥绿色食品园区旁，隶属于银桥镇银桥村委会，距离银桥镇政府1公里。磻曲自然村辖三个农业社，207户，人口938人，劳动力256人。全村地形特点是由西向东倾斜，现有耕地251亩、林地2500亩，海拔2040米，年平均气温15℃，气候温和，雨量充沛，四季分明。磻曲自然村也是一个人杰地灵村庄，从前就出过几位举人名士。

磻曲村石头砌墙乡土建筑有着悠久的历史。早在唐南诏时期，就有"垒石成墙，高达数丈"，"巷陌皆垒石为之，高丈余，连延数里不断"的记载。利用卵石作为建筑材料是白族人顺应自然馈赠的结果，石头不仅仅利用在墙基上，还用于墙壁和横梁。如今，磻曲村对卵石的运用就沿袭了南诏时期的建筑方式，以一坊三间为主要的布局形式，采用的是苍山石垒砌而成，屋顶有"瓦衣"。瓦衣的制作首先将编制好的竹篱笆铺在房檐上，用竹片捆紧，再在竹衣上铺上一层厚厚的泥，再将瓦片扣上用石灰封口。这样的做法不仅防雨、防盗还防止瓦片滑落。加上融合汉文化和西方文化，构成了独特的一坊一廊，三坊、四坊、五重堂等。磻曲自然村古民居区域现保存总面积48亩，院落58院，其中，闲置古民居32院、在住古民居12院、新式建筑14院。古民居坐落布局完整精巧，整体空间布局协调，门楼照壁技艺精湛，具有较高的建筑艺术水平。

## 二　石头砌墙古村落的文脉解析

乡土建筑文脉是在长期的历史传统和特色地域景观中发展形成的氛围和环境，是一个村落形成、变化和演进的轨迹和印痕，是一个村落传统文化底蕴生生不息的象征。磻曲村白族传统村落发展受到了气候条件、地形特征、地方文化和建造技术等因素的影响。同时，政治、经济、文化、历史以及社会习俗心理行为等因素对建筑文脉的变迁也产生了影响。因此，磻曲村石头砌墙传统建筑的文脉特征要充分考虑传统建筑与自然环境及社会生活的密切联系，主要集中体现在以下几个方面：

（一）背山面海的选址理念

人类生存最基本的建筑需求首先要应对外部地区因素（或称为地理环境因素），如经纬、海拔、气候、地形、地貌等。建筑地区性研究建筑应对外部环境的物质因素反应，表现在人们适应、改造和利用外部客观物质环境而建造建筑。①

磻曲村乡土建筑的选址和布局把环境放在首位，坐落于苍山之麓、洱海之滨、苍山十九溪之一河灵泉溪南岸，形成了背靠苍山、面向洱海、溪水环绕的"靠山面海近水"布局模式，得到了视线开阔、光照充足、土地肥沃、水源充沛、食物丰富、交通便利的优势。磻曲村民居院落的建筑通过审察当地的地理脉络、山川形势、时空经纬来确定院落选址，大都遵循侧面有溪水，后面有靠山，前面无遮挡，远处有秀峰的原则，使"近水聚气，山气茂盛，直走近水，凝结为穴"，造成有山、有林、有田、有水相对封闭的空间模式，以达到藏风聚气的目的。

（二）标志清晰的规划界限

磻曲古村落村以寨门、庙宇、道路、水井等标志性建筑框定村庄的四至界限以及院落的四至界限，保障村庄的合理规模，避免村庄建设无序扩张。

一是寨门建筑。入口空间是村庄主干道村镇内部道路的对接产物。磻曲村的入口空间由一条茶马古道旁边建设寨门构成，成为磻曲村传统建设起止点的标志性建筑。从磻曲村土著民居四面围合的建筑布局中，可以看出白族人相对封闭的思想状态和缺乏安全感的心理意识。因此，门的作用不只体现在空间的划分，更突出的是祈求安定的心态。磻曲村有东、南、西、北四个进寨大门。东大门名为"磻云

---

① 吴艳、单军：《滇西北民族聚居地建筑地区性与民族性的关联研究》，《建筑学报》2013 年第 5 期，第 95 页。

阁"，是主要进村大门，建在村内东至西大道中轴线上，至今保存完好，是一座庄严巍峨、金碧辉煌的白族艺术宏伟建筑。

二是山神庙宇。磻曲村西面建设有本主庙、山神庙和尊圣寺，也是民居建筑不可逾越的西面神圣界限。本主文化是大理文化独有的宗教信仰，是大理土生土长的宗教信仰，没有传教士，却一直在大理地区传承下来。[1]

磻曲村本主庙供奉着磻曲村信奉的本主——杜光庭。山神庙庙内供奉着龙王、山神、土地神三尊神像。尊圣寺建于唐朝，明末清初毁于自然灾害，嘉庆年间重建恢复原貌。在古代为教读学习场所，现在为磻曲存洞经音乐会和莲池会活动场所。

三是道路系统。道路系统作为建筑的预留空间，为人的行动提供场所并规范着运动的方向，给人以秩序的认同感。磻曲村的道路空间通过统一的建筑形式，体现了由远及近、由大到小的空间序列，构成一幅动态延续的画面，是整个建筑界面空间的换气口。磻曲村除了主要干道以外，次级干道系统杂乱无章，在磻曲的巷道中穿梭，每隔一两院民居的距离，道路就会出现转向，营造出一种曲折多变的开合空间，保证了民居院落的私密性。

（三）错落有致的布局结构

建筑作为村落的基本构成单位，其空间布局关系，会影响到巷道布局和整体的村落布局形式。磻曲村民居的平面构成以单体、合院、重院等"方形"民居形式为基本模块，通过剪切、拼贴、组合的方式构成民居单体的基本形态布局。除一坊、二坊是不完整的方形单体外，三坊、四坊民居都是外形方正的完整型单体。这种完整型的民居的数量在磻曲村的民居中占大部分。另外，磻曲村在原有院落基础上进行模块的复制偏移，形成了一进多院的合院式格局，建筑与建筑之间出现了相交、相切、分离的三种空间形态布局方式。这由地域环境的特殊性所决定，显示着磻曲村白族村落的空间构成关系，从而影响着建筑空间的道路系统的分布、尺度和方向。磻曲村的建筑立面运用

---

[1]　杨复兴：《大理旅游跨越发展研究》，云南人民出版社 2013 年版，第 173 页。

统一的石头墙的建筑形式，营造出视觉上的统一和意境上的延续，石头墙、青瓦楞、格子窗浑然一体，围合形成了空间连续体。

（四）合院民居的传统风貌

民居建筑是聚落空间的重要组成部分，是地方文化的集中体现。磻曲村民居中围合式的庭院布局体现出与自然相融合的理念，显示出白族民居文化价值的深层次内涵。磻曲村民居院落结构基本上是由门、屋、院三部分组成，空间构成的模式主要有一坊一耳、一坊两耳、三坊一照壁、四合五天井、一进一院、一进二院、一进三院、一进四院等。建筑入口空间都会设置得比较隐蔽，通常要通过一段窄长的前区空间的导入后才会看到白族人家的大门，体现出白族人远离喧嚣的意识追求和文人雅士之"退隐"的情感趋向。对称性的庭院式布局是磻曲村延续了中国汉式民居的礼教建筑基本原则。主轴线将庭院空间平均分割，建筑整体中重要的部分放在中轴线上，与中庭空间相对应，其余的建筑部分采用左右均衡的布局方式，以中轴线为基准围合成的内向型空间格局。重院式民居就是在此基础上进行单元型的复制，以中心轴线为坐标横向或纵向偏移，形成串联式的空间格局。

（五）循法自然的建造工艺

崇石亲木建造技术是使建筑得以实现的重要手段，是当地居民建造过程中实践与认识的积淀，具有地域性、民族性、时空性。磻曲村白族院落使用的主要是大理地方性的建筑石材和木材等。白族人对石的崇拜是由地域材料的局限性决定的，从原始住民开始，一代一代的白族人将从苍山脚下采来的石块进行加工塑造，把石文化几乎糅进了白族人生活的方方面面。从较早的垒石砌成的白族传统民居"土库房"，就说明了建材的选取受当地的客观环境的限制。由于苍山洱海独特的地理构造，形成苍洱之间众多的山涧溪流，经过长年的流水冲刷和周期性的涨水，河道中形成大量的圆润坚硬的暖石、片石材料。在白族民居建筑中可以看到石材被充分利用的见证。鹅卵石是当地居民建房，不需要花费成本，就可获得的上好建筑材料。当地人充分地发挥就地取材的优势，经过多年的实践，积累了一套卵石砌墙的经验，即如今的卵石墙。当地匠师在卵石墙的基础上，进一步地发展成了砖、石、土三合一的墙体做法。同时，磻曲村白族院落使用适量的木材增加了建筑的艺术性，也体现出当地建筑的特色。

（六）禳灾祈福的装饰艺术

建筑是时空的艺术。装饰是建筑的语言。在白族民居建筑语言中，装饰是至关重要的，可以说没有装饰，就没有白族民居建筑。白族民居传统建筑装饰集中体现在木雕、石雕、绘画艺术和砖瓦装饰上，它不仅仅是匠师的创作，而且有文人大夫、民间画师、风水审美师的指导和参与，因此，它是审美、实用、寓意结合的典范。①

装饰艺术是人类现实生活的反映，是基于人们对自然的理解，对个性的表达的一种虚拟寄托。建筑装饰艺术在磻曲村体现得尤为明显，通过平淡色彩的运用和图案的构成，以符号的形式表达居民的心理诉求。例如，在门窗、栏杆、梁柱等构件上雕琢花鸟、鱼虫或琴、棋、书、画等主题，折射出白族人的图腾记忆和居住人期望吉祥、健康、富贵的心理。墙体山花图案气势奔放流畅，别具风格，或用浮雕式泥塑，施以橘黄为主调的色彩，显得雄浑古厚，气派不凡；或在墙体上直接绘出山花图案，内容以连（莲）升三级（戟）、鹿鹤同春、五福（蝠）庆寿、双龙卷草、福、寿等为主，强化了住宅观念的情感因素，折射出主人良好的文化修为和价值取向。

（七）虚实相交的起居文化

建筑在环境转变的过程中扮演着一个特殊的角色。建筑不仅建立了大部分的人类日常生活环境，而且因为建筑反映和聚焦了广泛多样的社会事实：自然环境的特征和资源，工业艺术、经验主义传统和已应用的实验知识的状态，社会组织和协助的过程，以及整个社会的信仰和世界观。②

白族民居建筑深受儒家文化的熏陶，在建筑中体现着儒家维护等级与社会秩序"礼"的等级观念。磻曲村在清朝时期出了一位巨人，

---

① 张崇礼：《白族传统民居建筑》，云南民族出版社 2007 年版，第 112 页。
② ［美］刘易斯·芒福德：《城市文化》，宋俊岭、李翔宁、周鸣浩译，郑时龄校，中国建筑工业出版社 2009 年版，第 437—438 页。

建设了进巷大门和照壁，照壁上至今仍然书写着"古仁里"三个大字。

磻曲村户户都供奉有祖先"天地君亲师"的牌位，长辈、子女居住的房屋都有讲究，整个房屋的居所与布局体现出的是对礼的尊崇维护。磻曲村传统合院式民居平面布置方正，主次分明，院落中轴线与苍山相对，充分显示出居中为尊的空间秩序。从功能布局分析，一层房屋中堂为正，通常用来供奉天地君亲师牌位，左边的房间通常都是长辈的卧室，右边是长子的居所。其他成员按西、北、东、南方位分布。为现实地位的重要，正房的地面会比其他房屋高出6.6寸，充分地体现出长幼有序的礼制观念。民居的整体布局中，坊作为实体建筑与院落形成的虚空间对比，形成虚实相交的空间形态布局。也作为建筑的中心坐标，决定着建筑的尊卑礼制，疏密结合的格局。

### 三　石头砌墙古村落的价值分析

磻曲村石头砌墙乡土建筑无论从表象到本体，内涵到外延，还是从单体民居到整体聚落，都充分体现出该地区人们的生活习性和价值取向。这些民居院落既是"有形的文化"，也是"无形的文化"，是不可多得的宝贵的民族文化遗产，值得倍加珍惜，充分挖掘价值。

（一）历史学价值

要了解古村落的历史，必须深入了解它的社会背景和民族文化。白族民居院落作为白族人民传统文化的重要组成部分，是人们了解历史文化、触摸历史脉搏的载体。磻曲村传统民居的历史价值主要体现在白族传统文化。磻曲村民居文化真实反映着过去的生产生活和民族礼制的关系，不仅是传统文化的继承载体，更是传统文化在艺术中的创新与再现，具有较大的历史价值。除传统民居外，磻曲村绚丽多姿的构造技艺、富于人情味的古水井、枝繁叶茂的大青树、香烟缭绕的本祖庙、精细的门楼、典雅的照壁等建筑文化都是人民经过上千年的艰辛历程发展起来的，是不可多得的民族文化遗产，是民俗历史文化的研究宝库。

（二）社会学价值

人是社会性的，而人的社会性是通过建筑空间形态来实现其社会的秩序与形态的。[①]

民居作为人们可以直接接触和决定的建筑类型，其布局与造型是使用主体的生活习性、功能需求、经济实力以及审美心理的物性表现。同时，传统民居建筑的形态特征也是为了与地域生态相适应的现实体验。从静止的时间切片上看，这些形态特征是处于静止的状态，但时间是具有延展性的，在时间的范畴里万物都有纵向运动的过程，例如，人的出生—成长—死亡，建筑也不例外，它会因为社会的变迁也处于运动和发展变化的过程中。当量变积累到一定时期，其赖以生存的物质与非物质的关系发生断裂，就不可避免地走向没落。民居中的青瓦白墙、门楼、照壁、彩画都是白族人的价值观与生活态度的体现。研究白族传统建筑文脉的构成，就是在探讨建筑与环境、历史、人文、生态、民族等关系的文化内涵，将这些关系内涵进行系统的归纳总结，有利于拓宽我国地域文化研究领域的覆盖面。

（三）宗教学价值

建房住屋的各种仪式，都是把居住和信仰习俗结合而成的。[②] 民居建筑充分地反映了当地人民的生活习俗，同时也展现各地的民族文化和地域文化。白族人民的信仰是繁杂而虔诚的，受中国大众风俗文化和本地巫术的影响，白族人民对风水理论更是坚信不疑。风水在礴曲村一直扮演着重要而特殊的角色，尤其在民宅中起着思想指导与精神支柱的作用。他们相信，"正房要有靠山，才坐得起人家"，也就是说，房屋主轴线的后端要正对着一个被认为是吉利的山峦，这样才能保证家道兴旺，人畜平安；而最忌对着山沟或空旷之处。礴曲村西有苍山，东有洱海，背山面水，是大吉之相，所以民居绝大多数的正房朝向为坐西朝东。正如当地一首风水歌谣所吟："阳宅需要择地形，背山面水称人心，山有来龙昂秀发，水须围抱作环形，明堂宽大斯为福，水口收藏积万金，关煞二方无障碍，光明正大旺门庭。"

---

① 唐协成：《建筑社会学研究论纲》，《安徽建筑工业学院学报》（自然科学版）2005年第4期，第83页。

② 乌丙安：《中国民俗学》，长春出版社2014年版，第120页。

（四）艺术学价值

艺术来源于生活，是人的情感的宣泄。审美是感官知觉、产生联想、诉诸情感而达到理解的过程。磻曲村采用与自然环境相适应的布局空间，以及与地形相适应的底楼层横向铺开的布局形式，是一种良好的人居环境的原型。静谧素雅的磻曲村传统民居的大门开在东北角上，入口曲折；干净的白石灰墙上绘有水墨画或者有诗词文字；墙角多有一株翠竹。这种空间增加了户内的隐秘性和安全性，达到一种与世无争的含蓄美。民居中宽敞的廊厦将花木丛生的天井内院与室内空间自然的过渡形成虚实对比，充分地体现了白族人对自然的追求。装饰上精美的雕刻、彩画制作工艺，集聚了天地之灵气，生动、优美，突出了民居与自然环境之间的亲和关系与特征。

（五）建筑学价值

随着现代化的进程加快，地域特色逐渐被同化，传统建筑文化逐渐消失，历史的建筑大部分已失去原有的功能和光环，很多被空置废弃或另作他用，甚至拆掉重修直接破坏地域文脉的完整。如何在新旧之间取得平衡成为传统建筑保护的重要课题。研究磻曲村传统建筑是立足于地域之上对传统民居建筑在其发展过程中与自然、社会及地域文化等影响因素的归纳分析，着重探析现代社会背景下的传统建筑文脉对其所在基地环境的社会适应性。通过对传统建筑的构成因子进行分解，与传统白族民居的文脉特征进行整合，从中总结出传统文脉得以传承发展的规律，在现代建筑的基础上从更加宏观的环境与资源角度关注人类生活，它将建筑与环境资源及人类活动更加紧密地融为一体，它在注重空间使用效率的同时，更强调发挥环境和资源的效益，在延续传统建筑文化中实现人、自然与建筑的和谐统一。

（六）生态学价值

人居环境是人与自然发生联系和作用的中介，人居环境建设本身就是人与自然联系和作用的一种形式，理想的人居环境是人与自然的和谐统一，或如古语所云"天人合一"。[①]

---

① 吴良镛：《人居环境科学导论》，中国建筑工业出版社 2011 年版，第 39 页。

磻曲村从形态构成到工艺技术都显示出对自然生态的朴素调适，形象地反映了自然环境的显在特征和潜在选择，从而与自然和谐共生。大理地区大理石和木材资源丰富，决定白族民居院落的建材取向，多是使用石材和木材建筑房屋装饰室内，就地取材，而且用材讲究。石材主要有大理石、楚石和鹅卵石，不仅有支撑隔断作用，还能装饰房屋院落。民居的门和窗多用木材，便于在需要时可以轻易地拆除和重新安装，有些走廊的拦挡和柱子也都由木头做成。石土燃点高、耐火性好，具有较好的防燃隔火功效。在两所房屋交接处，设一小面矮墙，也称风火墙，不易在火灾时形成火烧连营之势。同时白族院落的大小天井正好是一个个的防火的隔离带；在正房与厢房之间的"转角马头墙"也充当风火墙的作用。当地的木材弹塑性好、韧性高，用木屋架立柱穿梁，而且在每个结构上都有收分，即可将房屋连接成坚固的整体，又给地震时带来的震动留有余地，从而减少地震带来的损失。因地取材和防火防震的磻曲白族民居院落，表现出极高的环境生态价值，实现建筑环境与自然环境融合和共生。

### 四　石头砌墙古村落的保护传承

当前，在经济快速发展和城市化浪潮下，中国各地乡土建筑文化遗产正遭受到前所未有的冲击，在一些地方乡土文化样式甚至已破坏殆尽。同时，随着农业人口的转移和农村产业结构的调整，昔日的乡村历史文化风貌正在迅速改变，许多具有丰富历史文化信息的传统村落的历史真实性正在消失。[①]

传统白族村落民居的保护应该引起相当的重视，从而延续对白族文化的传承。磻曲村以维护传统民居建筑文脉为目标，在分析文脉和建筑空间关系的基础上，挖掘出文脉在传统建筑中得以延续的方法，将创新思维与捍卫地域的文化特色相结合，从城市的发展和文化的复兴中找寻一条独具建筑特色的小镇建设之路。

（一）文脉性原则

建筑遗产是固化的文化和历史，是地域文脉的载体，包括静态的

---

① 叶全胜、李希昆：《云南乡土建筑文化遗产保护的机制构建》，《云南民族大学学报》（哲学社会科学版）2007 年第 1 期，第 89 页。

物性空间和动态的时间空间，反映了地域的变迁和发展的脉络，与地方民俗文化传统一道形成了整个地区的地域文化和历史特色。传统村落发展本就是一个连续的、不断完善的、需要长远考虑的可持续发展过程。

保护传统村落就是保护村落建筑、村落形制等物质文化遗产，也是保护与村落形成息息相关的自然生态环境，还是保护民间非物质文化遗产和村落文化生态系统的完整性。[①]

传承磻曲村乡土建筑文脉要通过对当地的文脉特性的收集和划分，提取当地的文化特色，总结出适合该地区的文脉继承与延续的方式，使其历史性和地方特色得到很好的延续。对历史对象进行合理的定位，通过分析当地的空间构成、建筑形制、艺术理念以及背后的形成因素后，归纳、总结出属于当地的可识别性特征，为保护与开发提供依据。应该充分领悟磻曲村建筑文化的精髓，抓住其地域性的本质内涵，将其传统的设计创作的手法与现代思想及科技结合起来，灵活运用。在延续历史的同时，不断地进行文脉要素的置换与更替，抛弃不适用的东西。在延续文化精髓的同时，不断地加入新鲜的技术与理念，根据时代需求建立新的功能，赋予新的时代特征。

（二）原真性原则

"原真性"表示真的而非假的、原本的而非复制的、忠实的而非虚伪的、神圣的而非亵渎的含义。真实性包括了遗产存在的历史长河中各个阶段的真实，既有最初刚刚建成时候的真实，也包括历史上各个时期的叠加物，并非只是要求原初的真实。同时，还应维护文化遗产所处环境的真实。[②]

乡土建筑的可持续发展既与传统文化紧密联系，也是传统地域文化的可持续发展，涉及历史、经济、政治、文化、民俗等各个领域。真正的保护应该将原有的文化成分得以保留，无论是建筑、人，还是

---

① 王小明：《传统村落价值认定与整体性保护的实践和思考》，《西南民族大学学报》（人文社会科学版）2013 年第 2 期，第 159 页。

② 王景慧：《"真实性"和"原真性"》，《城市规划》2009 年第 11 期，第 87 页。

生活场景。在现代社会对"原真性"的理解当中，文化遗产的产生和其变迁历史，是其两个基本内容，既包括对遗产保持原始状态的要求，也包括其本身建筑及周边环境延续和变迁的历史过程的原真。原真性能够反映出外在的环境和当地居民之间的共生关系，反映出民居建筑的保存与延续状况，是民居建筑永续利用的必要条件。民居建筑改造的原真性价值在于使改造后的民居建筑既为人们提供舒适的环境，又能保存历史的环境风貌与传统的人文精神，让传统生活氛围随着时间的流逝循序渐进地流传下去。保护磡曲村乡土建筑要考虑表现形式与地域文脉的内在统一，使形成的映像要与感受到的建筑体会有内在的统一关系，充分展现地方特色风貌、特色景观、特色民俗，使旅游者感受到"思接千载，视通万里"的氛围，充分体会到白族民族村落文脉的博大精深。

（三）主体性原则

主体性是指人在实践过程中表现出来的能力、作用和地位，即人的自主、主动、能动的活动的地位和特征。文化的主体性是人在实践过程中表现出来的对文化的认同，包括对它自主、主动、能动地尊重、保护、继承、鉴别和发展等的能力、作用和地位。[1]

文化积淀和传承着民族的历史和情感，塑造着民族的生存方式和价值规范。在整个文化生态中，文化主体始终是第一位的，因为唯有文化主体自身生存和发展问题得到解决，文化保护和传承才有意义。传承磡曲村乡土建筑，必须坚持把公众作为文脉的参与者、主导者与传承者。传统村落的民居建筑空间，除了服务于村民的基本生活所需如起居饮食之外，还有与日常生活相关的民俗的发生空间，也常常被用来从事传统的手工制作活动，各种空间在实用功能之上被赋予了文化发生场所和文化传承空间的特点。物质形态的居住建筑中容纳着非物质形态的文化内容，成为容纳非物质文化遗产的空间。只有村民拥有了主体意识，才能在现代化的文化交流中有效地、有针对性地吸收外来文化、发展本土文化，在地域文化的保护和传承中占据主导地

---

① 孙晓燕：《浅谈对民族文化主体性的认识》，《文化纵横》2012 年第 3 期，第 72 页。

位，自觉保护与自己生活息息相关的生活环境和社会环境。

（四）协调性原则

建筑本身就是一个供人们居住、工作、娱乐、社交等活动的环境，因此不仅内部各组成部分要考虑配合与协调，而且要特别注意与周围大环境的协调。[①]

建筑与空间形态、社会环境、社会活动以及社会主体之间紧密联系在一起，形成一个有机整体。因此，磻曲村乡土建筑的保护传承要对总体的空间设计、总体环境、主体功能、社会地位等统筹考虑，从而实现规划建设整体的协调性和统一性。磻曲村乡土传统建筑的传承设计最主要是保持原有的文化历史氛围，经过历史洗礼的历史建筑有必要在现在对其进行恢复和完善。对后期建设的不协调建筑的改建，主要采取建筑外立面的统一，通过协调建筑风貌的手段来实现传统的空间完整性和延续性。按照保留结构框架为主，立面适度改造为辅的方式，通过将传统建筑的元素符号照搬过来，拼贴到需要改建的建筑上，形成呼应，实现快速、有效的统一建筑整体风貌，让整个地区的建筑环境显得协调，也有一定的文化价值，具有一定的传承历史、文化的作用。传统破损建筑具有一定的历史价值，要保存原始的外部形态特征，对缺损处进行修补，旨在恢复传统建筑的整体风貌，对其内部的功能可以根据需要进行调整，满足现代生活需求。对于不协调的新建筑，要将传统建筑的立面特征符号，通过拼贴的方式，附着在新建筑之上，其作用是为了协调传统建筑空间。

（五）发展性原则

少数民族乡村文化保护和传承不只是文化问题，还涉及经济发展、基础设施、社会保障、城镇规划、教育、就业、户籍等方面，需要运用系统思维的方法来研究和解决，辩证地看待和处理乡村文化保护，不能单就文化保护来谈文化保护。少数民族乡村文化保护要让少数民族乡村将不再是贫困、落后、原始、野蛮的标签，少数民族乡民

---

① 赵天宜：《浅谈中国传统建筑符号性的运用》，《教育教学论坛》2013 年第 34 期，第 99 页。

也将不再为乡村传统文化感到自卑，而是充满自尊、自豪和自信，并自觉、主动保护和传承乡村传统文化。因此，要把科学保护和合理利用相结合，把文化保护和当地经济社会发展相结合，和改善民生相结合，合理利用乡村文化资源，把发展有特色的生态农业、文化旅游业、捕鱼业、民族工艺加工业等作为促进乡村经济发展和群众脱贫致富的重要内容，牢记乡村特色风光、生态产业和文化遗产是少数民族乡村生存和发展的根本。①

磻曲村乡土建筑保护与传承立足于"宁静自然、山水景色、农耕文化、白族风情"的村落自然景观和民族传统文化，发展"生态农业乡村民居旅游区"，让人们"游苍山洱海，赏田园风光，住白族村落，品乡土建筑"。通过培育富有地域特色和民族韵味的文化特质产业，赋予磻曲村经济社会发展活力，在保护和传承乡土建筑文脉中实现居民自身发展的同时，有效推进特色城镇化建设。

① 林庆、李旭：《论城市化背景下少数民族乡村文化的保护》，《大理学院学报》2013年第11期，第15页。

# 第六章 产业发展、特色城镇化与 生态文明建设

产业是城镇化的灵魂，城镇化要有产业支撑。新型城镇化不仅强调合理的产业布局，更加注重特色产业和优势产业的发展。推进新型城镇化，在强调核心人的城镇化之外，还要不断强化产业支撑，要和资源、环境相适应，要合理利用好土地。① 新型城镇化进程中的产城融合与互动发展，要充分考虑产业类型选择和产业培植的环境影响，形成资源节约型、环境友好型的产业发展模式。洱海流域的产业必须发展，而环境保护更是刻不容缓。因此，坚持环境与经济友好发展，以环境承载力为约束条件，确定产业发展的适度规模是产业发展的现实路径。

洱海流域的农业发展应以农业产业污染控制和绿色农业发展为主线，以"水环境保护、农产品消费安全、农业经济可持续发展"为流域农业产业发展目标，围绕农业增效、农民增收的要求，走农业结构调整和生态建设相结合、资源优势与产业优势相兼顾、自然生产与社会再生产相协调、社会经济与生态文明相统一的发展道路。②

洱海流域的现代工业发展应该坚持以开放市场为导向，以现代企业为主体，以机制和体制创新为动力，以工业园区为载体，着力改善软硬环境，增加投入，优化结构，培育大企业，打造大品牌，形成大基地，在提高工业经济质量和效益的前提下，促使现代工业为流域经

---

① 杨会春：《推进新型城镇化建设学习读本》，人民出版社2014年版，第154—155页。

② 董利民：《洱海流域产业结构调整控污减排规划与综合保障体系建设研究》，科学出版社2015年版，第6页。

济做出更大贡献。流域工业发展必须突出增加现代工业各产业的综合附加值和增强产业的关联度，着眼于产业链的延伸和产业竞争力的提高，推进工业产业的循环经济并促进绿色工业的发展，力求达到流域工业"做大求强"的目标。[①]

洱海流域旅游业发展是以洱海保护作为发展的基础和前提，所有的旅游规划、开发和建设项目都要服从于洱海保护的需要。要在保护洱海及周边生态环境的基础上，改变流域单一的传统观光模式，发展生态型旅游，使当地的环境效益、经济效益和社会效益三者有机结合，实现可持续发展。通过对洱海流域旅游业结构进行调整，使流域旅游业的发展和洱海本身及周围环境达到良性循环。

银桥镇在推进新型城镇化与生态文明建设的实践中，遵循洱海流域产业政策，创建了银桥镇现代农业示范园区，并以此为依托延伸产业链，为推动农产品精深加工创建了银桥镇绿色食品工业园区，为提升产业附加值促进农业与旅游业融合发展为休闲农业，探索农村三次产业在银桥镇辖区内融合成长的产业协同发展模式。

# 第一节　现代农业示范园区建设

现代农业示范园区是以现代产业发展理念为指导，以新型农民为主体，以现代科学技术和物质装备为支撑，采用现代经营管理方式的可持续发展的现代农业示范区域。银桥镇发展现代农业具有得天独厚的土壤环境、地理区位和适宜气候。"十二五"期间，大理市将银桥镇近两万亩区域定位为现代农业示范园区重点发展。

## 一　创建农业种植基地

为积极发展"丰富多样、生态环保、安全优质、四季飘香"高原特色农业，银桥镇立足苍山洱海国家级风景名胜区的地域特色转变现

_____

① 董利民：《洱海流域产业结构调整控污减排规划与综合保障体系建设研究》，科学出版社 2015 年版，第 91 页。

代农业发展方式，推动农业现代化、产业化、规模化、标准化和集约化，打造发展科技型、生态型、特色型、休闲型、高效型一体化的现代农业。为实现"土地向种田大户集中"，银桥镇政府积极引进和培育龙头企业，扶持农民专业合作社快速发展。为适应市场经济发展和推进现代农业建设的需要，坚持"依法、自愿、有偿"原则，在不改变土地集体所有权性质、不改变土地用途、不损害农民土地承包权益的前提下，积极推进土地经营权流转工作，探索了转包、转让、合作社统一经营、龙头企业集中管理等多种形式，推动土地经营权流转，促进农业规模经营，提高土地经营效益。目前，全镇农业龙头企业3家，农民专业合作社22家，入社社员200人。银桥镇、村（组）干部积极协助企业流转租赁土地，逐步实现从分散低效的传统农业向规模化、集约化的现代农业转变。到2016年年底，通过土地流转实施规模化种植的现代农业已达10300亩（其中，蓝莓2100亩、有机水稻300亩、苗圃1300亩、花卉2000亩、无公害蔬菜1600亩、车厘子500亩、食用玫瑰200亩、薰衣草200亩、有机烟草2100亩），推进了农业结构调整，加快了农村劳动力转移，加速了农业实用技术推广，提升了农业综合生产能力。

## 二　创建生态农业品牌

农业面源污染是洱海富营养化的重要原因。如果洱海流域种植业的化肥用量没有得到有效控制，必将加速洱海水质富营养化。因此，银桥镇按照"在发展中保护，在保护中发展，以保护促发展"的理念，走生态路，打有机牌，积极发展低污染、高效益的现代农业，目前全镇4个产品获无公害认证。因水质好、土壤肥、环境优、气候佳等地理特征，银桥镇已成为大理市的优质米盛产区。大理良道生态农业有限公司注册了"良道"品牌，300亩核心种植区的有机水稻于2014年通过有机认证。

自2014年开始，银桥镇19400亩农田全面推广使用农家肥和新型有机肥，积极引导农民在农业生产中禁止使用高毒、高残留农药，逐步取消农药化肥使用，大力发展无公害、绿色、有机农产品种植。按照"政府引导、科技支撑、企业参与、农民受益"的思路和"减量化、无害化、资源化、生态化"的要求，以补贴为引领，科技为支撑，实验示范和培训为手段，引导龙头企业、农业生产组织和农民大力发展生态农业，科学调整施肥结构，科学运用测土配方施肥技术，全面推广有机种植，增施有机肥，控制和减少使用氮、磷等化肥，减少农田氮、磷面源污染物的排放。

**三 培育农业龙头企业**

通过积极引进和培育主导产业链条上关键节点的龙头企业，推进现代农业示范园区快速发展。银桥现代农业示范园区通过招商引资培育发展了天赐蓝莓、上汇蓝莓、好宝箐农产品、良道大米、福安园林、银顺蔬菜、冯氏玫瑰、云海芳草等农业龙头企业。这些企业具有产权明晰、机制灵活、主导产品突出、规模优势明显的特点，进而成为推动当地生态农业发展的主体。农业经营逐步由分散的家庭经营向专业的适度规模经营转变，农业生产经营的组织化程度明显提高。农业产业化龙头企业积极向高原特色优势产业集聚，打造出各具特色的企业集群，促进了农产品加工业的快速发展。

# 第二节　绿色食品工业园区建设

工业园区是指一个国家或区域的政府通过行政或市场化等多种手段，划出一块区域，制定长期和短期发展规划和政策，建设和完善适应工业企业进驻和发展的各种环境，聚集大量企业或产业，使之成为产业集约化程度高、产业特色鲜明、集群优势明显、功能布局完整的现代化产业分工协作区和实施工业化的有效载体。①

工业园区不仅能有效实现欠发达地区的区域优势转化，而且能为产业集聚提供一个栖息场所。工业园区可以有效地创造聚集力，有效地共享资源，有效地克服外部负效应，有效地带动关联产业的发展，

---

① 雷鹏：《产业集群与工业园区发展研究》，东南大学出版社 2009 年版，第 67—68 页。

从而有效地推动产业集群形成和工业化进程，因此工业园区是欠发达地区加快工业化进程的理想模式。[①]

为了延伸银桥现代农业示范园区的农产品加工产业链，培育银桥镇区域经济增长点，经大理市人民政府批准，2003 年创建了银桥绿色食品工业园区。银桥绿色食品工业园区规划总面积 1814 亩。园区距大理市人民政府所在地（下关）20.5 千米，距大理古城 6 千米。214 国道（大凤路）及大丽高等级公路从园区东侧通过。园区内灵泉溪由西向东注入洱海，灵泉溪源头苍山森林茂密，植被较好，水资源充沛，丰季最大流量 21.5 立方米/秒，枯季最小流量 0.72 立方米/秒，清泉水常年从三阳峰涌出，整个园区场地均为缓坡地，地质条件较好。银桥绿色食品园区建设发展及其周边环境的逐步改善，带动了生产和生活设施扩展，有效拓展了城镇发展空间，加速了城镇化进程。随着银桥绿色食品园区的不断建设，一大批企业纷纷建成投产，为大量农村富余劳动力、城镇失业人员、大中专毕业生提供了就业岗位，有利于加快城镇化进程。

## 一　坚持规划引领

按照"功能分区，产业聚集，设施完善"的要求，聘请专业规划设计单位对工业园区进行规划设计。在整体布局上，坚持依托资源和区位优势，因地制宜，突出特色，科学定位；在具体规划上，坚持先规划、后建设的规划先导原则，做到园区规划与土地利用、城镇建设总体规划相衔接，园区内产业布局相对集中，以便于管理。2004 年完成了园区控制性详细规划，2009 年根据园区入驻企业发展情况对原有控制性详细规划进行了修编，并报大理市人民政府批准同意，形成了《银桥绿色食品工业园区控制性详细规划》。园区规划以"两轴、一心、五片"为格局，以灵泉溪自然生态景观廊道和东西及南北两条主干道为两条主轴线，充分利用灵泉溪自然生态条件，结合三阳城遗址的保护，建成一条苍山十八溪中最具特色的自然生态型绿色景观廊

---

① 吴晓军：《产业集群与工业园区建设：欠发达地区加快工业化进程路径研究》，江西人民出版社 2005 年版，第 120 页。

道。以东西、南北两条主干道与灵泉溪相交处，建设公共服务设施与园区中心公共绿地，形成园区的中心。园区周围逐步建设中心幼儿园、小学、商业、金融、娱乐等公共服务配套设施。按园区的功能定位及性质，形成了两个以工业为主的片区、三个公共服务及生活区为主的片区。2007—2008 年先后完成了娃哈哈集团公司及银桥食品工业园区至大理古城的截污干管工程，并与大理古城至下关的截污干管相衔接，解决了工业园区的污水排放问题，为食品加工等工业的发展创造了先决条件。按规划要求，采取边建设、边发展的方式，完成了各项基础设施建设。目前，园区主干道已建成，部分支干道已配套；园区至大理古城截污干管于 2008 年全面建成投入使用；园区 35 千伏变电站已建成并投入使用；日处理 3 万立方水厂项目，选址位于娃哈哈食品有限公司以东，灵泉溪以北，项目占地面积 36 亩，目前已经完成主体工程。园区建成至今，各级政府累计投入基础设施配套资金5000 多万元，引进协议资金 3.2 亿元，已建成面积 484 亩，现规划建设预留用地 1330 亩，其中储备国有土地 280 亩。

**二　实施招商办园**

按照"领域相通、产业相连、技术相近"的要求，纵向拉长产业链条，横向壮大产业规模，形成主导产业突出、同类行业集聚、配套企业完备的绿色食品产业集群。遵循引上力、借外力、激内力的思路，以商招商，选好商、招大商，加快项目落地，培育骨干企业。充分利用现有土地资源和银桥镇现代农业示范区的农产品原料优势，在园区内规划的中小型企业发展片区，采用租用土地的方式，引进中小型食品加工企业入驻园区，提高产业关联度。立足园区发展方向，培育和引进一批大企业，推进优势资源向优势产业聚集，优势企业向园区聚集，优势产品向优势品牌聚集，形成并做强、做大优势产业集群。例如，大理娃哈哈食品有限公司、大理娃哈哈饮料有限公司主要从事娃哈哈产品的生产加工，主要产品为纯净水、AD 钙奶、营养快线等，每年完成工业总产值达到 3 亿—4 亿元，上缴税收 2000 多万元，吸收当地劳动力 300 余人次就业。云南下关沱茶（集团）股份有限公司扩建 3 万吨精制茶生产项目入驻园区将于 2017 年投产；大理鼎东健康科技发展有限公司"年产5000吨'洱之源'植物饮料生产项目"已经建成投产，促进蓝莓、葛根等农产品的精深加工，提高了产品附加值。

### 三 培育产业集群

美国经济学家迈克尔·波特1990年在《国家竞争优势》一书中正式提出"产业集群"概念。其内涵是指一群具有交互关联的企业及相关支撑机构，以彼此共通性和互补性聚集成群而不断提升企业及产业整体竞争力的现象及过程。[①] 产业集群能够密切企业协作，给企业和当地带来显著的互补效应、创新效应和竞争优势，是提升产业竞争力的重要区域发展战略。银桥镇绿色食品园区围绕培育绿色食品加工产业，建设集群型专业园区，通过市场聚集、资金聚集、人才聚集，推进企业集群发展，逐渐形成以娃哈哈等骨干企业为核心，大、中、小企业高度分工与密切协作的一体化生产经营体系。一方面，积极培育和引进关联性大、带动力强的大企业大集团，发挥其辐射、示范、信息扩散和销售网络的产业集聚带动效应，加强与中小企业的前、后项关联，逐步衍生或吸收更多关联企业集聚；另一方面，通过财政、融资、人才等政策，鼓励本地中小企业围绕区域内大型企业开展深层次协作，以其小而专、小而精的优势为大企业提供强有力的配套服务，增强中小企业对大企业先进技术的吸纳能力，促进信息、资源等生产要素在各类企业之间相互流动，构筑起富有区域竞争力的产业集群。通过合理规划工业园区的产业功能区，实现绿色食品加工产业集聚和产业链的合理延续，促进银桥绿色食品园区内企业基础设施、服务设施、市场网络、公共信息等资源共享。有效吸引同类和相关企业进园设厂，形成生产环节的社会化、专业化分工，企业间的专业协作和相互配套，实现资本、技术、人才等生产要素的优化配置，引导第二、第三产业合理集聚，提高集约化程度。

---

① [美] 迈克尔·波特：《国家竞争优势》，高登第、李明轩译，中信出版社2003年版，第208—221页。

# 第三节　旅游资源与旅游服务业发展

现代旅游业作为国民经济的新兴产业，其健康发展既依赖对游客具有吸引力的旅游资源，也离不开良好的交通、供电、供水、通信、城市基础设施和良好的经济社会发展环境和条件。旅游产业是大理市的传统支柱产业，但是，在现代旅游业的转型发展中，大理市旅游业迎来了新的机遇和挑战。尽管银桥镇位于大理市苍山洱海国家级风景名胜区的腹地，但是，与周边的大理古城、喜洲古镇、双廊古渔村相比，旅游业发展起步较晚，旅游资源的开发利用和旅游业发展均有很大的空间。

## 一　银桥镇的旅游资源

旅游资源作为客观存在的实在物，在没有旅游活动之前已经存在。旅游资源既有单一性又有复合性，包括自然界的一切事物、人类社会的历史与文化及未来的宇宙空间万物。旅游资源与其他资源的不同之处在于它具有吸引功能，促使游客产生旅游动机。旅游资源可以转化为旅游吸引物，只是必须将其转化为旅游产品才能出售给游客，从而为旅游业所利用，进而产生经济效益、社会效益和环境效益。旅游资源是构成旅游产品的核心要素，旅游产品的诸多特征是由旅游资源的特征所影响和决定的。旅游资源是旅游业发展必不可少的物质基础和依托条件。[1] 银桥镇尽管国土面积仅有 69.87 平方千米，但是，旅游资源种类丰富，而且品质高，具有深厚的历史文化底蕴、独特的民族民俗风情，天赋的自然生态景观、良好的区位辐射功能，达到了"山水田园、名胜古迹、民族风情"的有机组合，旅游业发展潜力巨大。

### （一）山水

银桥镇境内有苍山 19 座山峰中的 4 座山峰（雪人峰、兰峰、三

---

[1] 朱桂凤：《旅游资源概论》，上海人民出版社、格致出版社 2011 年版，第 2—3 页。

阳峰、鹤云峰），苍山 18 条溪中的 5 条溪（隐仙溪、白石溪、双鸳溪、灵泉溪、锦溪），而且苍山三阳峰顶还有第四季冰期形成的三个冰斗湖：黑龙潭、黄龙潭、双龙潭。银桥镇位居大理坝子正中央，跨苍山洱海中轴线上的特殊地理位置，成为平分上关与下关、喜洲古城与大理古城、龙首关与龙尾关的中心集镇，被誉为"平分百二"馥秀地。

（二）石木

苍山是国际大理石地质命名地。银桥镇被誉为"大理石之乡"。银桥镇大理石的开产，至今已有 1500 多年的历史。大理石名扬天下，其称谓很多：除了因石出自苍山而名"点苍石"以外，还因有"凉生肘腑间"质感，而被诗客称为"醒酒石"；因有"凤凰玉女点石"的传说，而被民间叫作"凤凰石"；因被官家征用上贡，故称"贡石"；因民间用于柱础，故称"础石"。宋代大理国建立之后，最终称为"大理石"。世界所产的大理石又以云南大理银桥为最美最奇。银桥镇出产的天然大理石与社会、文化和艺术如此密切而自然地相联系，是世界其他地区所不可比拟的。

苍山在国际上被誉为"杜鹃花的故乡"。苍山的杜鹃花属植物达到 44 种。大理是中国兰花驯化、培育、栽培中心。明初大理国王后裔、元末大理路第八代世袭总管段功之长女段宝姬倾其所有，在兰峰下双鸳溪北的无为寺建盖了"兰苑"，命名为"龙渊庵"。段宝姬在"兰苑"栽种名兰百种，并在龙渊庵内整理写成了大理历史上的第一部描写兰花的著作——《南中幽芳录》。2001 年，在大理举行的第十三届中国兰博会上，大理的一苗宽叶荷瓣素——"雪人"，获得金奖。2003 年，经过多位资深养兰专家的共同评论与考证，决定将"雪人"更名为"宝姬"。2007 年 3 月 21 日，中国兰花协会终于通过了更名申请，正式颁发了《中国兰花品种登记注册证》。

（三）古城

一方面，银桥镇毗邻国家级历史文化名城——大理古城，可以充分发挥大理古城对银桥镇发展的辐射带动效应；另一方面，银桥镇境内还有"三阳城"遗址。三羊城遗址位于苍山三阳峰麓，灵泉溪南岸，始筑于唐代（南诏）时期，为单道防御性夯实土城墙，也称"长城"，民间称为"西国干城"。三羊城距上关（龙首关）、下关（龙尾关）各五十里，是"百二山河"的分界点，在苍山洱海的中分线上，2013 年晋升为州级文物保护单位。

（四）伟人

元世祖忽必烈"元跨革囊"平大理国在银桥镇无为寺留下了驻跸台。公元 1252 年，忽必烈自率 10 万骁骑为中路军，渡大渡河后西折南下，对大理采用"攻心为上"的策略，悄悄调集军队藏匿于苍山丛林。中和寺曾充任忽必烈攻大理城时的中军帐，而再往北的无为寺内有忽必烈的"驻跸台"（帝王出行停留暂住的地方）。银桥镇白族人民本主信仰中尊封元世祖忽必烈为"殖民皇帝"。为了纪念这位安邦定国、稳定边疆做出不朽贡献的炎黄英烈，银桥镇头铺村将其奉为本主。历代隆兴土木，将建盖庙宇供奉，并以长联歌颂："北方都督东亚信榜超群俊；世祖先帝西域灵泉居庙堂"。

银桥镇是周保中将军出生地。抗日民族英雄周保中将军原名奚李元，白族，1902 年 2 月 7 日出生于银桥村委会上银自然村一个贫寒的白族家庭（旧居住地就在北充村文昌宫后面）。

（五）寺庙

银桥镇境内的无为寺是南诏大理国的皇家寺庙。无为寺位于苍山兰峰东麓，始建于唐南诏时期，因推无为即有为理念，兼为皇家寺庙。大理国时曾有段思英、段素隆等八位皇族在此出家修行。据统计，80 多个国家的信众来此修行学艺，传习无为功夫，2013 年晋升为州级文物保护单位。

（六）建筑

修建三塔的古塔桥。大理三塔中千寻塔始建于唐文宗开成元年（836 年），在建千寻塔前银桥村名为同春里，千寻塔施工采取"推土建塔"和"挖土现塔"办法，运输道至银桥地界。塔建成后，才将村名"同春里"改为"塔桥村"，至今古寨门还镌刻三个大字"古塔桥"。

珠联阁。大理四大名阁中唯一保存完整的一座楼阁。珠联阁位于北磻村，建于光绪二十年（1894），其设计与建筑出自亭阁大师韩珠之手，是现存洱海西岸唯一眺望洱海的阁楼，2016 年晋升为州级文物保护单位。

银桥乡土建筑。银桥镇传统建筑是洱海流域白族先民创造传承的土著建筑文化。"石头砌墙不倒"的"一颗印""三坊一照壁""四合五天井"古民居，是白族居民"没有建筑师的建筑"精品杰作，具有鲜明的地域性、民族性、艺术性、实用性和濒危性，具有较高的保护、研究、挖掘价值。

## 二 银桥镇旅游业的发展理念

银桥镇位于享誉海内外的旅游胜地大理苍洱核心旅游圈，开放程度高，客观要求在谋划旅游业发展中要主动运用国际视野来寻求准确定位，把握自身发展命运、制定自身发展战略。按照把大理市建设成为"国际一流旅游城市"的目标，用世界眼光谋划银桥镇旅游业发展，有利于引导干部群众增强全局观念、包容心态、国际竞争意识、国际规则意识，并以国际标准提升发展质量，以本土优势彰显特色，实现"本土特质"和"世界眼光"的有机结合。银桥镇以苍洱田园风光为空间载体，以民族文化和乡土建筑为基调，以高端休闲旅游和文化创意产业为发展动力，打造田园城镇新模式，搭建创意智慧新平台，营造田园牧歌新生活，树立城乡统筹新样板，打造成为一个承接历史、面向未来的特色休闲城镇。

## 三 银桥镇旅游业的发展措施

在推进产业发展进程中，坚持以规划为依据，以制度创新为动力，以功能培育为基础，以加强管理为保证，研究制定科学合理的规划。通过编制银桥镇总体规划、村庄和集镇规划以及土地利用规划等，合理引导城镇化发展的规模、速度、节奏，优化结构和布局。按照城乡统筹、合理布局、节约土地、集约发展、先规划后建设的原则，积极培育旅游业，促进生态、生活、生产、空间与文化的和谐发展。

（一）引进世界知名品牌

银桥镇深入挖掘民族历史文化和苍洱田园风光资源，引进世界五百强企业、世界知名的华资跨国财团、印度尼西亚的力宝集团到银桥镇投资建设大理力宝国际医疗养生度假酒店项目——"卡娜洼其奢华养身旅游度假酒店"，积极发展休闲、康体、度假、养生旅游区。大理力宝国际医疗养生旅游度假酒店项目是云南省确定的一百个重点项目之一，是大理州政府和大理市政府重点旅游发展项目。项目选址位于无为寺山门东侧，南阳自然村西侧，双鸳溪以北，白石溪以南。2011 年签署了投资协议，项目总投资 13.5 亿元，项目总用地 300 亩。目前已经累计完成投资 7 亿元，正在实施建设与苍洱景观协调一致、依山就势的五星级高端休闲度假酒店，含国际医疗康体中心、现代中心养生馆、运动休闲中心、绿色餐饮服务中心等。项目建成后，将有效推动银桥镇乃至大理市旅游业的转型升级。

（二）规范发展客栈餐饮业

银桥镇在"保护洱海、保护海西"中挖掘"宁静自然、山水景色、农耕文化、人文环境"的自然景观资源和历史文化资源，在提升饮食特色和住宿水准、服务质量、休闲体验度假、宁静古朴生态等乡村旅游关键环节上下功夫，打造上档次、上规模、创特色、塑品牌的产业链，全面推动乡村旅游业规范化发展，打造"生态农业乡村民居旅游区"。针对洱海流域经营户发展中存在的无序发展、违法经营、无证经营等问题，银桥镇以加强国土、规划、建设、洱管、环保管理为重点，涵盖交通、工商、税务、消防、旅游管理等内容，以坚决的态度、管用的措施、果断的行动，严控洱海环保排污，严管国土规划建设，严打违法违规经营行为，严抓行业自律管理，构建严格的市场准入标准，形成常态化的监督检查和管理机制。围绕保护生态和保障发展，采取"规划引领、疏堵结合、依法行政"的手段，结合村庄规划，合理布局经营户和配套设施，避免盲目建设、无序竞争，促进餐饮客栈业健康有序发展。目前，银桥镇餐饮经营户达 87 户，客栈经营户达 100 户。临海客栈经营管理日益规范，云水小筑等 5 家客栈2016 年荣获大理州"最美客栈"称号。

（三）生态农业和旅游业融合发展

通过编制《银桥镇现代农业发展规划》，明确"突出发展生态有机农业"一条主线，实现"加快土地流转和转变农业经营方式"两个创新，实施"品牌营销"、"三产"融合、"农业经营主体创新"三大策略，打响"生态、有机、健康、休闲"四张名片，着力实施"生态环境保护工程、有机农业产业示范基地及园区建设工程、农产品质量保障体系建设工程、市场体系建设工程、休闲观光农业示范工程"五类工程，构建"花（玫瑰、薰衣草、牡丹）、果（蓝莓、樱桃、车厘子）、树（苗木）、菜（无公害蔬菜）、米（有机水稻）、茶（苍山绿茶、沱茶）"六大产业，打造休闲农业"四季景观"：春天是田园之恋——"问花·识香"，夏天是采摘之乐——"蓝莓·樱桃"，秋天是收获之乐——"稻田·制米"，冬天是紫色之诱——"薰衣草·迷恋"。将生态农业景观和产品作为旅游资源进行投入，吸引游客，并为游客提供服务，有效促进农村农业和旅游业的融合发展。

## 第四节　外部性视角的产业融合发展

从发展空间上看，乡村旅游与城镇化的地域载体是一致的，从内洽逻辑上看，新型城镇化与乡村旅游在理念、机理和机制上也是吻合的，这就为二者互动发展奠定了基础。乡村旅游嵌入新型城镇化发展是指在不打破新型城镇化中心体系的前提下，将乡村旅游嵌入新型城镇化进程中，在发展中关注二者的整合、辅助和控制功能，营造二者协同互进的共生氛围。[1]

在推进新型城镇化进程中，发展乡村旅游的重要途径是促进产业协同融合发展。现代农业和旅游业协同发展是农村经济社会可持续发展的必然要求，也是新型城镇化的关键环节。银桥镇位于苍山洱海国家级风景名胜区的腹地。苍山洱海风景名胜区，是国务院 1982 年公布的第一批国家级风景名胜区，主要以雄浑的高原山水大观、重要的

---

[1]　何一飞、李丰生、曹世武：《乡村旅游发展新出路：基于新型城镇化平台的嵌入式发展》，《理论导刊》2015 年第 9 期，第 73 页。

冰川地貌遗迹、突出的生物多样性、罕见的南诏大理古迹、丰富的地方民族风情以及山海之间自然与人文完美结合的田园风光为特色，以科研科普、游览休闲、教育启智功能为主的高原湖泊风景区。[①] 随着洱海水环境保护与治理工作的深入开展，银桥镇的产业发展以控污减排为约束，以生态产业为主导，大力发展现代农业和旅游业。在省级现代农业示范园区与国家级风景名胜区相互交织的情形下，银桥镇现代农业与旅游业在同一区域共同发展，存在复杂的外部性问题。银桥的现代农业对旅游业发展产生了营造田园景观、改善生态环境、提供人力资源、丰富旅游产品、提供公共设施等正外部性，促进了旅游业快速发展。而旅游业对现代农业发展产生了助推生产成本、加重环境负担、增大规划难度、挤占农业公共资源等负外部性，制约了现代农业的健康发展。因此，探索外部性的形成机理，构建外部性内部化的机制，对实现现代农业和乡村旅游业的融合互动与协同发展至关重要。只有充分认识现代农业与旅游业发展的外部性作用机理，探索构建产业外部性内部化的长效机制，通过补偿正外部性和矫正负外部性，才能促进产业的融合互动与协同发展。

## 一　外部性与产业外部性

自从 1890 年马歇尔提出内部经济和外部经济的概念以来，外部性成了经济学研究中一个经久不衰的话题。我国在建立完善社会主义市场经济的进程中面临着外部性导致市场配置资源失灵的问题。正外部性导致资源配置不足，而负外部性则导致资源的过度配置，只有构建解决外部性问题的机制，才能高效配置资源。

### （一）外部性

外部性是一个有争议的概念。自庇古在社会和私人纯产品的差异分析中隐含了外部性概念[②]以后，许多学者在 20 世纪 50—70 年代展

---

① 罗明义、田里、杜靖川、许南垣：《民族地区旅游产业发展研究——大理白族自治州旅游产业发展战略及综合改革试点规划》，云南大学出版社 2011 年版，第 173 页。

② Pigou, A. C., 1960, *The Economics of Welfare*, 4th ed., New York, NY: Macmillan and Co., Ltd..

开了对外部性问题的集中研究。① 而自科斯的《联邦通讯委员会》②
发表以来，产权与外部性之间的关联一直是经济学家讨论的话题。然
而，这种关联的结构和传动机制是什么，迄今未见详尽的论述。

大多数新制度经济学家认为产权与外部性之间具有广泛联系。其
中有人认为外部性与产权之间具有因果关系。德姆塞茨在《关于产权
的理论》③ 一文中用例证证明了这种关系。而合约经济学家的研究结
果则表明，在合约不完全时外部性会出现④。巴泽尔认为，由于产权
的完全界定需要很高成本，故产权永远不会是完全界定的。⑤ 循着这
个思路，Antonio 认为，资源用途的不完全产权导致了外部性的出
现。⑥ 这些论断给出了产权为"因"、外部性为"果"的产权与外部
性之间的因果关系。⑦

当一个人的行为产生外部性以后，思考他是否有权实施该外部性
是科斯采用市场方式解决外部性问题的一个必要前提。⑧ 科斯在《社

---

① Meade, J. M., 1952, External Economics and Diseconomics in a Competitive Situation, *The Economic Journal*, Vol. 62, No. 245, pp. 54 – 67; Coase, R. H., The Problem of Social Cost, 1960, *Journal of Law and Economics*, Vol. 3, pp. 1 – 44; Davis, O. A. and Whinston, A., 1962, Externalities, Welfare, and the Theory of Games, *Journal of Political Economics*, Vol. 70, No. 3, pp. 241 – 262; Buchanan J. M., 1965, An Economic Theory of Clubs, *Economica*, Vol. 32, No. 125, pp. 1 – 14; Demsetz, H., 1971, Theoretical Efficiency in Pollution Control: Comment on Comments, *Western Econ. J.*, Vol. 9, No. 4, pp. 444 – 446.

② Coase, R. H., The Federal Communications Commission, 1959, *Journal of Law and Economics*, Vol. 2, pp. 1 – 40.

③ Demsetz, H., 1967, Toward a Theory of Property Rights, *American Economic Review*, Vol. 57, pp. 347 – 359.

④ Grossman, Sanford J. and Hart, Oliver D., 1986, The Costs and Benefits of Ownership: A Theory of Vertical and Lateral Integration, *Journal of Political Economy*, Vol. 94, No. 4, pp. 691 – 719; Hart, O., and Moore, J., 1990, Property Rights and the Nature of the Firm, *Journal of Political Economy*, Vol. 98, No. 6, pp. 1119 – 1158.

⑤ 巴泽尔：《产权的经济分析》，费方城等译，上海三联书店1997年版，第88页。

⑥ Antonio, N., Matteo, R. and Alessandra, M., 2007, Towards a Theory of Incomplete Property Rights, American Law & Economics Association Annual Meetings.

⑦ 同时，Antonio 等也认识到产权与外部性的关系似乎并不如此简单，而具有一种复杂的共同演进的关系。

⑧ 在外部性出现以后，或许会存在一个新的产权安排问题。如果不采用市场方式解决外部性问题，而是由政府对施害者直接进行处罚，则意味着行为者一开始便没有实施外部性的权利，因此，也不会有新的产权出现。

会成本问题》一文中运用案例反复论证的一个观点是，通过界定产权而不是通过对施害者的处罚或许能更好地解决外部性问题。科斯外部性问题的解决方案中似乎暗含了该问题的原因——产权不清晰，而其解决结果似乎又表明：外部性引致了新的产权安排。

对先前已经论及的许多经济活动的外部性和众多外部性的分类，张五常认为，相关理论太多只会造成混乱，"如果'外部性'限于那些经济上很重要，但其行为权利没有清晰界定，因而并不在市场上交易的效应，那么，它就非常模糊不清了"。所以，"我打算完全放弃这个概念"。[①]

然而，张五常的看法并没有影响其他经济学家对外部性问题的探究。一批经济学家依然在探讨外部性问题以及产权与外部性的关系。[②]

当然，在产权与外部性的概念没有共识的情况下，众多的产权或外部性文献的结论只能是各抒己见。而各家之言的冲突、叠合使产权和外部性的关系更为复杂。因此，蒂博尔·希托夫斯基（Tibor Scitovsky）把外部性概念看作是经济学文献中最难捉摸的概念之一。[③]

外部性作为一个经济主体的活动对其他经济主体的外部影响，这种影响并不是在有关各方以价格为基础的交换中发生的，因此其影响是外在的。这些外在的影响如果处理不好，则会对经济效率产生重大

① Cheung, S. , 1970, The Structure of a Contract and the Theory of a Non – Exclusive Resource, *Journal of Law and Economics*, Vol. 13, No. 1, pp. 49 – 70.

② Dahlman, C. , 1979, The Problem of Externality, *Journal of Law and Economics*, Vol. 22, No. 1, pp. 141 – 162; Dennis W. Carlton and Glenn C. Loury, 1990, The Limitations of Pigouvian Taxes as a Long – Run Remedy for Externalities, *The Quarterly Journal of Economics*, Vol. 95, No. 3, pp. 559 – 566; Greenwald, B. C. , and Stiglitz, J. E. , 1986, Externalities in Economies with Imperfect Information and Incomplete Markets, *The Quarterly Journal of Economics*, Vol. 101, pp. 229 – 264; Danny and Eyal, 2005, Can Co – Owners Agree to Disagree? A Theoretical Examination of Voting Rules in Co – Ownerships, *The Journal of Real Estate Finance and Economics*, Vol. 31, No. 2, pp. 207 – 223; Grossman, Sanford J. and Hart, Oliver D. , 1986, The Costs and Benefits of Ownership: A Theory of Vertical and Lateral Integration, *Journal of Political Economy*, Vol. 94, No. 4, pp. 691 – 719; Hart, O. , and Moore, J. , 1990, Property Rights and the Nature of the Firm, *Journal of Political Economy*, Vol. 98, No. 6, pp. 1119 – 1158.

③ Tibor Scitovsky, Two Concepts of External Economies, *The Journal of Political Economy*, 1954 (2), pp. 143 – 151.

的影响。外部性可以根据影响分为正外部性和负外部性。正外部性是指一个经济主体的经济活动导致其他经济主体获得的额外经济利益，也称外部收益。负外部性是指一个经济主体的经济活动导致其他经济主体蒙受的额外经济损失，也称外部成本。[①] 由于产业技术特征、市场地位、生产过程、外部条件等的不同，有些产业（行业）容易成本外部化，有些产业（行业）容易收益外部化，经济外部化的过程呈现出比较突出的产业（行业）差异。同时，由于政府强制性政策、区域资源禀赋及地理区位等原因造成的区域发展的不均衡，也在经济外部化的过程中表现出不同的特征。[②]

（二）产业外部性

从外部性的一般表现形式来看，主要分为产业外部性、地理外部性与时间外部性。[③] 产业外部性主要从一定区域范围内来考察一个产业经济活动对本地区相关产业发展带来的影响。产业外部性的存在意味着企业的产出不仅是自身投入生产要素的函数，而且是所在区域产业或整个区域经济环境的函数。在投入要素一定的情况下，企业的产出会随着这些外部环境的结构、数量、空间分布变化而改变。

外部性理论能够在学理层面上更加科学地解释产业发展过程中遇到的种种问题，尤其是不同产业之间的相互影响关系等。外部性的存在会影响市场机制配置资源的有效性，使实际经济效率偏离帕累托最优。在产业外部性的视角下，一种产业经济主体在从事一项经济活动时，其私人成本（或收益）与社会成本（或收益）并不一致，必然导致资源低效配置，难以达到帕累托最优状态。具有负外部性的产业经济主体从事经济活动，社会为其支付了部分成本，导致其实际支出的成本会小于所造成的全部成本。在这种情况下，经济主体在决策时

---

① 韦苇、杨卫军：《农业的外部性及补偿研究》，《西北大学学报》2004 年第 1 期。

② 石声萍：《经济外部性问题研究：机理及案例》，中国农业出版社 2013 年版，第 63 页。

③ Rosenthal, S., Strange, W., 2004, "Evidence on the Nature and Sources of Agglomeration Economics", in: V. Henderson, J. Thisse (eds.), *Handbook of Regional and Urban Economics* IV, pp. 2119 – 2171.

根据私人边际成本与其边际收益相均等的原理配置资源，会导致资源配置过度；反之亦然。具有正外部性的产业经济主体从事经济活动，社会从该主体的经济活动中免费得到了部分利益，导致经济活动带来的全部收益将大于该主体本身获得的收益。在这种情况下，经济主体在决策时根据私人边际成本与私人边际收益相均等的原理配置资源，会引起资源配置不足。由此可见，产业发展中只要存在外部性，都会导致资源的低效率配置，难以达到帕累托最优的产业协调发展状态。

就银桥镇发展的两个产业相互关系而言，旅游业对现代农业发展主要体现为成本外部性，制约了现代农业的健康发展；现代农业对旅游业发展主要体现为收益外部性，为旅游业快速发展提供了条件。由此，导致了银桥镇旅游业发展呈现投资少、见效快、收益大的特征；相对而言，现代农业发展呈现投资大、周期长、收益小的特征。因此，只有采取切实有效的机制创新和有力措施将产业外部性内部化，对旅游业的负外部性应予以矫正，对农业的正外部性应予以补偿，从而促进区域产业协调发展。

## 二　现代农业的外部性

现代农业是以保障农产品供给、增加农民收入、促进可持续发展为目标，以提高劳动生产率、资源产出率和商品率为途径，以现代科技和装备为支撑，在家庭经营基础上，在市场机制与政府调控的综合作用下，农工贸紧密衔接，产销融为一体，多元化的产业形态和多功能的产业体系。农业生产是利用生物有机体的生命运动，将外界环境中的物质和能量转化为各种动植物产品的活动。农业生产具有波动性、地域性、综合性、资源有限性和产品特殊性等特征。[①]

农业由于对资源环境依赖程度高、生产周期长、抵御自然灾害的能力低下，同时农产品市场是近乎完全竞争市场结构，需求弹性小、供给弹性大的市场特点，决定了农业的弱质性和收益溢出效应。为积极发展"丰富多样、生态环保、安全优质、四季飘香"的高原特色农业，银桥镇立足苍山洱海国家级风景名胜区的地域特色转变现代农业

---

[①]　王冀川：《现代农业概论》，中国农业科学技术出版社 2012 年版，第 3 页。

发展方式，推动农业现代化、产业化、规模化、标准化和集约化，打造发展科技型、生态型、特色型、休闲型、高效型一体化的现代农业。为实现"土地向种田大户集中"，积极引进和培育龙头企业，扶持农民专业合作社快速发展。为适应市场经济发展和推进现代农业建设的需要，坚持"依法、自愿、有偿"原则，在不改变土地集体所有权性质、不改变土地用途、不损害农民土地承包权益的前提下，积极推进土地经营权流转工作，探索了转包、转让、合作社统一经营、龙头企业集中管理等多种形式，推动土地经营权流转，促进农业规模经营，提高土地经营效益。银桥镇按照"在发展中保护，在保护中发展，以保护促发展"的理念，走生态路，打有机牌，积极发展低污染、高效益的现代农业。目前，全镇已经有"好宝"有机大米、"良道"有机大米两个产品获有机认证，"榆红"玫瑰、"天锡"蓝莓、"金苍银洱"、"奥之蓝"蓝莓4个产品获无公害认证。银桥镇现代农业逐步实现从分散低效的传统农业向规模化、集约化的现代农业转变，推进了农业结构调整，加快了农村劳动力转移，加速了农业实用技术推广，提升了农业综合生产能力，也为旅游业提供了正外部性，促进了旅游业快速发展。

（一）营造了田园景观

农业除了为国民经济发展提供产品、积累资本等贡献外，还具有植被国土、涵养水源、改良土壤、净化空气、美化环境和提供各种可再生的生物资源等多种功效。这些功效可以说是农业独有的，也可以说是农业为国民经济和社会发展所做出的特殊贡献。[①]

生态环境及景观功能也是一种公共物品，银桥镇现代农业发展提供了这类公共物品，使其成为生态旅游的重要景观。生态旅游是到具有优美自然景观和厚重历史文化遗迹的自然界，欣赏和了解目的地的自然和社会文化的旅游活动。[②]

---

① 韦苇、杨卫军：《农业的外部性及补偿研究》，《西北大学学报》2004 年第 1 期，第149 页。

② Sirakaya, E., Sasidharan, V., Redefining Ecotourism: The Need for a Supply - side View, *Journal of Travel Research*, 1999, Vol. 38, No. 2, pp. 168 - 173.

银桥镇现代农业发展为生态旅游发展无偿提供了绿洲、湿地、湖泊、耕地、花田等景观。它们对净化空气、保护植被、防止水土流失等都起到了积极作用，旅游参与者也因此无偿获益。银桥镇现代农业发展促进了农业资源持续高效利用，生态环境显著改善，与自然环境、农耕文化、本土农民、白族风情、农业产品等共同为生态旅游发展营造了"山水多姿、文化多彩、民族多情、物产多样"的田园景观，彰显了显著的经济效益、社会效益、生态效益和景观效益。

（二）改善了生态环境

农业在产出农产品的同时，还产出清洁的空气和优美的环境，与生俱来具有改善生态环境的生态功能。农业的生态功能促使银桥镇现代农业示范园区成为发展休闲旅游业的重要载体。一望无垠的田园美景，吸引着越来越多的旅游者到银桥镇现代农业示范园区尽情享受"采菊东篱下，悠然见南山"的田园风光，体验田园牧歌式的旅游生活。例如，银桥镇沙栗木庄村四周被农田环绕，2014年北京景鸿投资有限公司在村庄四周流转了1000多亩土地种植薰衣草等芳香类作物，显著地改善了村庄自然景观，提升了村庄保护价值，2014年11月入选住建部、国家旅游局等七部局联合公布的第三批中国传统村落名录，有利于打造沙栗木庄旅游度假村。

（三）提供了人力资源

市场经济条件下，劳动力会充分利用就近的资源，当本地的资源不足以给他们带来满足或是本地资源无法容纳太多的劳动力的时候，劳动力便会转向更外围的空间寻求新的就业机会。[①]

银桥镇现代农业的发展，由于农户承包的农田向现代农业企业流转，导致手中无田，需要寻找就业岗位。目前，银桥镇农业企业通过流转出土地建立的规模化种植现代农业基地达8970亩，分别是现代烟草2100亩、蓝莓2100亩、无公害蔬菜1620亩、有机水稻1500亩、花卉苗圃1300亩、薰衣草200亩、玫瑰150亩。同时，由于农

---

① 田相辉、张秀生、庞玉萍：《中国农村经济发展与城乡一体化建设研究》，湖北科学技术出版社2014年版，第161页。

业龙头企业实施规模化种植和机械化作业，随着现代农业生产率的提高减少了对农业劳动力的数量需求，产生了大量的农村剩余劳动力，就地转移到旅游业寻找新的就业出路。2013 年，银桥镇农业向旅游服务业转移输出农村富余劳动力 281 人。

（四）提供了旅游产品

旅游产品是由多种实物产品和多项服务产品组成的混合物。旅游吸引物是旅游产品中最核心的成分。银桥镇现代农业营造的景观和体验氛围为旅游者提供了广泛多样性、区域独特性、群体组合性、季节变异性和可观赏性的旅游吸引物。2011 年 3 月以来，出现了环洱海村庄的乡村旅游业快速扩张趋势，大量外地的经营户纷纷进入大理，来租用或购买沿洱海周边农村居民住房，用于开办客栈、开办农家乐，用来发展乡村旅游业。它是对旅游产业发展，特别是对乡村旅游资源的占有，是对旅游资源的"购买"和"租用"，实现了资本运作，占有"社会资本"带来的公共利益。①

银桥镇现代农业发展提供了旅游吸引物，带来了许多旅游业经营户。目前，银桥镇共有餐饮、客栈经营户 187 户，其中从事餐饮业 87户，从事住宿业 100 户。莅临银桥镇的游客，通过现代农业发展以及配套的生产生活设施建设，可以体验到"游苍山洱海，赏田园风光，住自然村落，品有机食品"的旅游组合产品。

（五）建设了公共设施

城市规划区范围内的新建、改建、扩建的工程建设项目，其建设单位和个人均按规定缴纳基础设施配套费、人防费、新型墙体材料费等相关费用，专项用于城市的道路、桥梁、污水处理等基础设施和绿化、路灯、环境卫生等公共设施建设。但是，旅游业经营户使用农村宅基地用于发展乡村旅游等商业经营行为没有缴纳公共设施配套费的政策。农村的大部分公共设施由政府或村民组织建设。银桥镇现代农业是各级政府重点扶持的产业。2010—2014 年，政府奖补 6839 万元和农业企业配套缺口资金实施了农业血防、中央财政支持蔬菜产业发

① 杨复兴：《大理旅游跨越发展研究》，云南人民出版社 2013 年版，第 112—113 页。

展、水稻产业示范、特色产业扶持、土地整理、农业综合开发等项目，将银桥镇建设成为"田成方、地平整、土肥沃、旱能灌、涝能排、路相通、树成行"的高标准农田示范区。这些沟、渠、路、树等公共设施由于具有不可排他性，被旅游业发展无偿占有使用。

### 三　旅游业的外部性

旅游业是一个充满生机的新兴产业，具有系统性的特征。旅游业发展会自始至终地影响到旅游目的地的社会、经济、文化和环境等各个方面。随着大理市实施"生态为本，文化为魂"的旅游"二次创业"，银桥镇在着重打造"金水银桥、平分百二、西国干城、无为胜景"四大旅游文化名片的同时，坚持以推进农业产业化发展和改善农民生产生活条件为重点，以突出农民增收和生态和谐发展为核心，积极推进美丽乡村建设，全镇农村发展的外部环境、农业生产经营方式、农村经济社会结构、农民就业和收入结构等都发生了重大而深刻的变化，旅游业迅速成长为银桥镇农村经济发展新的增长点。但是，旅游业的外部性明显制约了银桥镇现代农业的发展。在大理苍山洱海国家级风景名胜区发展现代农业，农业生产经营的各个环节明显地受到了来自旅游业发展的负外部性影响。

#### （一）助推了地租价格

不同用途的土地产出不同，导致不同的地租价格。农业用地的产值低决定了地租低。在利益差的推动下，农村存在将农业用地向非农化建设用地转化的冲动。在农村社区兴办的乡村企业所使用的是农村建设用地，由于这些建设用地由农业用地转化而来，所以许多乡村企业一般按照农业用地的地租水平缴纳建设用地地租，从而降低了企业成本。但是，农民的利益因此受到损害。如果出租方按照建设用地收取地租就能够获得更多的收入。[1]

由于地处大理苍山洱海国家级风景名胜区，农户土地用于经营餐饮、客栈、农家乐等非农产业，尽管按照农业用地的地租水平租地建

---

① 童列春：《中国农村经济实现中的地租机制》，《农业经济问题》2013 年第 3 期，第 31 页。

设非农设施，但也可以获得远高于种植业的经营收益。对旅游经营用地需求的持续增加，最终导致了农用地租的普遍较快增长。银桥镇流转农田的年租金行情 2010 年约为 1000 元/亩，2012 年约为 1600 元/亩，2014 年高达 2000 元/亩，而且在租赁期间地租年递增率为 8%—10%，远高于周边地区的地租价格，成为现代农业规模化扩张的重要制约因素。

（二）增加了人工成本

劳动力在不同产业之间流动的重要原因在于各产业之间收入的相对差异。[①] 风景名胜区旅游业发展产生了巨大的劳动力需求，促使旅游业从业人员的个人收益明显高于从事农业生产的收益，吸引劳动力从农业转移到旅游业。随着农村劳动力在非农领域就业的发展，劳动力就业充分市场化，农业劳动力在非农领域的工资报酬是农业生产的机会成本，成为农村劳动力的一般价格。由高生产率的非农产业决定的劳动力价格水平对低生产率的农业来说，是巨大冲击。[②]

银桥镇 2014 年种植业雇用普通田间农民的价格达 100 元/天，达到当地城区的用工成本。即使这样高的成本也只能雇到基本上年龄超过 40 岁的农民，40 岁以下的当地农民基本不从事农业生产，也不熟悉农业生产，缺乏必要的种植业技能。随着非农就业工资持续上涨，银桥镇农业劳动力成本处于持续上涨状态，现代农业发展面临农业劳动力短缺和劳动力成本上升的严峻挑战。另外，旅游业的发展导致大量旅游者涌入，旅游者的增加必然导致物质需求的增加，造成旅游目的地的物价上涨，进而使居民生活成本上升和劳动力成本上升。

（三）加重了环境负担

旅游业是依托景区环境的产业。旅游消费者在市场价格既定的前提下，会追求消费效用的最大化，造成对旅游资源及其环境的过度消费。旅游开发商以市场价值最大化开发资源，导致社会必须承担的环

---

① 李悦：《产业经济学》，中国人民大学出版社 1999 年版，第 68 页。

② 殷海善、石莎、秦作霞：《劳动力成本上升对农业生产的影响》，《山西农业科学》2012 年第 9 期。

境污染、资源破坏、交通拥挤等外部成本，势必影响现代农业健康发展。银桥镇旅游服务业经营户的用电量、用水量较大，给周边农户以及现代农业发展的用电用水以及污水和生活垃圾处理造成影响。部分经营户违反《大理白族自治州洱海管理条例》规定，私自取用洱海水作为景观水池用水，导致周边农田的干湿度失衡。银桥镇村落污水处理系统处理能力是按自然村人口发展规划设计，旅游业经营户数量不断增多加大了污水处理系统处理负荷，导致一些旅游业经营户的污水未达标排放到沟渠，不仅加重了环洱海区域的环保负担，而且制约了生态有机农业的发展。

（四）提高了规划门槛

区域农业规划是区域农业发展政策制定、空间结构优化、产业结构调整和先进技术引进等的指引。在风景名胜区制定现代农业发展规划，面临诸多政策的约束，必须坚持优先保护风景名胜资源。2006 年国务院颁布新的《风景名胜区条例》规定，风景名胜区内的单位和个人应当遵守经批准的风景名胜区规划，服从规划管理。自 2012 年 3 月 28 日起，大理州规定，在洱海海西（银桥镇属于海西）布局的项目，须由大理市委、市政府报大理州委、州人民政府同意批复后方可组织实施。因此，在银桥镇布局发展的现代农业项目规划必须由大理市委、市人民政府报大理州委、州人民政府同意批复后方可组织实施，提高了农业项目规划的门槛，增加了审批环节，延长了审批耗费时间，致使许多现代农业项目难以快速顺利实施，增加了规划成本。

（五）挤占了公共资源

银桥镇是大理千年农耕文明的承载区，自古以来各种公共资源主要用于农业生产，保障农业的基础性地位。但是，由于公共资源具有消费的非排他性、消费的竞争性、外部性、产权的复杂性，导致公共资源使用中存在严重的"搭便车"倾向，容易诱发相关利益主体的短期行为，造成对公共资源的滥用。[1]

---

① 唐兵：《公共资源的特性与治理模式分析》，《重庆邮电大学学报》（社会科学版）2009 年第 1 期。

旅游者的大量涌入，给银桥镇基础设施带来压力。水、电、路等现代农业发展必需的公共资源被旅游经营者优先挤占，导致交通拥堵、用水短缺、供电紧张、污染物增加等问题。例如，客栈经营户利用抽水泵将水抽到屋顶蓄水池可以充分保障游客的用水需求，但是，造成了农田的水分达不到农作物生长发育的不同时期尤其是干旱季节对水分的需求限度等问题，严重制约了现代农业的健康发展。

## 四 外部性的原因

外部性现象是社会经济活动中各行为主体之间的非市场性相互经济关系。诱发外部性的原因主要在于市场失灵和政府失灵。银桥镇现代农业与旅游业发展过程中，经济主体在资源投入和使用过程中所带来的外部性，主要是由以下几方面的原因所致。

### （一）产权边界模糊

产权是由物的存在及关于它们的使用所引起的人们之间相互认可的行为关系，它能帮助人们进行经济交易时形成合理的预期。产权途径的实施前提是产权的明确界定，但是在现实社会中产权的界定是极其困难的，有时甚至是不可能，或者即使可能，界定成本也极其高昂以致界定产权不再有意义。在银桥镇现代农业和旅游业交互发展的经济活动中，现代农业发展提供农田景观、生态环境、农业公共设施等，由于难以将其产权界定给投资的农业企业，所以，事实上成了旅游业发展的"公共物品"，引起了"搭便车"问题。这样的外部性可以归为通过外部性表现出来的产权界定问题，解决好产权问题可以使外部性内部化。

### （二）规划管理滞后

规划作为政府的一项公共政策，可以通过控制产生外部性的因素或行为，解决土地利用中的外部性。规划可以将使用性质不相容的用地隔离开来，以控制或解决它们之间产生的外部性；也可以将使用性质相容的用地安排在一起，以更好地发挥它们之间产生的正外部性。银桥镇由于缺乏现代农业与旅游业统筹发展的总体规划，从而导致在各自为政盲目发展中产生严重的外部性。解决好规划管理问题，通过规划引领，抑制负外部性的控制因素和保障正外部性的控制因素，能够有效控制产业布局和土地使用中的外部性影响。

（三）利益关系失衡

达赫门（Dahmen）在专著《环境经济学》中认为，外部性源于经济活动的分散性，利益的分散性表现在各个层面，如邻居之间、社会集团之间、企业之间乃至地区之间各种各样的利益冲突都能直接间接地产生外部性。[①]

大理苍山洱海国家级风景名胜区是一个复杂的开放系统，旅游业发展中涉及多元化的利益主体和多样化的利益需求。不同利益主体追求的利益不同，造成了多方面的外部性问题，阻碍了区域产业的可持续发展。在银桥镇的旅游企业以经济利益为最终目标，为了获取高的投资回报，不会过多考虑旅游开发对当地环境的影响，以及对农业资源的保护和惠及农民利益。旅游企业和旅游者进入银桥镇，破坏了农民宁静的生活氛围和传统农耕文明，大部分利益都被旅游企业赚走了，农户还要承受旅游发展的外部不经济性。

（四）责任意识淡薄

大理苍山洱海国家级风景名胜区是特定历史文明的载体，具有极高的价值。可持续发展必须符合环境条件的可承受度，符合当地经济发展状况和社会道德规范。但是，由于缺乏适应于可持续发展的旅游核算体系，旅游业市场化经营严重影响了风景名胜资源的保护。银桥镇的一些旅游经营户责任意识淡薄，盲目地以牺牲社会、文化和环境为代价换取短暂的经营收益，导致了辖区内旅游资源的过度开发、农业资源的严重破坏和农田非农化使用的代际不公平等问题。短期利益驱使旅游业超负荷发展，导致农田减少和传统农耕文化消退，致使经济、社会、文化与环境不协调。

**五　外部性内部化的机制**

外部性问题由来已久，现代解决外部性问题的措施主要是在传统的解决办法的基础上发展起来的。外部性内部化要遵循以解决问题为

---

[①]　Dahmen, Z., "Environmental Control and Economic System", *The Economics of Environment*, edited by P. Bohm and A. V. Kneecs, London：MacMillian Press Ltd., 1974.

中心的原则设计政策机制。首先，对问题的外部性属性进行识别；其次，根据外部关系的主体和外部效应的大小共同决定内部化（政策）的对象；最后，由所有因素共同决定内部化的手段，以期实现交易费用的最小化。①

解决现代农业和旅游业发展的外部性问题，要按照外部性内部化的思路，探索实践市场手段、行政手段与社会治理相结合的机制，通过制度安排将经济主体活动所形成的社会收益或社会成本转化为私人收益或私人成本，消除或降低外部性的影响，使资源配置达到帕累托最优状态。

### （一）产权激励机制

产权制度是市场经济最基本的制度。产权激励是稳定、持久和有规则的。解决外部性内在化问题，关键途径在于产权制度创新。科斯1960年在论文《社会成本问题》中，阐述了这一解决外部性问题的方法，称为"科斯定理"。科斯定理指出，只要产权界定清晰，同时交易成本为零或可以被忽略，那么，外部性问题可以通过市场交易的方式自行解决。既然产权不清是产生外部性的根本原因，那么，顺理成章的结论是界定产权可以解决外部性问题——确立产权导致价格将资源引向效率。② 科斯1959年在《联邦通信委员会》一文中提出："权利的清晰界定是市场交易的基本前提。"③ 因此，要减轻外部性对银桥镇现代农业和旅游业发展的影响，必须加强产权制度的研究，按照谁投资、谁受益和谁占有、谁付费的原则，促进各类资源高效有偿使用。例如，探索建立农业景观的所有权观赏收费机制，到现代农业示范区观光、休闲的旅游者都应缴纳相应的农业资源观赏费用，收取的费用归农业景观营造者使用，从而提高农业企业打造"大地艺术"

---

① 金书秦：《流域水污染防治政策设计：外部性理论创新和应用》，冶金工业出版社2011年版，第185—186页。

② Ronald H. Coase, The Problem of Social Cost [J], *Journal of Law and Economics*, 1960, Vol. 13, pp. 1–44.

③ Ronald H. Coase, The Federal Communications Commission, *The Journal of Law and Economics*, Vol. 2, October 1959, p. 27.

式农田的积极性和经济收益。

（二）规划引领机制

规划是政府干预外部性的一项公共政策。通过对土地开发、使用的控制，间接地改变交易规则，从而导致成本和利益的再分配，以减少额外成本和利益的影响，控制市场交易中的外部性。控制性详细规划作为政府的一项公共政策，通过技术手段，控制、管理土地的开发和利用。它其实是一种土地使用权力的初始界定，以公平性原则平衡土地使用中的边际私人成本和边际社会成本，减少交易费用，控制交易中的外部性。显而易见，编制银桥镇旅游业发展规划、现代农业发展规划等多规合一的总体规划，促进各类产业科学布局是解决无序发展加剧外部性的当务之急。凭借规划对土地利用的物质性控制效用，通过土地使用控制、设施配套控制、建筑建造控制、行为活动控制，可以有效解决银桥镇辖区内产业发展之间的外部性问题。

（三）特许经营机制

在现实经济活动中，企业以自身利益为行为目标，只考虑自己所承担的成本和所得到的利益，并以此作为生产决策的依据。因此，只有政府严格控制相关企业的市场准入，才能从源头上减少对环境和相关产业的损害。银桥镇解决旅游业对现代农业的外部性问题，必须实施特许经营制度，构建严格的市场准入标准，加强国土、规划、建设、环保管理为重点，涵盖交通、工商、税务、消防、旅游管理等内容，以坚决的态度、管用的措施、果断的行动，严控洱海环保排污，严管国土规划建设，严打违法违规经营行为，严抓行业自律管理，构建严格的市场准入标准，形成常态化的监督检查和管理机制。通过符合土地利用规划、土地来源合法，才能申请办理建设工程规划许可证，严格按照审批通过的建设方案进行施工，通过竣工验收或取得房屋质量鉴定合格报告，方可办理排放污染物许可证、工商登记证、卫生许可证、税务登记证、特种行业许可证等相关经营手续，投入经营。通过实施特许经营机制，严把市场准入关，实行规范的联批制度，经过相关部门的分析论证，才能决定是否允许其经营。政府相关部门应当深入实地考察企业的建厂地点、生产流程、排放的污染物类型以及污染物处理工艺等，获得该企业关于可能带来的环境污染的信息，以此决定是否批准企业投入生产，做到防患于未然，促进旅游业健康有序发展，减少对农业发展的负外部性。

（四）生态补偿机制

生态文明建设的经济政策是应该让企业实在地看到实现生态化生产的经济理由，应当建立生态环境再生产的经济补偿机制，将生态环境的保护与经济决策完全融为一体，使经济活动的总效益与总成本融为一体。①

对污染环境的企业收税或收费是纠正外部性常用的一种方法。2014年10月，银桥镇人民政府制定实施《关于规范服务业经营户管理的意见》，按照"谁开发、谁保护，谁破坏、谁恢复，谁受益、谁补偿，谁污染、谁付费"的原则探索建立生态补偿收费机制，制定收费标准。按照经营户的经营规模，收取自来水费、污水处理费、垃圾处理费、社会治安维护费、公共设施配套费用等。收取的费用统一交给村集体，按照"取之于经营户，用之于环境综合治理"的原则，用于农村环境综合整治和扶持生态农业发展。在扶持现代农业方面，银桥镇激励推广使用有机肥，按照种植户购买有机肥价款的80%进行补贴，剩余的20%价款由补贴对象负责在购买时向有机肥销售企业一次付清。2014年，银桥镇政府共向辖区内农业种植户和龙头企业补贴发放精制有机肥2925吨。根据"政府引导、科技支撑、企业参与、农民受益"的思路和"减量化、无害化、资源化、生态化"的要求，以补贴引领种植户大力发展生态农业，开展有机肥全面施用模式，使肥料的施用结构明显改善，减少化肥使用量，降低和分解土壤中氮、磷含量，改善耕地肥力结构和土壤结构，实现农业与生态和谐发展。

（五）产业融合机制

构建银桥镇现代农业与旅游业融合发展机制的主要途径就是合并农业龙头企业和旅游企业，发展观光旅游农业。观光旅游农业兼有旅

---

① 钱易：《中国特色新型城镇化发展战略研究（第三卷）：城镇化进程中的生态环境保护与生态文明建设研究》，中国建筑工业出版社2013年版，第195页。

游业和农业两个产业的双重属性。对农业而言，增加了农业的观光旅游价值；对观光旅游业而言，扩大了观光旅游空间，丰富了观光旅游内容。[①]

通过发挥产业一体化的整体效应、规模效应、交易成本效应，可以有效克服行业分割和无序竞争对区域经济环境协调发展造成的负外部性。银桥镇将旅游业与现代农业一体化融合的载体就是建立现代农业庄园。围绕庄园农场种、养、加工主体功能区及相关配套建设，深度挖掘当地人文、民俗、历史等文化资源，把特色文化与农业庄园的主导产业发展高度融合。将现代农业资源转变为旅游资源，满足科技示范、农业生产、科普教育、参与体验、品尝采购、观赏娱乐等功能，有计划、有目的地将游客吸引到现代农业庄园内消费。

（六）道德约束机制

外部性问题从伦理学角度看，也是一个道德问题，因为它实质上是私人收益和社会收益的不相等，使一些人可以逃避和推卸责任的成本，即当使用者使用成本时，他可以不承担或不完全承担责任，而且这种成本在总产出的范围内与使用者的收益并不是相互对立的关系，而是一种非规范，甚至是同比增减的关系，这就会导致付出与收益的不对等和不公平。[②]

银桥镇旅游业经营造成了环境污染，影响了农田环境和周围农民的健康，但是经营户却获得了全部的旅游服务收益，这种损人利己的行为应当受到道德和舆论的谴责。因此，必须提升社会的道德水平，倡导和培养经营者的社会责任，使企业热心公益活动和慈善事业，在追逐利益最大化的同时不忘为社会的公共利益尽一份力，以尽量阻止负外部性行为的产生。

（七）社会治理机制

外部性问题通常导致人人都想分享收益却不愿意承担成本。如果

---

① 张天柱：《现代观光旅游农业园区规划与案例分析》，中国轻工业出版社 2013 年版，第 27 页。

② 胡元聪：《外部性问题解决的经济法进路研究》，法律出版社 2010 年版，第 121 页。

一个人采取行动来处理外部性问题，他将承担所有因此而造成的成本，而获得的收益却是所有的受体共同享有。为此，银桥镇鼓励各村委会成立客栈联盟、乡村规划建设管理促进会等相应的社会组织治理外部性问题。通过把分散的受体联合起来，建立专业化的机构，使经济主体作为一个高度组织化的统一体，齐心协力应对外部性问题。通过提高社会组织化水平，引导经济主体从无序分散走向专业集中，提高组织性和规划性。通过发挥社会组织的协调服务功能，统筹发展乡村旅游业，打造"一村一主题、一村一景观、一村一特色"的乡村旅游新格局，在现代农业与旅游业协同发展中实现经济效益、社会效益、生态效益的统一。

# 第七章　机制创新、特色城镇化与
# 生态文明建设

机制创新为特色城镇化与生态文明建设提供动力。乡镇是我国政权组织结构中最基层的组织，直接服务广大群众，集宏观、微观于一体，既是传达贯彻党的路线方针政策的执行机关，又是因地制宜、自主决策的行政机关。上级所有的工作都需要乡镇贯彻落实，工作范围包括政治、经济、文化、社会、生态和党的建设等方面，既要抓发展，又要保稳定，具有直接性、综合性、交叉性、实践性和创造性等工作特点。加强乡镇财政建设，实施乡镇财政运行机制创新，有利于转变基层政府职能和促进经济社会健康协调发展，为特色城镇化与生态文明建设提供财政支撑。实施生态补偿机制创新，为稳步推进特色城镇化与生态文明建设提供市场动力。

## 第一节　乡财县管体制下的乡镇财政运行机制

乡镇财政是我国财政体系的基础，是连接国家与农民、城市与乡村的重要桥梁，其运作状况直接关系到农村经济的发展、新型城镇化和生态文明建设、基层政权的巩固以及社会的和谐程度。乡镇财政工作是乡镇政府履行职能的基础，是政权建设和社会稳定的基石。云南省 2008 年开始实施"划分税种、核定收支、超收分成、超支不补、自求平衡"的县对乡镇财政管理体制改革以来，对统筹城乡发展、推进美丽乡村建设、深化农村综合改革、维护社会稳定、促进县域经济发展等方面产生了积极而深远的影响。但是，在实施过程中，还存在一些问题制约着基层工作的顺利开展，需要引起高度重视，在继续深化改革中切实加强乡镇财政建设。

## 一 乡财县管体制下乡镇财政运行特点

乡财县管财政预算管理方式的主要内容是"预算县编、账户统设、集中收付、采购统办、票据统管"，实质是以乡镇为独立核算主体，实行乡镇财政资金的所有权、使用权、审批权与管理权、监督权相分离，由县级财政直接管理并监督乡镇财政资金。大理市是云南省大理白族自治州的州政府驻地，下辖 10 个镇、1 个民族乡。2015 年，全市完成一般公共财政预算收入 29.19 亿元（其中税收收入 23.1 亿元、非税收入 6.09 亿元）、增长 6.02%，完成一般公共财政预算支出 46.6 亿元、增长 11.15%。银桥镇位于大理市中部，国土面积 69.87 平方千米，总人口 30873 人。2008 年实施乡财县管财政预算管理体制改革以来，银桥镇财政运行主要呈现了以下三个特点。

### （一）在收入上突出协税护税

自实施农村税费改革以来，乡镇财政收入结构发生了显著变化。在税费改革之前，乡镇均设有金库，乡镇的可支配财力乡镇领导都能统筹计划，同时村级的自主权也较大，但税费改革之后，实行乡财县管，乡镇必要的开支都要依靠县级。在云南省乡财县管财政预算管理体制中，实行"统收统支加激励"的财政管理体制，即"统收统支，收入整体上划，支出分类管理"的县对乡镇财政的管理办法。按照统收统支的方式，将乡镇作为县级的一级预算单位实行部门预算管理，乡镇所有收支编入部门预算，实行全口径预算管理。按照"收入整体上划"的要求，乡镇的地方财政收入、非税收入全部上划为县级收入。乡镇不再承担组织税收收入的职责，转变为各乡镇积极配合收入征管部门做好协税护税工作，保证财政收入及时足额入库。乡镇政府不再"出钱买税"，不再为发工资、保运转发愁。乡镇税务机构按经济区划设置，银桥镇地税收入业务归属于大理市第七分局管理，国税业务归属于大理旅游度假区国税局管理，乡镇辖区的税收收入全部上划为大理市财政总收入。全市财政总收入预算分解的年度目标任务统一下达国税、地税和市级财政部门执行，各乡镇的财政收入目标任务纳入市对乡镇经济与社会发展目标考核体系，乡镇协助税务部门征收辖区内的税收。按照市对镇的协税护税考核办法，在完成财政总收入和公共财政预算收入的前提条件下，将公共预算收入增长部分的20%作为乡镇发展经济财力奖补资金安排给乡镇使用。2015年，大理市政府下达银桥镇财政总收入3600万元、一般公共财政预算收入1410万元，全镇实际完成财政总收入4307万元，同比增长51%；一般公共财政预算收入2144万元，同比增长70.7%，按照考核办法2015年度市级财政补助银桥镇乡镇发展经济财力奖补资金178万元。

（二）在支出上注重专款专用

乡财县管财政预算管理方式把乡镇作为县（市）财政的一般预算单位管理，支出按性质分类管理。乡镇账务核算管理更加规范，乡镇财政管理水平不断提高，有效地防治了乡镇一级挪用或混用各种款项。乡镇各行政事业单位人员工资由县（市）财政统一发放，直接支付到职工账户。乡镇财政的自主性分配功能显著削弱。改革前，由于乡镇间经济发展极不平衡，多数县（市）对乡镇财政管理体制一年一定，年初根据不同乡镇的实际情况，确定乡镇收支基数和县对乡镇转移支付，超收留用部分，乡镇作为发展经济、培植财源和化解债务的重要资金来源。实施改革后，尽管县（市）制定和完善了各项配套改革的激励政策和措施，但由于县（市）财力本来就有限，除适当提高乡镇基本支出保障水平外，无力更多地向乡镇倾斜资金。经济发展水平不同的乡镇对此有了不同的看法。经济发展较好的乡镇认为，收入已全部上划县级，自主公共事务难有资金保障，进一步加快发展和协税、护税的积极性受挫；而经济相对困难的乡镇认为，基本支出有保障了，收支缺口县（市）财政兜底，如同进入了"保险箱"，因而培植财源、发展经济的主动性大幅下降。特别是随着国家支持"三农"政策力度的加大，面向基层的资金拨付和管理工作的日益增多，乡镇财政工作在职能定位和工作内容上已经由过去注重面向千家万户抓收入的"征管型"，向农民实施公共财政的"服务型"转变；由过去负责农税征管的"单纯业务型"，向落实财政政策的"综合协调型"转变；由以组织税收收入为主的"收入型"，向以管理财政资金的"收支并重型"转变。由于上级财政对乡镇财政的专项转移支付资金很多，管理好各类专项资金，确保专款专用成为乡镇财政支出管理的重点。2016 年，银桥镇财政预算安排中，仅有市级财政预算安排的 72 万元机动经费和 178 万元市对镇发展经济财力奖补资金可以由镇政府灵活安排使用，其余资金均属于有明确用途的专项资金，必须严格按照相关的资金使用管理办法专款专用。

（三）在职能上体现公共财政

乡财县管体制中，乡镇财政的职能已由原来组织收入转变到为辖区群众提供公共服务，切实管好用好财政资金，主要是负责乡镇财务收支计划、决算编制，所属单位财务核算和监督，支农资金、村级资金监管，各项涉农补贴的核定兑付等。乡镇财政所的许多工作已经从"管理"转向"服务"，从"公对公"转变为"公对私"，从向农民"收钱"变为给农民"发钱"。2016 年，银桥镇财政所发放的惠农资金总计达 1948198 元，其中：农资综合补贴 1637801 元、农作物良种补贴 281141 元、退耕还林补贴 9834 元、草原生态补贴 19422 元。银桥镇财政所依托农民补贴网络信息系统，严格按照《银桥镇财政所惠农资金发放管理工作流程》的规定，通过一卡通系统把各项强农惠农政策及资金安全、规范、及时落实发放到位，让公共财政的阳光洒向广大人民群众。

## 二 乡财县管体制下乡镇财政问题分析

乡财县管财政预算管理体制的实施，加快了公共财政均等化进程。一方面，"乡财县管"通过加强"收支两条线"管理，直接监控乡镇收入，有效地堵住收入漏洞，将有限的资金集中、规范管理，最大限度地发挥乡镇财政资金效益，促进乡镇财政的可持续发展；另一方面，"乡财县管"通过严格明确支出顺序，严格公用经费标准，可以保证工资等重点支出及时到位，规范支出行为，确保基层机构的正常运转。但是，与乡财县管财政预算管理体制相关的配套政策措施还不够完善，导致乡镇财政产生了需要深入研究和解决的新问题和新挑战。

（一）财力保障大幅下降

一方面，由于农村税费改革后，村级收入减少，多数乡镇目前还缺乏骨干财源，实施统收统支加激励的"乡财县管"改革措施后，财政分配进一步向乡镇倾斜，各种配套政策不断增加，县级债务包袱沉重，县级财力仅能满足县乡两级"吃饭和运转"的需要，县级统筹全县项目支出预算的能力十分有限，"吃饭"和建设的矛盾较为突出。另一方面，由于乡镇经济发展极不平衡，加之缺乏行之有效的协税护税改革配套政策措施，随着改革的不断深入，条件相对较好的乡镇会失去改革热情，对培植财源、发展经济和控制支出的积极性将会下降，而条件相对较差的乡镇对改革的期望值和依赖性过高，"等靠要"思想将会根深蒂固，容易造成恶性循环，县级收支压力将进一步加大。大理市财政预算 2016 年安排银桥镇基本支出中的"商品和服务支出"科目支出 207.05 万元，分别为：公用经费 20.49 万元、车辆燃修费 3.75 万元、会议费 2.27 万元、机动经费 72 万元、人大代表活动经费 4.8 万元、村委会办公费 21.6 万元、工会经费 6.48 万元、业务费 27 万元、接待费 18 万元、福利费 0.23 万元、协税互税经费 29 万元、办公费 1.43 万元。以上预算资金要保障全镇行政运行的需要已经捉襟见肘，还要应对全镇各类事务支出及不可预见的各类事件处置经费显然举步维艰。

（二）资金监管需要加强

"乡财县管"后，乡镇认为财务核算是财政的事情，很容易淡化乡镇的核算意识、管理意识、理财意识。乡镇只负责收支的具体事务，而仅靠财政所的会计对乡镇的收支情况进行核实是不现实的。这样不易了解各乡镇财政收支的真实情况，只要单据合法有效、手续齐全，就可以报销，使乡镇财务管理无法纵向到底、横向到边。特别是乡镇财政所人、财、物上划县级财政，实行垂直管理后，县级财政对乡镇财政管理"缺位"现象严重存在，这样就使财政所难以全面发挥职能职责。总之，乡镇财政是我国最基层的一级，工作涉及方方面面，特别是随着农村综合改革和中央强农、惠农、支农政策的加大，乡镇财政的作用更是举足轻重。因此，加强乡镇财政的管理势在必行。另外，支农项目资金条块下达，乡镇财政所监管难度大。部分上级财政涉农项目实行报账制，又牵扯到部门利益和行政层级问题，实质上是"下级监督上级、部门监督政府"，导致到上级各部门实行报账制的"条块"支农项目资金，乡镇财政所难以参与监管，甚至拨款依据的指标文件都很难传达到乡镇财政所，游离于乡镇财政监督之外。乡镇实施的项目资金主要是各主管部门安排的，县（市）财政局负有资金管理职责，而这职责主要由乡镇财政所具体履行。由于乡镇政府、（市）财政局、县（市）级主管部门又是乡镇财政所的上级单位，乡镇财政所对上级到位的资金使用难以切实有效地监管到位。

（三）政府债务难以化解

大理市在实施乡财县管财政预算管理方式改革过程中，根据资金所有权、使用权和财务审批权不变的原则，乡镇原有的债权债务关系不变，通过清理催收债权、承兑还债、折卖还债、划转还债、置换还债等多种措施，分类化解债务。乡镇新增债务，由大理市人民政府审批。但是，乡镇财政的债务问题由来已久。乡镇财政的债务问题也随着乡财县管财政预算管理方式改革的深入完全"显性化"。乡镇政府性债务规模较大，成因复杂，是乡镇运转困难的突出问题，乡镇财政管理方式改革后，乡镇举债权上划县级管理，乡镇不得举借新债，对改革前的债务，进行了全面清理和逐项锁定。乡财县管改革后，一方面乡镇财政收入减少，乡镇在维持乡镇政府运转的基本需要方面尚留有缺口，有可能导致新的债务出现。可见，对于原本就负债的乡镇财政，改革更是"雪上加霜"。若没有可行的解决良策，必将使乡镇财政运行更困难和乡镇债务难以化解，导致农村税费改革、乡财县管改革失去应有的意义。2016 年 5 月，银桥镇被认定的政府性债务达 123 万元，其中：银桥镇农业血防项目 62 万元、银桥镇财政所办公楼建设项目 25 万元、银桥镇骨灰堂建设项目 31 万元、银桥镇农科站建设项目 5 万元。这些借款和欠款，乡财县管前乡镇财政还可以利用各种筹款渠道逐年予以偿还。在乡财县管财政预算管理方式改革中，乡镇的全部收入上划到县级财政，乡镇必要的开支都要依靠上级财政。但是，上级财政补助给乡镇的建设项目资金多数没有足额补齐，导致了乡镇财政难以弥补的资金缺口，以拖欠项目款的形式产生了新的债务。例如：银桥镇农技推广站办公楼建设上级部门只补助了18万元项目工程建设资金，项目工程实际投资达63万元，产生的项目资金缺口成为乡镇拖欠施工方的债务。此外，突发性信访维稳、环保事件、应急救灾等不可预见支出也是造成乡镇财政运行困难和产生债务的诱因。

（四）部门预算尚未配套

按照乡财县管财政预算管理方式的要求，对增加乡（镇）村负担的事项由县级集中管理，严格清理各类达标升级和检查评比活动。但是，执行中仍有部门要求乡镇对一些事项配套经费。近年来，乡镇机构不断上划县级管理，教育、卫生、公安、司法、国土、血防等部门上划后，相应经费也上划县级财政管理，但是这些部门的工作与乡镇政府密不可分，导致乡镇必须开展工作但是配套的经费不保障到乡镇，形成了乡镇政府财力与事权严重不相匹配的问题。例如，在2015年的工作中，计生、血防、安监、妇联等部门在与乡镇政府签订的年度工作目标责任状中，都要求乡镇政府安排专项工作经费，否则影响年终工作考核，在"部门点菜、乡镇买单"中加重了乡镇财政运行的负担。

（五）村级保障仍然薄弱

大多数村委会借助村级活动场所建设的政策机遇，已新建了办公场所，完善了相应的配套设施，但是，由于上级补助资金规模小、比例低，导致实施村不同程度存在欠账情况。现行市级财政对村级的补助机制，只能基本保障村级机构正常运转，难以安排资金偿还债务。2016年，大理市财政预算安排每个行政村工作经费3万元、每个村民小组工作经费3000元。此外，村干部工作条件艰苦，待遇较低。在大理市2016年度财政预算中，村党总支书记、村委会主任"一肩挑"的岗位补贴2000元/月，村党总支书记、村委会主任不是"一肩挑"的岗位补贴1900元/月，村党总支副书记、村委会副主任岗位补贴1850元/月，村委会委员岗位补贴500元/月，村民小组长岗位补贴500元/月。村干部岗位补贴与其承担的工作任务相比，待遇偏低，难以充分调动工作积极性、主动性和创造性。

（六）自身建设亟待加强

乡镇财政所干部编制紧缺、身份复杂、结构不合理，存在"同岗不同身份"和"同工不同酬"的问题，与"三农"工作任务越来越重，管理标准越来越高的实际需求不相适应。银桥镇财政所编制有3人（其中，在职在编仅1人、借用到其他单位2人），现有工作人员6人（其中，公务员2人、事业编制3人、临时工1人），具体岗位设置为所长1名、零余额账户会计1名、零余额账户出纳1名、专项资金账户会计1名、专项资金账户出纳1名、对农补贴一卡通业务岗位1名。另外，基层财政干部在岗培训的长效机制尚未构建，财政所职工仅仅参加县级财政部门组织的短期业务培训已经难以适应新时期财政工作的要求。乡镇财政所的业务量越来越大，人员紧缺和装备落后已成为突出问题。绝大多数民生资金都要落实到户、到人，农户个人的基础数据要核实，要全部录入计算机数据库，有的补贴要张榜公示，发放前要逐户审核无误，加上"村级经费"管理，有的所还代管着其他单位的账务，乡镇财政所的工作量成倍甚至几倍、十几倍地增加，工作强度越来越大。财政所工作繁重、提拔机会少，导致优秀人才不愿到财政所工作，同时经验丰富的优秀职工跳槽情况时有发生，导致财税人员编制或人员不足，素质不高。在硬件建设方面，银桥镇财政所实施了2012年省级标准化财政所建设项目，省财政厅补助50万元，州财政局补助15万元，已经建成了占地300平方米、建筑面积600平方米的财政所（其中，设置了银桥镇便民服务中心、银桥镇综合会议室），项目总投资150万元，项目资金缺口需要整合基层政权建设资金、武装部建设资金等项目来弥补财政所建设资金缺口，导致标准化财政所建设项目成为多站所共建共用项目。

### 三 乡财县管体制下的乡镇财政建设

乡镇财政是提供"三农"公共服务的终端，是乡镇政府不可或缺的重要组成部分，是建立公共财政体系最基层的组织保障。随着工农关系、城乡关系的变化，以及社会管理方式的转变，乡镇财政肩负重任，又面临诸多新的矛盾、问题和困难，对乡镇财政建设发展带来了新机遇，也提出了新挑战。为发挥乡镇财政的功能，更好地为基层社会服务，确保党和国家的方针政策在基层得以贯彻落实，促进农村长治久安，为农村可持续发展提供必需的财力支持，加强乡镇财政管理，理顺乡镇财政管理体制，显得尤为重要。强化乡镇财政职能将成为趋势。因此，必须进一步完善乡镇财政管理体制和管理方式，在乡镇建立起适应社会主义市场经济体制和乡镇政府职能转变要求的公共财政运行机制，提高管理水平和服务质量。

（一）理顺财政管理运行机制

"财是庶政之母，政为理财之帅。"按照建立权责统一的要求，理顺现有的行政体制、财政体制，调整处理好各种利益关系。要按照"谁办事、谁负担"的原则，明确界定县（市）政府与乡（镇）政府各自的事权和支出责任，县（市）级部门不能把应由自身承担的事权转嫁给乡镇政府负担。如果调整事权，必须有相应的财力保障，实现"钱随事走、以钱养事、事多钱多、事少钱少"。进一步明确乡镇职责，合理设置机构和人员，建立乡镇偿债激励机制，对公务费、会议费、车辆经费等机构运转费用逐步提高标准，对救灾、安全、突发事件处置等支出给予支持，实行"支出定标准，超收分成，歉收补助，收支平衡，强化监管"的财政体制。取消各职能部门要求乡镇配套资金的规定，避免"上级点菜、下级埋单"，最大限度地考虑乡镇财政的利益，确保乡镇政权健康运转和有序发展。

（二）探索财政预算综合管理

按照全面、科学、客观、精细的原则，建立乡镇政府综合财政预算，要把乡镇各类资金全部纳入乡镇财政预算统一管理。深化"收支两条线"管理改革，县（市）乡（镇）所有行政性收费、罚没收入和政府性基金等全额缴入国库或财政专户，严格做到收缴、罚缴和收支分离；整合财政资源，统筹安排使用县（市）乡（镇）政府财政性资金，增强财政保障能力。通过制定统一的支出范围、统一的定额标准、统一的财务核算制度，使用统一的管理软件，进一步加强了支出管理，规范了支出行为，确保乡镇支出有据可依，财务核算规范透明，审批制度约束有力，从根本上杜绝了乡镇财务管理上的混乱现象。建立科学、规范的项目支出预算管理办法，整合部门各项专项资金，提高财政资金分配和使用的安全性、规范性和有效性，提高资金使用效益。

（三）优化财政转移支付制度

取消农业税之后加强对乡镇财政的转移支付，实现地方财力的均衡尤为重要。要在原有基础上，提高上级对乡镇财政转移支付的数量，增强乡镇财政的保障能力。特别是中央、省、州在制定相关政策时，要充分考虑乡镇政府财政的承受能力，要提高一般性转移支付的比重，增加一般性转移支付金额。专项资金应尽量下放给乡镇财政管理，尽可能通过乡镇财政所拨付，充分发挥监管资金的职能。另外，要大力推行镇、村、组财务集中统一核算制度，在账户设置、票据管理、账务处理等方面加强指导力度，充分发挥村组勤廉监督委员会的作用，规范村组财务管理，加大财务定期审计及干部离任审计制度，让基层财务管理上水平，充分发挥资金的使用效益。

（四）完善债务防范化解机制

在全面清理核实乡镇债务的基础上，制订债务偿还计划，并将偿债计划纳入乡镇财政支出预算。乡镇要通过多种方式盘活乡镇资产及资源，积极主动消化债务。加强债权债务管理，严格控制乡镇举借新债。建立债务预警机制，对乡村债务的结构、来源、用途、期限进行分类归档，建立债权债务台账和县（市）、乡（镇）、村债务监测体系和债务警戒线，及时掌握乡（镇）债务动态，监控和评估乡（镇）负债及其风险。乡镇财政支出要坚持量力而行的原则，避免盲目举债或欠账。

（五）培植财源促进增收节支

产业兴则财政兴，产业强则财政强。银桥镇以银桥镇现代农业示范区、绿色食品工业园区、休闲旅游度假区为载体，加快培育现代农业、新型工业、休闲旅游业，壮大产业规模，优化产业结构。项目是经济工作的生命线，是投融资工作的载体。银桥镇要促进年产5000吨"洱之源"植物饮料生产项目、下关沱茶集团三万吨精制茶生产项目、力宝集团（大理）卡娜洼其医疗养生度假酒店项目、福安园林滇西苗木集散基地等项目在辖区内落实加快建设，早日运行产生财税收入。同时，通过依法依规征收农村生活垃圾处理费、污水处理费、农村宅基地有偿使用费及土地收益调节金等途径拓宽筹资渠道，盘活资源，整合资金，增加可用财力，提高发展公益事业的经费保障水平。在财政支出管理方面，主动公开财政预算执行情况，强化预算约束，严格控制"三公"经费支出，切实厉行节约，精打细算用好各项财政资金，使财政收入和财政支出实现透明化、有序化、民主化和法制化。

（六）加强乡镇财政两基建设

加强财政管理基础工作和基层建设是全面推进乡镇财政现代化的重要环节。大力推行镇、村、组财务集中统一核算制度，在账户设置、票据管理、账务处理等方面加强指导力度，充分发挥村组勤廉监督委员会的作用，规范村组财务管理，加大财务定期审计及干部离任审计制度，提升基层财务管理水平。各级财政要把基层财政所建设纳入体系规划，分批逐年改善基层财政所办公条件，加大软硬件设施建设，以惠农资金安全高效便捷兑现至农户手中为服务宗旨，做好财政服务"窗口"。加强乡镇财政网络建设，促进各级财政网络畅通，实现乡镇资金"网上申报、审批、查询和拨付"的网络化管理，避免乡镇往返县城审批资金，有效降低行政成本、方便乡镇使用资金和各项惠农政策的及时兑现。通过各种方式对乡镇财政工作人员进行培训和指导，努力提高业务水平和综合素质。各级财政部门要加大对基层财政所人员的业务技能培训，以不同方式分期分批进行业务集中培训，全方位服务于基层财政人员，提升财政队伍业务技能。同时，加大对基层财政监督人员的培训，以横向到边，纵向到底的监督管理模式，做到会计、出纳工作流程有稽核，监督检查贯穿于财政管理的整个环节，确保财政资金安全有效发挥效益。通过学习培训，进一步提高乡镇财政干部队伍整体素质，培养一批政策水平高、业务能力强、工作作风硬的乡镇财政业务骨干，提高基层财政工作人员为国理财、为民服务的本领。

总之，只有按照"财力与事权相匹配"的原则，建立科学合理的县（市）乡（镇）财政管理体制和运行机制，才能保证乡镇财政预算管理方式改革进一步取得实效。通过调整和完善县（市）对乡（镇）财政管理体制，进一步科学界定乡镇的事权并保障相应的财力，切实减轻乡镇"不该管、管不了、管不好"的事务负担，才能促进乡镇政府职能的转变，使乡镇能够集中精力谋划推动乡镇经济社会发展，把有限的财政资金用于急需解决的群众生产生活困难和社会事业建设，切实提高乡镇财政公共服务水平。

# 第二节　生活垃圾资源化开发的财政扶持机制

生活垃圾是环境污染的常见因素。长期以来，洱海流域的生活垃圾长年累月填埋集聚增多，成为洱海保护治理必须破解的难题。近年来，洱海流域按照"治湖先治污、治污先治源"的思路，从根治污染源着手发展循环经济，用洱海流域的生活垃圾焚烧发电，通过生活垃圾处理资源化、减量化、无害化处理，探索出了一条生态建设产业化、产业发展生态化、经济发展与洱海保护相得益彰的科学发展路子。

## 一　扶持实施主体

大理市充分发挥财政资金和财政政策的引导激励效用，以 BOT 方式引进企业投资建设、管理和营运生活垃圾焚烧发电厂，促进企业用最小的占地面积消耗生活垃圾，产生绿色能源供生产生活使用。在政府的引导下，运用市场激励机制，已经初步形成了企业和农村经济组织积极推动洱海流域生活垃圾资源化利用的良好局面。

为实现垃圾资源化再利用，大理市把计划实施的大风坝无害化处理场和海东垃圾处理场两个项目优化整合成大理市海东垃圾焚烧发电工程项目，建设成为严格执行国家节能减排政策、保护大理市城市生态环境的重要基础设施。项目总投资约 4.2 亿元，分厂内主体工程和场外配套工程两部分。项目采用世界一流且在中国运用也是最成熟的德国马丁SITY2000焚烧发电处理工艺，装机容量12百万千瓦，生活垃圾日处理量不低于600吨，每年可发电8000万千瓦时，每天发电量1.2百万千瓦，按每天每人用3千瓦时电计算，1天可满足近4万人的用电需求。项目于2011年6月28日开始开工，2012年9月投入运行，对洱海流域垃圾分类收集清运、集中焚烧发电，实现垃圾资源化再利用。

**二　构建运行机制**

2014年1月，大理市人民政府制定实施《大理市加强农村生活垃圾收集清运管理的工作意见》。农村生活垃圾收集清运采取"户保洁、村收集、镇清运、市处理"的有偿清运模式。各农户负责自家庭院和房前屋后的垃圾清扫和卫生保洁，并将生活垃圾收集后投放到指定的地点；各村组生活垃圾收集负责人定点、定时将农户产生的生活垃圾及公共场所的垃圾收集清运到垃圾收集中转站；各镇人民政府负责把各村组收集的生活垃圾运输到垃圾压缩中转站或直接运至垃圾焚烧发电厂，由压缩中转站运营单位负责将进站生活垃圾压缩运至垃圾焚烧发电厂处理；大理市人民政府委托垃圾焚烧发电厂负责生活垃圾的"无害化、减量化、资源化"处理；垃圾焚烧发电厂运营企业对运到厂的垃圾进行过磅称重计量登记后，按照《生活垃圾焚烧污染控制标准》规定处理。从垃圾压缩中转站到垃圾焚烧处理厂的压缩转运费用，按财政、审计等部门核定的运营费用及最低保底价进行结算。

**三　制定补偿标准**

大理市按照"在发展中保护，在保护中发展，以保护促发展"的理念，通过制定监管和奖补办法，财政奖补收集清运洱海流域生活垃圾，充分利用垃圾焚烧后产生的热量进行发电，从根本上解决垃圾填埋处理难题，强化垃圾源头管理保护洱海流域生态环境。

各镇、村清运至压缩中转站的生活垃圾，由市财政按30元/吨的标准对乡镇给予补助；各镇直接清运至垃圾焚烧厂的生活垃圾，由市财政按40元/吨的标准对乡镇给予补助。企业焚烧垃圾由财政补助垃圾焚烧厂66元/吨。大理市垃圾收集清运处理按照"专业化分工、市场化运营、无害化处理、责任化管理"的总体要求，坚持"政府引导、农民主导、社会参与、及时打扫、分类收集、按时清运、日产日清"的思路，走出了农村生活垃圾收集清运处理的新路子，不仅减少了洱海面源污染，而且营造了整洁秀美的人居环境。

实践证明，财政扶持引导企业变废为宝已经成为洱海流域发展低碳经济、循环经济的一种科学发展模式，并取得了显著的生态效益、经济效益和社会效益。洱海流域农村环境卫生得到了明显改善，改变了过去房前屋后"脏、乱、臭"的问题，减少了疾病传播。生态有机肥的使用推广，减少了种植业对化学肥料的使用，从根本上缓解了氮、磷等无机物通过农业生产渠道污染洱海。畜禽粪便和生活垃圾变废为宝，得到多层次、全方位的循环利用，实现了经济与生态协调发展。

# 第三节　生态补偿机制

洱海是大理经济社会发展的重要基础，发挥着供水、调节气候、发电、旅游、养殖、航运等多种重要功能。洱海流域既是我国西部的欠发达区域，又是大理白族自治州相对比较发达的区域。流域经济总量占全州的40%—50%。[①]

因此，洱海与大理州经济社会发展是"一荣俱荣，一损俱损"的生态关系。洱海保护管理范围内的乡（镇）人民政府负责本行政区域内的洱海保护管理工作。近年来，银桥镇按照保护洱海、保护海西的要求，走"在保护中开发、在开发中保护"的路子，在环洱海乡村公路建成通车以后，秀美的自然景观和便利的交通条件吸引了大批外来投资者，以特色客栈、餐饮、农家乐等为经营主体的经营户如雨后春笋般出现，环洱海旅游度假经济迅猛发展。与此同时，生活污染急剧增加，洱海生态环境保护的压力越来越大，急切需要创新管理手段，

---

① 柯高峰：《美丽水乡洱海治理政策分析：多重约束下的政策分析》，中国社会科学出版社2014年版，第59页。

尽快建立生态补偿机制，用制度文明确保新型城镇化建设符合生态文明建设理念和生态文明行为。

## 一　生态补偿机制及其缘起

生态补偿机制是以保护生态环境、促进人与自然和谐为目的，根据生态系统服务价值、生态保护成本、发展机会成本，综合运用行政和市场手段，调整生态环境保护和建设相关各方之间利益关系的环境经济政策。1992 年，联合国《里约环境与发展宣言》以及《21 世纪议程》提出，各国在制定环境政策时，价格、市场和政府财政经济政策要发挥补充性作用，环境费用应体现在生产者和消费者的决策上，价格应反映出资源的稀缺性和全部价值，并有助于防止环境的恶化。通过一定的政策措施将生态保护的外部性内部化，让生态保护成果的受益者支付相应的费用，解决好生态产品这一特殊公共产品消费中的"搭便车"现象，保证生态产品的足额提供，激励人们从事生态保护投资并使生态资本增值。

在人类与自然之间的交互中，一方面人类的经济活动从自然界获取资源，另一方面又将废物排入自然环境。在人类社会近乎无限增长的需求面前，生态环境的承载能力已经变得十分脆弱。一方面，我国生态环境恶化的状况严重地制约了经济的可持续发展；另一方面，生态环境在城乡间、地区间、不同收入群体间产生了明显不同的影响，加剧了城乡之间、地区之间的不平衡，影响到了社会福利在不同群体之间分配的公平性。所以，建立生态补偿机制不仅能够保护受到破坏的自然资源环境，补偿生态环境受到的损失，还可以为经济发展提供支撑，实现社会公平。

近年来，我国越来越多的流域生态环境出现了明显恶化趋势，生态补偿成为促进流域生态保护、恢复和建设面临的重大课题。《中共中央关于构建社会主义和谐社会若干重大问题的决定》提出要"建立生态环境评价体系和补偿机制，强化企业和全社会节约资源、保护环境的责任。"《中共中央关于制定国民经济和社会发展第十一个五年规划的建议》和《国务院关于落实科学发展观加强环境保护的决定》中已经明确了要加快建立生态补偿机制，以切实保护自然生态环境，促进区域之间、流域之间、经济发展与生态环境之间的协调发展，将生态环境补偿作为一项重要的环境经济政策，纳入了国家发展战略。党的十七大报告中指出："实行有利于科学发展的财税制度，建立健全资源有偿使用制度和生态环境补偿机制。"2008 年修订通过并于2008 年 6 月 1 日起实施的《中华人民共和国水污染防治法》第七条规定：国家通过财政转移支付等方式，建立健全对位于饮用水水源保护区区域和江河、湖泊、水库上游地区的水环境生态保护补偿机制。《西部大开发"十二五"规划》明确，加快建立生态补偿机制，研究制定《生态补偿条例》。

党的十八报告提出，深化资源性产品价格和税费改革，建立反映市场供求和资源稀缺程度、体现生态价值和代际补偿的资源有偿使用制度和生态补偿制度。十八届三中全会通过的《中共中央关于全面深化改革若干重大问题的决定》提出，实行资源有偿使用制度和生态补偿制度。坚持使用资源付费和谁污染环境、谁破坏生态谁付费原则，逐步将资源税扩展到占用各种自然生态空间的领域。坚持谁受益、谁补偿原则，完善对重点生态功能区的生态补偿机制，推动地区间建立横向生态补偿制度。2015 年 4 月 25 日公布的《中共中央国务院关于加快推进生态文明建设的意见》提出，"健全生态保护补偿机制。科学界定生态保护者与受益者权利义务，加快形成生态损害者赔偿、受益者付费、保护者得到合理补偿的运行机制。结合深化财税体制改革，完善转移支付制度，归并和规范现有生态保护补偿渠道，加大对重点生态功能区的转移支付力度，逐步提高其基本公共服务水平。建立地区间横向生态保护补偿机制，引导生态受益地区与保护地区之间、流域上游与下游之间，通过资金补助、产业转移、人才培训、共建园区等方式实施补偿。建立独立公正的生态环境损害评估制度。"

我国在生态补偿机制的实践中虽取得了一定的进展，但仍存在很多问题。一是目前的政策都是短期政策，缺乏长期的规划。二是补偿标准不合理，特别是在退耕还林、退牧还草政策的实施中，农（牧）民的经济利益没有得到合理的补偿，造成了减收，甚至返贫的现象。三是财税政策支持力度不够，具有生态补偿性质的财政支出不足。

### 二　洱海流域对生态补偿机制的需求

保护洱海是大理州最关键的生态文明建设工程，是最重要的环境保护事业。洱海保护外部性问题的存在，会导致社会环境资源配置上的不公平与低效率，而在市场经济条件下，不能完全依靠经济主体的自觉性来实现外部不经济的内部化，最终仍然需要政府的干预。其中，最切实有效的手段就是构建生态补偿机制。

（一）区域分割导致洱海保护任务苦乐不均

流域是以水为主体的、动态的生态系统。上下游之间是密不可分的统一体，上下游之间存在关联性，如果上游排放污水、破坏植被，则下游就会饱受清洁水源缺乏之苦。反之，要保障下游的生态需求，则上游应积极地植树造林，建设湿地，修复生态，调整经济结构，转变耕作模式和消费方式，而这些涉及大量投入与损失，将降低上游地区的发展速度和居民生活水平。洱海保护治理使流域尤其是上游居民生产生活、经济发展受到了限制。保护水源的投资成本与经济发展机会的牺牲全部由上游地区独自承担，显然是违背公平原则的。洱海流域水循环系统的整体性，湖泊水系的流动性和行政区域的分割性决定了上下游之间、干支流之间、行政区域之间将长期存在复杂的水事关系，如果这种关系处理不当，将会酿成水事纠纷。如何协调流域上下游之间的关系涉及生态补偿的问题。生态补偿作为一种水源地保护的经济手段，其目的是调动水源地生态建设与保护者的积极性，促进水源保护的利益驱动机制、激励机制和协调机制的综合体。如果下游地区能够为上游分担一定的财政压力，那么上游地区就有整治污染的动力，更好地改善生产和生活方式，促进流域生态的保护和建设。因此，建立洱海流域生态补偿机制，可以理顺流域上下游间的生态关系和利益关系，促进合力治污，并能加快上游地区经济社会发展，有效保护流域上游的生态环境，从而实现全流域的社会经济可持续发展。

（二）乡村旅游业迅速发展增加了洱海保护负担

近年来，伴随着休闲度假旅游、大众旅游、自驾车旅游的兴起，洱海流域客栈经济日益发展壮大。客栈旅游适应了游客休闲体验旅游的需要，在洱海区域迅速发展。目前，洱海流域邻海亲水型客栈海景房成为消费热点，促使洱海周边客栈急剧增多。据 2015 年 5 月银桥镇辖区内的服务业经营户统计，银桥镇沿海共有餐饮经营 75 户；客栈经营户 68 户，共有客房 910 间、床位 1160 个。客栈旅游的急剧发展，给洱海生态环境的保护及客栈管理带来巨大的困惑和冲突，客栈生态休闲旅游发展现状与其本质要求之间存在较大差距，给洱海流域保护带来了挑战。因此，建立生态补偿模式是调整洱海流域生态环境保护和建设各方之间利益关系的重要环境经济政策。通过对旅游业经营户等利用洱海资源环境的行为进行收费或对保护资源环境的行为进行补偿，构建生态保护利益相关者之间的利益调节机制，从而实现洱海流域利益冲突的协调，促进流域经济、社会与生态的持续、协调、健康发展。

（三）农村宅基地用于商业经营破坏了传统村庄风貌

宅基地使用权是作为农村集体经济组织的成员，依照法律法规专门享有的在集体所有的土地上建造个人居住房屋的权利。农民对宅基地只有自己居住的使用权，土地则属于村集体所有。宅基地是"自有的土地、自用的建筑"，即只能由本集体经济组织的成员申请，用于自住，不能建商业房屋。但是，面对高额回报的诱惑，村民愿意出租房屋或宅基地，部分村民在出租以后就面临无房可住的情况，又不可能新批宅基地，只有想办法买旧院子，与别的农户交易宅基地，加大了建房管理的难度。投资人为追求利益最大化，在建筑风格和体量等方面存在超占建设的情况。在建筑风格上虽然也融入一些白族建筑元素，但是，整体的建筑形式与白族地区传统的建筑形式有较大区别，不利于白族建筑文化的传承。城市规划区范围内的新建、改建、扩建的工程建设项目，其建设单位和个人均按规定缴纳基础设施配套费、人防费、新型墙体材料费等相关费用，专项用于城市的道路、桥梁、污水处理等基础设施和绿化、路灯、环境卫生等公共设施建设。但是，农村使用宅基地用于商业经营行为却没有缴纳公共设施配套费的政策，只是在《云南省大理白族自治州村庄规划建设管理条例》第二十八条中规定，"出卖、出租和将原有住宅赠与他人或擅自改变土地用途的农户，不予批准住宅用地。"建立和完善生态补偿机制，有利于推动治理农村宅基地用于商业经营行为从以行政手段为主向综合运用法律、经济、技术和行政手段的转变，有利于推进土地资源的可持续利用，加快环境友好型社会建设，实现不同利益群体的和谐发展。

（四）政府无偿处理污水和垃圾增加了政府运行成本

长期以来，农村大多数居民都是只管各扫"门前雪"，对村庄环境卫生既无社会要求，也无义务意识。人们只管将自己屋里的生活垃圾往村头巷尾习惯丢弃的地方堆放，不管堆放后如何处理。农村垃圾处理事关百姓的生活环境和身心健康，是政府不可回避的民生问题。近年来，洱海流域积极探索环境卫生清洁模式，尤其是2014年启动了以清洁家园、清洁水源、清洁田园为主要内容的"三清洁"环境卫生整治，新建了一批垃圾收集处理设施，在一定程度上缓解了农村垃圾乱堆乱放的状况。但是，尚未从机制上彻底解决农村生活垃圾的处理问题，尤其是存在巨大的资金缺口。银桥镇2014年垃圾清运费用达78.4万元，其中，各村委会将垃圾清运至镇垃圾中转站的承包费41.9万元；镇政府支付将镇垃圾中转站垃圾清运至市政府指定垃圾处理地的承包费18.7万元；镇辖区卫生死角、公共地带零星清运费用17.8万元。但是，上级财政补贴和收取的垃圾清运费仅有65万元，其中：各村委会收取农户垃圾处置费46.1万元；市对镇补助以每吨30元、5924吨计补助17.8万元；按市政府要求由镇政府向所辖镇机关、企事业单位收取垃圾处置费1.1万元。银桥镇全年垃圾清运费用缺口达13.4万元。在当前村民收入不高、自治能力薄弱的现实情况下，不仅需要坚持政府主导的原则、科学选择垃圾的处理模式，还需要建立强有力的经费保障机制以及严格的考核管理制度，才能破解农村垃圾处理的难题。

（五）外来人口无偿占用了农村公共资源

在修建了环洱海公路后，外来人员自发投资建立乡村客栈来满足市场需求。由于环洱海乡村旅游业还没有形成统一的相应的经济、行政管理机制，政府缺乏宏观调控能力，出现规划严重滞后和市场秩序混乱等问题。经营户用电量、用水量较大，给周边农户用电用水造成影响。部分经营户违反《大理白族自治州洱海管理条例》规定，私自取用洱海水作为景观水池用水。由于目前村落污水处理系统处理能力是按自然村人口发展规划设计，若经营户数量不断增加会增大污水处理系统处理负荷。农村的大部分公共设施由村集体或村民筹资投劳建设，投资人作为外来经营者，没有出钱出力但免费享受村里的公共设施或服务，侵占了村集体和村民的利益。乡村客栈盲目建设、重复开发、环境破坏等现象，若不及时解决和科学引导，将极大地影响旅游业的可持续发展。因此，构建生态补偿机制，可以通过外来人口的用地、用水、用电以及对损害资源环境的排污等行为进行收费，构建生态保护利益相关者之间的利益调节机制，从而实现区域利益冲突的协调，促进流域经济、社会与生态的持续、协调和健康发展。

（六）生态产业发展比较脆弱

洱海流域按照"在发展中保护，在保护中发展，以保护促发展"的理念，积极发展有机农业、垃圾发电等生态环保产业。但是，由于生产成本高、投资周期长等因素，产业市场竞争力不强，盈利空间小。例如，大理市海东垃圾焚烧发电工程项目实施洱海流域的生活垃圾焚烧发电，云南顺丰生物科技肥业开发有限公司利用生物技术和生化工艺把畜禽粪便加工成有机肥，探索出了一条生态建设产业化、产业发展生态化的科学发展路子，但是面临着较高的农户生活垃圾、畜禽粪便收集清运成本。银桥镇有机水稻基地建设等无公害农业项目减少了大量施用农药化肥带来的洱海面源污染，但是高额的土地租金、劳动力成本和管理成本制约了企业的盈利空间。这些生态产业发展是洱海保护的重要措施，但是，需要政府的政策支持和项目扶持。只有通过生态补偿政策，让企业看到实现生态化经营的经济理由，而不仅仅是生态环境方面的理由；要为经济增长赋予环境内涵，消除因环境资产和服务没有赋予经济价值或者由于市场未能反映出这些经济价值而造成的曲解，最终将生态环境的保护与经济决策融为一体，使经济活动的总效益与总成本融为一体。

三　生态补偿机制构建原则

探索构建生态补偿机制要以调整相关利益主体间的环境与经济利益的分配关系为核心，以内化相关生态保护或破坏行为的外部成本为基准，以经济激励为手段，坚持"开发、保护、受益、补偿"一致性的原则，让开发经营者为其开发、利用资源环境的行为支付成本，生态服务受益者向提供优良的生态环境的保护者进行补偿。

（一）依法依规、合情合理的原则

流域生态补偿作为一种流域水环境管理新理念和可持续发展所必需的体制保障，要尽快完善相关的法律法规，解决生态补偿的法律地位，明确有关税收、财政转移支付和补偿资金筹集、调配、运作和管理等政策方面的体制机制，使生态补偿进入规范化、制度化、科学化、法制化轨道。乡镇一级，作为我国政权组织结构中最基层的组织，领导工作直接面向群众，集宏观、微观于一体，既是传达贯彻党的路线方针政策的执行机关，又是因地制宜、自主决策的行政机关，工作辐射面广，具有直接性、综合性、交叉性、实践性、创造性的特点。乡镇构建生态补偿机制必须遵循相关的法律法规，在宣传贯彻落实政策中充分尊重人民群众的首创精神，充分发挥方方面面的积极性、主动性和创造性，形成推进合力。银桥镇在贯彻落实党的方针路线和政策法规的实践中，深刻把握深化改革的精神，深入群众开展调查研究，把改革创新与解决群众实际问题有机结合起来，从群众中总结并推广经验，汲取营养，勇于改革，打破体制性弊端，解放和发展生产力，为经济发展和社会和谐注入了新的活力。

（二）受益付费、保护获偿的原则

在经济学视野中，生态环境是一种资源，既是经济活动的载体，又是重要的生产要素，而且随着经济社会发展其稀缺性日益明显，这种稀缺性体现了生态环境的经济价值。同时，生态环境保护需要投入相关的成本，会给保护者带来一定的直接或间接经济损失。然而，生态环境保护的显著特征是保护者不一定是受益者，如果生态环境保护成本不能得到相应的补偿，保护者就会丧失生态环境保护的积极性，制约生态环境保护事业的发展，导致生态环境日益恶化。建立洱海流域生态环境补偿机制能够把生态环境资源的价值通过价格体现出来，由生态环境受益者对生态环境保护者的付出代价进行经济补偿，实现利用生态环境资源创造经济价值的利益再分配。这是遵循市场经济规律的客观需要，既有利于改变生态环境受益者无偿使用生态环境资源的习惯，提高其损害生态环境行为的成本，迫使其在生产经营和生活消费活动时计算生态环境的损耗，并为降低生态环境成本而努力减少对生态环境资源的破坏、污染和占用；也有利于利用经济激励手段调动人们从事洱海保护治理的积极性，强化人们对洱海保护治理的责任感，缓解洱海流域经济社会发展与生态环境的矛盾和冲突。通过对洱海流域内所有的污染行为主体进行征收费用，将其带给社会的负外部成本内部化，从而使环境污染的私人成本接近政府治理污染的社会成本，减小以至消除生产者因污染带来的超额收益，刺激企业经营者自觉减少或消除对环境的污染。良好的生态环境本身就是生产力，保护生态本身就是生产力，科学的保护本身就是发展。受益者能够为保护治理者分担一定的成本，那么保护治理者就有动力来治理污染，改进生产生活方式，促进流域生态的保护和建设。建立生态补偿机制必须平衡好生态保护者和受益者之间的利益关系，要遵循"谁保护，谁获偿"原则，使为保护洱海付出努力的群体得到相应的回报和社会的认可，实现社会分配的公平公正。

（三）广泛参与、灵活实用的原则

自然界是一个整体，保护环境需要各部门共同努力。只有政府参与洱海流域生态服务保护和补偿是不够的，还应该鼓励中介机构、民间组织等非政府组织以及流域保护志愿者的参与和加入，并接受社会和舆论的监督，才能调动群众积极性，确保流域补偿的顺利进行。洱海由于其成因的特殊性，受汇水流域的影响较大，而且面积较平原湖泊小，水体置换周期较平原湖泊长，生态系统较为脆弱，因此洱海的保护治理必须从整个流域生态系统来考虑，仅针对湖盆就湖治湖不能解决洱海的水环境问题，应充分认识洱海湖滨湿地的组成结构特征，从源头、入湖河（溪）流、面山、湖滨、湖盆的综合治理统筹考虑。生态补偿机制不可能由一个地区或一个部门建立起来。只有建立部门联系、上下联动的综合机制，生态补偿政策才能奏效。洱海流域生态补偿的问题要打破部门、地区、行业界限，拓宽区域合作范围，通过广泛的合作才能建立有效的协调机制。流域水污染防治日益繁重艰巨的形势也充分说明，需要采取灵活管用的措施发动群众广泛参与，提高上下游地区防控水污染的自觉性和积极性。在相关部门对于环境污染监督不力的情况下，只有尽力争取相关利益方的广泛参与，以及公众的舆论和监督，才能使补偿机制的管理和运行更加规范化、民主化、透明化。乡镇构建生态补偿机制，主要的补偿措施必须机制化，补偿方式要多渠道，补偿手段要灵活。辖区内生态补偿涉及多方面的行为主体，关系错综复杂，目前还没有公认的补偿标准和方法。因此，银桥镇构建生态补偿机制应根据自身特点，结合当地的发展状况，在因地制宜探索完善中稳妥推进。

**四　洱海流域生态补偿机制的实践**

构建洱海流域生态补偿机制是一项探索性的、复杂的系统工程和实践工程，没有现成的模式可以照搬和借鉴。它涉及公共管理的各个层面和各个领域，关系复杂，头绪繁多，必须在政府的主导下，由社会多方共同参与方可推行。大理州在生态环境保护中从系统的角度出发，抓主要矛盾，遵循"量力而行、循序渐进"的思路，在实践中探索，通过多渠道筹集、鼓励"广泛参与"、加强法制建设等措施，在探索中完善，以补偿为基础，向全流域生态共建与共享转变，初步建立了洱海流域生态保护与经济社会和谐发展的多样化的生态补偿路径。

（一）地区补偿

洱海源头建立生态文明示范县。2005 年，洱源县被列为云南省农业循环经济试点县；2008 年 7 月，中共大理州委、大理州人民政府提出把洱源县建设成为全州生态文明试点县；2009 年 6 月被国家环保部确定为全国第二批生态文明建设试点县；2010 年被授予首批国家绿色能源示范县。大理州州级财政补助洱源县每年 1500 万元的生态补偿费用，支持洱源县实施以集镇截污治污和湿地净污为重点的生态基础设施体系，以调整和改变种养结构、生产方式为重点的生态农业体系，以造林绿化、林产业发展、生物多样性保护、矿山及小流域治理为重点的生态屏障体系，以打造高原水乡、泽国仙境、地热王国为重点的生态旅游体系，以限制和禁止发展对洱海有污染产业为重点的生态工业体系，以生态理念规划建设村庄、集镇为重点的生态家园体系，以增强全民生态意识为重点的生态文化体系的建设，到 2012 年实现了洱源县进入洱海主要河流弥苴河常年水质达到Ⅲ类、罗时江和永安江常年水质达到Ⅳ类，达到了源头治污，保护洱海的实效。

（二）产业补偿

由于产业技术特征、市场地位、生产过程、外部条件等的不同，有些产业（行业）容易成本外部化，有些产业（行业）容易收益外部化，经济外部化的过程呈现出比较突出的产业（行业）差异。同时，由于政府强制性政策、区域资源禀赋及地理区位等原因造成的区域发展的不均衡，也在经济外部化的过程中表现出不同的特征。外部性理论能够在学理层面上更加科学地解释产业发展过程中遇到的种种问题，尤其是不同产业之间的相互影响关系等。外部性的存在会影响市场机制配置资源的有效性，使实际经济效率偏离帕累托最优。具有正外部性的产业经济主体从事经济活动，社会从该主体的经济活动中免费得到了部分利益，导致经济活动带来的全部收益将大于该主体本身获得的收益。在这种情况下，经济主体在决策时根据私人边际成本与私人边际收益相均等的原理配置资源，会引起资源配置不足。生态农业是对洱海保护尤其是面源污染治理具有正外部性的产业，需要通过产业补偿的经济激励手段，发展生态农业，减少种植业对环境的污染。对有效控制了污染水平的企业进行奖励和补贴，并在整个行业推广它们的先进技术，使排污水平低的企业继续保持创新的激励，并从自己的创新行动中获得切实的经济利益。为了活化土壤、提高肥力、壮苗抗病、提质增产，在实验成果的基础上，洱海流域实施生物菌肥和有机肥推广使用项目。在 2014 年农业面源污染治理商品有机肥推广使用实施方案中，农业流域农田每亩按照补偿作物需肥量施用 400—1000 千克，按照农户购买有机肥价款的 80% 进行补贴，剩余的 20% 价款由补贴对象负责在购买时向有机肥销售企业一次付清。按照"政府引导、科技支撑、企业参与、农民受益"的思路和"减量化、无害化、资源化、生态化"的要求，以补贴为引领，科技为支撑，实验示范和培训为手段，引导龙头企业、农业生产组织和农民大力发展生态农业，增施有机肥，减少农田氮、磷面源污染物的排放。通过测土配方施肥试验示范的推广，探索适合银桥镇的有机肥施用模式，使肥料的施用结构明显改善，减少化肥使用量，改善耕地肥力结构和土壤结构。在试点的基础上总结和完善生态补偿推广的方式和机制，达到改善洱海周边化肥施用结构，削减化肥使用量，降低和分解土壤中氮、磷含量，削减氮、磷等有害物质残留量，实现农业与生态和谐发展。

（三）企业补偿

确定补偿标准，找准科学计算补偿金额的环节，大力扶持对洱海保护治理做出重要贡献的企业。大理州在洱海保护治理中，充分发挥财政补贴的引导激励效用，积极扶持企业和农村经济组织致力于收集处理畜禽粪便和推广使用生态有机肥。大理州以 BOT 形式引进企业投资建设、管理和营运生活垃圾焚烧发电厂，运用市场激励机制，在企业和农村经济组织中，积极推动畜禽粪便、生活垃圾资源化利用工作。通过制定监管和奖补办法，鼓励企业全面收购处理畜禽粪便，激励洱海流域农民自愿推广使用生态有机肥，确保了洱海流域畜禽粪便资源化利用深入开展。通过政府、企业、农村经济组织和农户的共同参与，成功探索出了以洱海流域畜禽粪便资源化利用为切入点，推动种植业和养殖业和谐发展的循环经济模式。为实现垃圾资源化再利用，大理市把计划实施的大风坝无害化处理场和海东垃圾处理场两个项目优化整合成大理市海东垃圾焚烧发电工程项目，建设成为严格执行国家节能减排政策、保护大理市城市生态环境的重要基础设施。该项目实现了对洱海流域垃圾分类收集清运、集中焚烧发电和垃圾资源化利用的循环经济目标。农村生活垃圾收集清运采取"户保洁、村收集、镇清运、市处理"的有偿清运模式。

（四）项目补偿

由中国环境科学研究院、大理州洱海保护治理领导组办公室共同承担的《洱海流域保护治理规划（2003—2020 年）》，已通过评审，并得到云南省政府批准，为洱海的科学防治奠定了基础。规划实施洱海生态修复、环湖治污和截污、流域农业农村面源污染治理、主要入

湖河道综合整治和城镇垃圾收集污水处理系统建设、流域水土保持、
洱海环境教育管理的洱海保护治理"六大工程"34 个子项目，概算
总投资达 30 亿元，增强洱海保护治理的针对性和系统性。"十一五"
期间，大理市共组织实施 64 个洱海保护治理项目，规划总投资 19.55
亿元，累计完成 19.83 亿元，竣工验收 51 项，正在实施 13 项。

（五）科技补偿

支持洱海保护治理的科技研究工作，支持有利于洱海保护的科技
成果应用，有效提升洱海保护治理的质量和水平。制定了洱海水质监
测方案和农业面源污染监测方案，将原来每年 3 期 6 次的洱海水环境
监测增加到每月一次，实行每月监测报告制度。在洱海流域布设了 20
个农业环境监测点，对农业面源污染进行全面监测和综合分析；每月
一次对洱海主要入湖河道水质进行监测，定期不定期召开洱海水质分
析会，及时跟踪掌握洱海流域面源污染及水质动态，为对症施治提供
科学依据。完成了洱海 1/5000 水下地形图及 1/500 陆地环状地形图
的数字化测绘工作，初步建成了"数字洱海"信息管理系统，组建了
"洱海湖泊研究中心"。控氮减磷优化平衡施肥技术在洱海流域大面积
推广应用，生态农业的效益不断增加，洱海水体污染控制与治理已列
入国家重大科技水专项，对洱海保护治理的实施起到系统的指导
作用。

**五　生态补偿机制的配套制度**

建立科学的洱海流域科学发展的生态补偿机制，要求建立相应的
补偿制度，健全补偿途径，完善补偿网络，促使补偿主体多元化，补
偿方式多样化。从银桥镇的实践看，需要根据相关法律法规的要求，
立足自身实际，创造性地贯彻落实好政策，科学确定补偿方式和途
径、合理确定补偿额度和资金使用监管，确保补偿的顺利实施和公平
公正。

（一）建立规范乡村旅游业发展的税费制度

鼓励有条件的村委会或自然村成立服务业经营户协会，推进行业
自律和市场诚信体系建设。服务业经营户协会的职能主要是传达宣传
相关政策要求，讨论协商行业发展中存在的困难和问题，寻找积极的

解决办法，号召和组织经营户统一思想、履行义务，促进银桥镇服务业健康有序发展。按照"谁开发、谁保护，谁破坏、谁恢复，谁污染、谁付费，谁受益、谁补偿"的原则探索建立生态补偿收费机制，制定收费标准。按照经营户的经营规模，收取自来水费、污水处理费、垃圾处理费、社会治安维护费、公共设施配套费。收取的费用统一交给村委会账户，按照"村财镇管"的原则，由镇政府管理账务，村委会用于相关支出。

（二）建立农户超标准占用宅基地收费制度

开展经营户用地审查，经营面积以合法凭证为准。对违法违规用地按照相关文件要求进行处理。对经营户少批多占、未批强占的，若符合土地利用总体规划和村庄规划建设用地范围的，按照《大理市人民政府关于印发〈大理市违法违章建筑综合整治中有关问题的处理意见〉的通知》（大市政发〔2013〕89 号）中征收土地有偿使用费的方式进行处置：超批准面积若符合土地利用总体规划和村庄规划，由村集体经济组织（土地所有者）先收回土地使用权后出租，按照 200 元/年·平方米的标准征收集体建设用地有偿使用费；若不符合土地利用总体规划，也不属于村庄规划建设用地范围的，依法拆除。

（三）建立生产生活用水有偿使用制度

苍山十八溪是苍山洱海国家级自然保护区、大理国家级重点风景名胜区和苍山世界地质公园的重要组成部分，是洱海水补给的重要水源地，不仅灌溉着大理的万顷良田，还哺育着祖祖辈辈生活在这里的人民。目前，随着工业化、城镇化步伐不断加快及人民群众用水需求不断增长，苍山十八溪水资源短缺、水污染、水生态环境恶化、无序取水等问题日益突出，水资源保护面临的形势日趋严峻，导致水资源供需矛盾日趋严重。要按照《苍山十八溪水资源管理办法》，加强十八溪水资源的取用管理，争取更多清水流入洱海。通过建立健全生产生活用水有偿使用机制，激励发展节地、节水、节肥、节药、节种的节约型农业，探索实践集中式供水，提倡饮用水和其他生活用水分质供水。

# 第八章 社会管理、新型城镇化与生态文明建设

社会管理属于公共管理的范畴，是指政府和社会组织等社会管理主体为促进社会良性运行和协调发展，通过行使公共职能，对社会系统各组成部分及社会运行的各环节进行组织、指导、规范、服务、协调、监督和控制的过程。在推进新型城镇化和生态文明建设进程中，对面临的社会问题加强管理，不断创新社会管理模式，维系社会稳定，能更好地优化社会资源，促进社会良性运行，也有利于生态环境保护和新型城镇化建设。近年来，在银桥镇实施的殡葬管理改革、网格化管理、自然村村民自治等管理实践，已取得积极成效。

## 第一节 殡葬管理改革

殡葬是传统丧葬风俗的核心环节。长期以来，洱海流域形成了富有地域民族特色的殡葬习俗。在洱海流域白族语言中，殡葬的白族语表达为"达素少"（Da su suo），"达"为抬之意，"素"为烧，即火化，"少"为山之意，全句话的语义为"抬出去，火化后，送上山埋葬"。从白族专用名词中可以看出，火葬习俗在洱海流域有较长的历史。元代李京的《云南志略》"诸夷风俗"条载："（白人）人死，浴尸，束缚令坐，棺如方矩。击铜鼓送丧，以剪发为孝，哭声如歌而不哀。既燔，盛骨而葬。"① 只是明朝平定云南后，认为白族的火葬习俗

① 施立卓：《白族丛谈》，云南民族出版社 2004 年版，第 14—15 页。

与中原王朝一贯倡导的儒家思想和封建礼制相违背，被视为是"惨虐至极，无复人道"之事，为五法所不容。明代中期，白族依汉俗改用棺木行土葬。① 社会日益进步，科学不断发展，人们的观念也应该逐渐转变。深入推进殡葬改革，促进殡葬文化变迁，实施火葬并寄存骨灰的殡葬改革对白族来说是古代葬俗的回归和传统殡葬文化的复兴，也能更好地适应洱海流域保护与发展的现实需求。位于洱海流域的银桥镇近年来全面推进火葬，修建农村公益性骨灰堂，实行骨灰寄存的殡葬改革试点项目，有效改变传统殡葬的模式，改变表达哀思的方式，主动革除丧葬陋俗，提倡文明节俭办丧，实践探索了绿色环保、节约惠民、文明风尚的新型殡葬模式。

**一　改革的缘由**

为深入贯彻落实科学发展理念，更好地保护洱海海西的生态环境，银桥镇 2003 年启动了殡葬改革工作，深入宣传殡葬改革政策，各级干部齐抓共管，密切配合，规划建设农村公益性公墓区，形成了"党委、政府重视，各级部门齐抓共管，社会各界积极参与"的殡葬改革工作格局。但是，随着经济社会的不断发展，农村公益性公墓区殡葬模式已明显滞后于经济社会发展水平和人民群众殡葬需求，殡葬改革已进入了新的时期。

**（一）土坟集聚增多导致景观受损**

2003 年 10 月，银桥镇采用有利于保护生态的插花型建设模式，投入 232 万元，在苍山海拔 2200—2600 米的荒山坡地，建设了 4 个农村公益性公墓区（2 个村委会共用 1 个公墓区），公墓区的使用周期为 20 年。凡户籍在银桥镇辖区内的机关、学校、企事业单位的干部、职工、离退休人员需安葬回辖区公墓区的应及时汇报，不得隐瞒其遗体身份，一律实行火化，火化后不得装棺木。禁止任何单位和个人以安葬遗体或风俗习惯为由，任意在公墓区内乱砍滥伐、挖山取石，留空墓、造假坟。根据广大群众意愿，实行男女分排安葬和单独安排非正常死亡人员片区。辖区内村民死亡之后，自觉实行火化者，

① 《白族简史》修订本编写组：《白族简史》，民族出版社 2008 年版，第 300 页。

给予一次性奖励 1000 元，在公墓区安葬实行深埋，不留墓碑的，再给予一次性奖励 300 元。对死亡后不进入公益性公墓区而乱埋的，责令其停止违法行为，限期迁入公益性公墓安葬。公墓区建设虽然整治了苍山圈地建坟乱埋乱葬等问题，有效改善了殡葬基础设施，但是由于公墓区土坟集聚增长，导致苍山植被成片砍伐，严重地影响了集世界地质公园、国家级风景名胜区、国家级自然保护区于一身的苍山自然景观。

（二）殡葬用地扩张导致林地受损

2003 年实施殡葬改革以来，银桥镇在农村公益性公墓区建设中按照"因地制宜、合理布局，节约土地、保护生态，统一规划、分步实施"的原则，以建设"规模适度、位置荫蔽、墓区美观"的生态式公墓区为目标，墓穴占地面积不超过 60%，绿化及公共用地不少于40% 的标准规划建设了 4 个农村公益性公墓区。但是，洱海流域的土地资源非常稀缺，随着社会老龄化程度的加深，死亡人口数量逐年累积，由于土地消费量过多，更加剧了土地资源的稀缺。苍山公墓区建设都采用平面式殡葬用地模式，以满足人们"入土为安"的传统观念，加剧了日益严峻的林地保护形势。另外，苍山也是洱海海西群众的重要饮用水源地，自古以来，当地群众都饮用流淌自苍山的溪水，公墓区不断扩张显然也不利于水源地的保护。银桥镇 2003 年以来建设公墓区的殡葬模式，实际上，是成为以 20 年为一个周期的不断增长的增长极，存在土地耗费也需要不断增加的问题，最终难以解决殡葬与节约土地、保护生态之间的矛盾，解决殡葬事业中的节约、集约用地问题日益紧迫。

（三）殡葬方式粗放导致民心受损

洱海流域污染不仅与当地的自然环境、技术条件有关，也与洱海流域的经济社会文化环境有关，尤其是受到流域的人口密度、村镇布局、经济结构、生产方式、行为习惯的深刻影响。[①] 洱海流域长期以

---

① 董利民：《洱海流域产业结构调整控污减排规划与综合保障体系建设研究》，科学出版社 2015 年版，第 177 页。

来盛行土葬建坟立碑的殡葬习俗，已经日益显现出占用土地、浪费资源、破坏景观等弊端，人们越来越强烈地呼唤新的殡葬模式。因此，探索建立以白族传统殡葬文化为主线，能为广大群众所接受，能最大限度地节约土地资源，既能安放骨灰，又能进行传统的殡葬祭祀活动的骨灰寄存殡葬模式势在必行。2013 年，为节约土地、保护资源、保护环境、促进人与自然和谐相处，鹤阳村委会老年协会 153 名会员联名递交银桥镇政府请求修建农村公益性骨灰堂的申请书。银桥镇政府和大理市民政局专题调研后，最终将银桥镇确定为大理市农村公益性骨灰寄存殡葬改革项目的试点地区。

**二　习俗的模式转变**

农村是传统习俗保存最彻底的区域。作为几千年传统文化的重要组成部分，旧殡葬习俗作为一项重要的传统习俗持续传承着，在现在和未来都难以自发改变。殡葬改革的难点在农村，本质在于殡葬习俗的模式变迁，关键在于农民群众的意识转变。因此，立足农村、关注农民，站在全局的高度研究和推动农村殡葬改革，具有非常重要的现实意义和社会意义。银桥镇党委、政府把殡葬改革当作以人为本、落实党的人文关怀的重要形式，站在生态文明建设的高度关注、研究、探索、推广符合民族传统的殡葬习俗模式改革。2014 年新建的鹤云峰农村公益性骨灰堂占地 5 亩，总投资 240 万元，总建筑面积 586 平方米，内置穴位 3800 个，为鹤阳村委会、磻溪村委会共同使用。据测算可满足两个村委会近 80 年的殡葬需求，有效地促进了殡葬习俗模式的跨越式转变。

（一）分散模式向集聚模式转变

白族的丧葬，人死以后，一般都要停柩在家数日，宴请亲朋，进行吊唁，并请和尚、道士念经，"超度"亡魂。安葬前要看风水，择地脉，以求子孙发达。[①] 出殡时，鼓乐喧天。棺木在后，孝子在前，送葬的人员在后，沿途鞭炮上前鸣放，丢散纸钱。送葬的人一般到辞

---

① 《中国少数民族社会历史调查资料丛刊》修订编辑委员会云南省编辑组：《国家白族社会历史调查（一）》，民族出版社 2009 年版，第 194—195 页。

客处或叫"谢客处"，孝子跪拜送葬的人后，才把死者送上山入土安葬。这种分散埋葬的殡葬制度及习俗较为繁复，而且花费人力、物力、财力，尤其是耗费土地资源。银桥镇自 2014 年起实施的骨灰寄存殡葬制度，能够促进殡葬用地合理集聚、健康发展。殡葬用地由分散向集聚转变，从根本上改变殡葬用地布局分散和重复建设问题，有利于生产力要素合理流动，科学配置；有利于发挥集聚效应，节约土地和资源；有利于加强对殡葬用地的规范管理和建立健全社会化服务体系。

（二）平面模式向立体模式转变

受传统墓葬方式的影响，银桥镇公墓区建设比较单一，都是沿山坡而建的平面式坟墓，墓穴大多以台阶式、方阵式排列。这种平面布局的墓葬模式占地较大。坟墓主要是水泥或石料板块制成的墓穴和墓碑，水泥石料的墓穴给山体包上了一层坚硬的外壳，风化时间极其漫长，比土墓对环境的后续影响还要大。《银桥镇公墓区管理办法》规定，骨灰安葬的单人墓占地 1 平方米，双人墓占地 2 平方米；遗体安葬的单人墓占地 4 平方米，双人墓占地 6 平方米。但是，实际上，鹤云峰公墓区 2004 年投入使用到 2014 年十年间入葬坟墓 444 多冢、共占地接近 40 亩，每亩土地使用情况是葬 11 冢，平均每冢实际用地 60 平方米。因此，建设公益性骨灰堂，走殡葬用地集约利用的路子，能够在很大程度上缓解人地矛盾，保证社会经济的可持续发展。与平面式公墓区相比，银桥镇农村公益性骨灰堂是立体空间，骨灰盒存放架穴位只占长 40 厘米、宽 30 厘米、高 33 厘米的空间，基本实现了只占空间不占土地，极大地节约了土地资源。鹤云峰骨灰堂内置 3800 个供骨灰盒存放的穴位，则可节约苍山林地 340 亩。

（三）传统模式向生态模式转变

在殡葬活动中，死者家属的心理活动包含依恋、报恩、迷信、攀比等积极心理和消极心理并存。依恋和报恩的积极心理有助于树立正确的人生价值观，促进人际关系的和谐。但是，迷信和攀比的消极心理则易导致不科学的殡葬行为和高昂的殡葬成本，这也是传统殡葬模式的弊病。对"薄养厚葬""面子殡葬""迷信殡葬"等殡葬糟粕文化，政府应遵循"疏堵并举，以堵为主"的思路，不仅要加强对文明健康殡葬文化的宣传，更要出台较为具体的应对措施，对这类糟粕文化误导下的病态行为进行规制，逐步将其清除。而"入土为安""遗体土葬"等传统观念从道德上讲并非不良，但其所引导的行为毕竟会浪费土地资源和破坏生态环境。对这类文化指引下的殡葬行为慎用强制措施，应按"疏堵并举，以疏为主"的思路，既要出台适当超前于目前殡葬文化的制度规定，又要注意营造文明健康殡葬文化和生态殡葬观念。[①] 在殡葬改革中，银桥镇政府出台了有利于摒弃殡葬文化糟粕、引导文明健康殡葬文化的政策措施。通过政府相关部门和社会舆论的科学合理引导，营造了文明、健康、生态的殡葬文化。鹤阳村村委会和磻溪村委会牢固树立服务理念，深入一线、深入群众，采取专题座谈、个别访谈、实地走访等多种方式征求广大群众意见和建议，向广大农户发放《开展火葬改革告知书》。在改革起步阶段，村委会干部坚持"三个第一时间"工作法：第一时间准确获取村民死亡信息；第一时间村组干部深入死者家庭做引导工作；第一时间与殡仪馆联系，做好服务工作，确保了尸体百分之百火化和骨灰百分之百寄存。骨灰寄存的生态殡葬模式达到了让亡者有尊严地获得安葬，使生者精神得到充分慰藉的目的，既体现了中国几千年来信奉的"死有所葬、葬有所安"的天人合一哲学观念，而且避免了建坟造墓对土地的大量占用，有利于环境保护和减轻丧葬负担，实现人与自然在更高意义上的统一。

（四）自治模式向治理模式转变

各民族村落由于地缘观念（乡亲观念）特别强，所以显示出很强的内聚力，构成了十分紧密的集体，因而组织互助协力成为代代相传的惯例。[②] 长期以来，银桥镇殡葬活动均在村民自治的模式中实施，全体村民依照自己的理性判断，管理自己的殡葬事务，自由选择、自

---

① 郭林：《从"死无所葬"到"葬有所安"：四维特性视域下中国殡葬服务制度的改革路径研究》，《浙江大学学报》（人文社会科学版）2013 年第 3 期，第 29 页。

② 乌丙安：《中国民俗学》，长春出版社 2014 年版，第 166 页。

主决定、自我负责，维系着传统殡葬习俗的传承和变迁。随着我国农村经济社会改革的深化，农村基层治理的生态发生了深刻改变，为农村民主管理实践带来了新的挑战和问题，要求加快促进和扶持社会治理主体的发育和成长，调动社会组织的协同作用和群众的参与作用，充分发挥社会自治主体自我管理和自我服务的积极性，有效推动彼此之间的相互调适、共同参与、合作互动。① 银桥镇在殡葬改革中，积极推进殡葬管理模式从传统上单纯的村民自治向政府治理和社会自我调节、村民自治良性互动转变。重构有效的社会秩序，要组织有效果的行动并达到预期的目的，必须对社会制度的功能进行细致的分析，并要同满足他们意图的需要以及他们运行所依赖的其他有关制度结合起来分析。② 银桥镇政府着眼重构殡葬秩序的预期目标，组织村组干部和群众对传统殡葬习俗进行了深入研究和对群众殡葬需求进行深刻分析，制定了《银桥镇农村公益性骨灰堂管理办法》和《银桥镇骨灰堂管理员管理办法》。从制度上，严格规定了骨灰盒的存放程序、火化办理程序、申请火化奖励资金的程序。农户到骨灰堂填写《银桥镇农村公益性骨灰堂骨灰存放登记表》，并办理《银桥镇农村公益性骨灰堂骨灰存放证》，严格实行文明、健康的殡葬活动，构建了在政府引导下群众自觉参与的殡葬秩序。

### 三　文化的变迁

文化人类学者格尔兹采用解释人类学的观点将文化定义为："文化是指从历史沿袭下来、体现于象征符号意义中的意义模式，是由象征符号表达的传承概念体系，人们以此达到沟通、延续和发展对生活的认识和态度。"③ 不同的民族有不同的丧葬行为，受其生存环境、生命观念、社会经济和政治制度等因素的影响，各民族形成了自己特有的丧葬方式，构成殡葬文化。文化是一个民族的灵魂，民族风俗是一

———————

① 陈荣卓、唐鸣：《农村基层治理能力与农村民主管理》，《华中师范大学学报》（人文社会科学版）2014 年第 2 期，第 11 页。

② Fei Xiao‑túng, *Pansant Life in China*. London：Routledge Kegan & Panl, 1939, p. 4.

③ Geerts Clifford, *The Interpretation of Culture*, *Selected Essays*, New York：Basic Books, 1973, p. 89.

种文化。从这个角度上来讲，鹤阳村殡葬改革也是一项文化变迁工程。"三元结构学说通常是把文化区分为'物质文化、精神文化和制度文化'或'实物文化、行为文化和观念文化'的三层面分类法。"①据此，我们从整体上把殡葬文化看成一个球体，把它劈成三个层面：表层为实物文化，指殡葬习俗中的坟墓、棺木、骨灰盒等各种看得见、摸得着的物质，具有很强的流动性和易感受性，是殡葬文化中最活跃的层面；中层为行为文化，指村民如何协调村庄内部之间关系的行为制度体系，它规定着殡葬文化的社会特质，属殡葬文化中比较稳定的层面；里层为观念文化，指村民自觉和不自觉地对殡葬习俗所持有的心理、意识和观念，它处于殡葬文化的核心，是殡葬文化的精神所在，会影响殡葬文化的表现形式和发展走向，属殡葬文化中最保守的层面。在殡葬改革中，银桥镇充分尊重文化变迁的规律，着眼三个殡葬文化层面，有针对性地采取了不同的改革策略，实现了殡葬文化的有序变迁。

（一）强制改革实物文化

殡葬文化中的实物文化，最显著的就是墓地、坟墓、棺木、骨灰盒等，由于其是殡葬文化中最活跃的表层文化，因此很容易变迁，银桥镇采取了强制改革的措施推进改革。过去，银桥镇先民死后都有一块家族墓地，在他们看来家族墓地是一个家族的缩影，墓地的大小和墓碑能够反映出一个家族的兴衰及经济实力和社会地位。因此，所有家族中的死者都必须按照本家族的规定对死者进行安葬。2003 年实施公墓区建设后，规定农村村民死亡后一律要进入公墓区按秩序安葬。2014 年 5 月 10 日，银桥镇鹤云峰公益性骨灰堂自投入使用以来，要求死亡村民必须火化，而且购买中小型骨灰盒，将死者骨灰存放于骨灰堂，强制要求丧属必须遵照执行。

（二）积极改变行为文化

殡葬文化中的行为文化，最显著的就是殡葬习俗中的行为制度体系，由于其属于殡葬文化中相对稳定的中层文化，因此可以适度变

---

① 林耀华：《民族学通论》（修订本），中央民族大学出版社 2014 年版，第 390 页。

迁，可以采取积极措施促进村民改变行为文化。行为文化等于社会控制的所有手段，是社会以这样或那样的方式试图保证人们以可接受的行为方式行事的途径。社会控制包括内化控制和外化控制两种。按照英国社会人类学家拉德克利夫－布朗的定义，内化控制是一种在每个人心中根深蒂固的信仰，致使每个人都对自己的行为认真负责，通过内省式的社会伦理自觉促成社会秩序的构建。外化控制是来自内心之外的"制裁"，是一个社会或社会的大多数成员对一种行为方式的反映，即赞成该行为方式的正性制裁或反对该行为方式的负性制裁。①组织乡村社会的协同生活是行为文化的重要组成部分。村落中自古以来便传袭着一些固定的或不固定的协力组织及共同活动。社会个体的行为是由社会群体赋予的，通过群体规范使成员心中具有给予什么人在什么情况下可以做什么、不可以做什么的观念。②洱海流域白族对于自己去世后的安排处置尤其重视，村民讲究叶落归根，对生命归宿的共同愿望就是死在家里，这样才能寿终正寝，与祖先同归。全体村民都会自发地按照传统行为文化到死者家中互助办理丧事。倘若死在外面，就不能将尸体抬回家中办理丧仪，至多只能在村口搭建临时灵堂。对此，银桥镇结合骨灰寄存殡葬改革，塑造了新的行为文化，只有进行了尸体火化，即便在外死亡的人，也可以抬回家中举行丧葬仪式。

（三）引导改进观念文化

殡葬观念文化，最显著的就是当地群众的生死观，由于其属于殡葬文化中极其保守的核心文化，因此很难变迁，银桥镇采取措施积极引导观念文化变迁。殡葬观念一般不易改变，这是一个基本共识。但是，从社会变迁的长远角度观察，人们的殡葬观念也会发生变化。推进殡葬改革，要深入开展传统殡、葬、祭的仪式研究和宣传工作，引导群众形成一种普遍的殡葬观念，并与殡葬基本活动中的殡仪保持动

---

① Alfred Radcliffe － Brown, *Structure and Function in Primitive Society.* London：Cohen and West，1952，p. 205.

② 西奥多·M. 米尔斯：《小群体社会学》，温凤龙译，云南人民出版社 1988 年版，第 84 页。

态一致。[1] 为死者举行的殡仪，是"过渡礼仪"之一，因为死亡不过是从一个人生阶段到另一个人生阶段的转移。在那些相信有一个死后世界的人心中，死亡是生命周期的一个环节，而不是生命周期的终点。[2] 银桥镇白族丧葬仪式的核心是灵魂不死观念。对死者所作的种种安魂、慰魂、超度亡魂等丧葬仪式和祝福都表达生者对死者亡魂的关心，都希望死者亡魂在另一世界获得幸福。灵魂观念在银桥镇白族群众意识中是一种实质性的存在，他们认为灵魂的行为是死者生命之延续。村民死后必须按规定把骨灰寄存到骨灰堂，但是最关心的是人们去送死者的时候还得必须经过约定俗成的"生死路"，否则会对死者的灵魂产生不良的影响。在殡葬改革中，尽管送死者的路线有所变化，但是路途中必须经过本村的山神庙。山神是保佑祖先的风水福气，当地人每次去上坟，都会拜山神，认为山神是"管这里的死人"，给死者的子孙带来福气的。[3] 因此，银桥镇在殡葬改革中，充分尊重当地群众的灵魂观，在保留村民认为有象征意义的仪式基础上，积极引导改进观念文化，促进了殡葬改革的有序实施。

## 四　改革遵循的规律

洱海流域的白族群众认为人死后有三个去处，分别是：墓地、家中的神龛，以及宗族的祠堂。死者的尸体葬在了墓地，但是他们的灵魂却要留在家庭中的神龛上和宗族的祠堂里。[4] 这是当地群众最关心和关注的殡葬文化的核心观念。在殡葬改革实践中，只有遵循自然规律、经济规律、社会运行规律和文化变迁规律，以更环保生态的处理方式、更低廉的丧葬成本、更高效的组织方式和更易接受的丧葬仪式让死者的尸体实现"死有所葬，葬有所安"，让逝者的灵魂得到慰藉、

---

[1]　邓海骏、郭林：《跨越厚葬与薄葬：绿色殡葬的形式社会学研究》，《中州学刊》2013年第12期，第81页。

[2]　汪宁生：《文化人类学调查：正确认识社会的方法》，学苑出版社2015年版，第220页。

[3]　梁永佳：《地域的等级：一个大理村镇的仪式与文化》，社会科学文献出版社2005年版，第124页。

[4]　Francis L. K. Hsn, *Under the Ancestors' Shadow*：*Kinship*，*Personality and Social Mobility in China*，Stanford California：Stanford University Press，1967，p.41.

超度、归宗，才能顺利达到殡葬改革的目标。

（一）遵循自然规律

自然运动是客观的，是有规律可循的。生态理性的核心就是要在科学认识自然规律的基础上，树立尊重自然、顺应自然、保护自然的生态文明的科学理念。[①] 正如白族古歌唱道："尊重苍山，苍山有树；尊重洱海，洱海有鱼；尊重泥土，大理家家有花；尊重天空和云朵，有富足的阳光和雨水……" 习近平同志指出："中国将按照尊重自然、顺应自然、保护自然的理念，贯彻节约资源和保护环境的基本国策。"[②] 尊重自然、顺应自然、保护自然的科学理念就是生态理性的科学理念。实施骨灰寄存殡葬改革能够合理利用土地，土地资源生产力可以大幅度提高。银桥镇以前的殡葬用地模式，存在土地消耗过快与土地供给不足的问题，导致土地资源生产力将不断衰竭。必须通过科学的规划，转变为集约模式，转变人们的思想，逐步推进立体化和生态化的模式，这样既节约用地，也有利于环境绿化。银桥镇计划2016年启动建设三阳峰骨灰堂，2018年启动建设兰峰骨灰堂，"十三五"期间将实现全镇骨灰寄存殡葬改革全覆盖，以尽可能少的骨灰堂数量就近就便满足当地群众的殡葬需求。

（二）遵循经济规律

在西方经济学中，人的利己属性即"经济人"作为一种理论假定。人们为自己的利益而表现出的努力行为，是社会发展和进步的强大动力。[③] "经济人"的利己性不仅是一个理论假说，而且是一个客观存在的基本事实。古往今来，人们的所作所为，都与自身利益有关。[④] 在丧葬文化的改革与继承过程中，农村居民的利益能否受到保

---

① 张云飞：《生态理性：生态文明建设的路径选择》，《中国特色社会主义研究》2015年第1期，第91页。

② 习近平：《习近平谈治国理政》，外文出版社2014年版，第211页。

③ 葛守昆：《基于人性视角的人类发展》，《阅江学刊》2014年第10期，第16页。

④ 葛守昆：《中国经济学的理论基点及逻辑展开》，《现代经济探讨》2012年第1期，第32页。

护是殡葬改革能否取得成功的关键。[1] 建立的殡葬改革机制或创新殡葬方式，除有政府主导性的意见之外，其具体的葬法形态应该由死亡者本人或丧家做出，因此，一定要让被改革的群众受益而不能受损。[2] 总之，推进农村殡葬改革，一定要遵循经济规律，制度设计要充分惠及群众利益，在生态受到保护和群众得到实惠的"双赢"中释放改革红利。

（三）遵循社会运行规律

社会运行是指社会有机体自身的运动、变化和发展，表现为社会多种要素和多层次子系统之间的交互作用以及他们多方面功能的发挥。社会的运行大体可以分为良性运行、中性运行和恶性运行三种类型。[3] 社会运行规律是社会有机体运行所表现的各个环节之间的本质的、必然的、稳定的联系。改革是达到社会良性运行的必经途径。[4] 殡葬改革关系到农村改革、发展和稳定的大局，关系到统筹城乡发展的进程，关系到构建农村和谐社会等一系列重大战略问题，必须遵循社会运行规律，顺应民心民意，合乎农民的选择，才能构建起殡葬事务良性运行和协调发展的动力机制。只有在调查研究的基础上，努力做到"标本兼治""刚柔并济"、社会服务与社会管理相结合、政府主导与多方参与相结合、科学精神与人文关怀相结合，才能提高社会管理科学化水平。[5] 在探索服务农村殡葬新型模式中，要充分发挥老年协会、红白理事会等村民自治组织服务农村殡葬的功能，为殡葬改革提供物质保障和精神支撑。探索传统殡葬继承与创新的合理模式，最大限度地保留传统殡葬习俗的朴素情感和表达美好诉求的部分，结合现代殡葬健康、环保、节约、文明的要求，探索能够代替传统殡葬仪式和心理安慰的新型模式，形成群众支持的社会殡葬秩序。

---

① 陈华文：《殡葬改革与农民利益》，《广西民族大学学报》（哲学社会科学版）2006年第6期，第50页。

② 汪俊英：《关于我国农村殡葬改革的深层思考》，《学习论坛》2014年第12期，第77页。

③ 郑杭生：《社会学概论新修》，中国人民大学出版社2013年版，第53—54页。

④ 郑杭生：《本土特质与世界眼光》，北京大学出版社2006年版，第18页。

⑤ 郑杭生：《郑杭生自选集》，学习出版社2013年版，第352页。

### （四）遵循文化变迁规律

文化人类学者格尔兹把文化理解为人类的信息编码体系，本质上是人类为束缚自身编制具有象征符号意义的网络。[①] 民族文化是民族的标志，是民族群体凝聚力、向心力的基础。由于各少数民族群众所生活的自然环境各异、历史发展阶段不同、社会发展程度差异，形成了各具特色的民族文化。传统殡葬文化根植于民间土壤，活态传承且生生不息，它们是民族精神的延续，是民族意识最质朴的表达，也是民族文化的根基。殡葬习俗是人类社会发展的产物，如同其他民俗，产生和形成后有其相对的稳定性，但也不是固定不变，它随着社会的发展而变化、传承着，必须尊重其变迁发展的规律。文化变迁的规律主要表现为文化消失、文化变异和文化创新的综合运动过程。[②] 推进殡葬改革，必须深入剖析研究殡葬文化，认清实物文化、行为文化、观念文化各层面的具体内涵，有针对性地看待各类文化层面的变迁。要深刻把握丧葬习俗仪式所代表的具体文化内涵，提炼传统殡葬文化的精髓，才能采取扬弃的科学态度对待殡葬文化，引领殡葬文化变迁。要在继承传统殡葬文化精髓的过程中，摒弃不符合当代社会发展需求的文化事项，吸收和创新走向未来的可持续发展的文化因素，才能实现传统殡葬文化的重新整合和保持生生不息的生命力。

### 五　改革的绩效

银桥镇重构的殡葬秩序，既创建了集约化的殡葬用地模式，又保护了当地自然景观和人文景观的整体性，形成了绿色环保、文明风尚的民风民俗。银桥镇鹤云峰骨灰堂于 2014 年 5 月 10 日投入使用至 2016 年 5 月 10 日两年间，共入驻骨灰盒 95 个（其中，鹤阳村委会 52 个、磻溪村委会 43 个），确保了两个村委会死亡人口百分之百火化、百分之百入驻骨灰堂，实现了社会效益、经济效益和生态效益协调统一。

---

① Geerts Clifford, *The Interpretation of Culture*, *Selected Essays*, New York：Basic Books, 1973, p. 5.

② 罗连祥：《民族文化变迁的规律分析》，《重庆科技学院学报》（社会科学版）2014 年第 9 期，第 107 页。

（一）实施了节约惠民的殡葬措施

"殡葬消费"是人们用于殡葬活动方面的消费性支出。村民认为，丧礼更多的是告慰死者的在天之灵，丧礼的隆重代表了报恩的诚意，但是，还包含盲目的攀比阔气心理，丧属容易失去理智消费办丧事的主见。因此，银桥镇以推行骨灰寄存制度为契机，采取措施引导群众简化丧仪、丧事简办，有效解决群众关心、社会关注的"殡葬贵"的问题，释放了改革红利。在骨灰盒规格上，必须小于骨灰盒存放架穴位内空长宽高的规格（40厘米×30厘米×33厘米），促使村民必须购买经济实惠的中小型骨灰盒，并给予奖励1000元。银桥镇取消了村组农户轮流抬棺木或骨灰盒到坟地的轮班制度，从以前农户轮班制16人抬棺材或骨灰盒转变为死者的孝子自己一个人手抱骨灰盒安放进骨灰堂，从而节约16个工的劳动力。骨灰寄存改革也节约了挖坟坑、修建坟墓的费用。据村民测算，每一起丧事可以为群众节约8000—10000元。

（二）营造了厚养薄葬的社会风尚

人类学家格拉克曼认为，风俗是通过仪式的方法，将乡村中的人团结起来，使他们成为一个社会。[1] 殡葬风俗是社会风俗和信仰风俗结合的综合体，是一种物质消费，但同时又是一种精神消费，我们要将之与现代文明相连，使其成为文明的载体。殡葬改革的目的是让人民群众改变落后的、浪费的、不适宜于当下社会和有违科学的丧葬方式，代之以科学、俭朴的殡葬方法和哀悼形式的社会风俗改造工作。银桥镇发挥舆论引导作用，构建良好的敬老爱老社会风尚，提倡子女与父母一起生活，与其在丧事上大操大办，不如生前让老人多享受天伦之乐，给予老人幸福的晚年时光，逐渐形成"厚养"的社会氛围。"薄葬"也是一种丧葬方式，并不意味着不尊敬逝者。银桥镇教育群众注重内心对逝者的怀念，而不是通过奢侈的仪式来表达对逝者的尊重。通过丧葬仪式教育后代要行善事、积功德、尊老爱幼、勤劳善良。在丧葬活动中，"生不记死仇"，即使死者生前与邻里乡友结下深

---

[1]　Max Gluckman, *Custom and Conflict in Africa*. Oxford: Blackwell, 1956, p. 1.

仇大恨，这时活人也不计前嫌，依然聚集丧家，帮助料理丧事，借治丧共聚一堂，彼此同情，安慰鼓励，增进友谊。在丧葬活动中，不管是亲家还是仇人都不遗余力给丧家帮忙，体现了村民互助友谊精神，增强了民族凝聚力，纯洁了党风、政风和民风。

（三）探索了保护生态的殡葬模式

殡葬用地属于土地分类中的特殊用地，其集约利用是建设资源节约型、环境友好型社会的重要组成部分。它的集约利用与否，不仅影响土地资源的集约利用，还影响到墓碑、水泥、石头、木材等资源的节约。国家民政部在《中国殡葬事业发展报告（2010）》中所提出的"绿色殡葬"的理念，就是要求在殡葬改革中注重低碳、环保，注重生态文明建设，提倡建设生态园林。银桥镇2003年启动的农村公益性公墓区建设殡葬改革，由于受传统葬俗的影响，墓地建筑高低不一，杂乱无章，不仅影响景观，还因为大片公墓区砍伐林木所形成的大片"白地"而造成环境污染，严重影响了生态环境。银桥镇实施骨灰寄存殡葬改革，在建造了骨灰堂后，注重周边环境绿化和人文景观营造，会逐渐形成隐于深山幽谷之中，绿树红花萦绕的殡葬式园林。从而有效解决了"死人与活人争土地"的问题，能够让苍山自然留下更多修复空间，给子孙后代留下天蓝、地绿、水净的美好家园。

# 第二节　网格化管理

网格是借鉴电力网的概念提出来的，网格的英文单词为grid，来源于电力网格power grid的拆分，最早出现于20世纪90年代中期，是近年来国际上兴起的一种重要信息技术。网格技术是起源于计算机领域的一项技术，最先应用于一些高科技领域，然后不断扩展至其他行业和领域。网格的最终目的是希望用户在使用网格计算能力时能够做到如同使用电力一样方便，为用户提供与地理位置无关、与具体计算设施无关的通用计算能力，消除"信息孤岛"和"资源孤岛"，实现信息的高度融合与共享。①

在社区和村庄管理中，"网格"是在特定社区或村庄范围内，根据地理环境、人口情况等进行的地域上的划分，是整个社区或村庄网格化管理系统中的基本单元。"网格"一经划定并覆盖至整个区域后，"网格"的设定及其管理内容便固定下来，不同的管理主体根据不同的"网格"需要进行管理和提供服务。银桥镇在推进新型城镇化和生态文明建设工作中，根据上级党委、政府关于实施网格化管理的精神，立足银桥镇的实际情况，开展了网格化社会化服务管理和洱海保护网格化管理，并将网格化管理理念应用并延伸到其他工作领域。

## 一　网格化社会服务管理

为全面提高城乡基层社会服务管理精细化和科学化水平，夯实社会治理基层工作，改进服务方式，健全服务网络，强化服务功能，促进平安和谐社会建设，银桥镇全面实施了网格化社会服务管理工作。通过建立平台、划分网格、明确责任，网格化社会服务管理在加强基层社会管理、化解社会矛盾、促进社会平安和谐等方面发挥了更加积极的作用，有效实现了服务与管理的有机统一。

（一）组建网格队伍

按照"集中办公、综合服务、统一交办、归口调处、跟踪督办、限时办结"的思路和方法，整合全镇综治维稳、信访、司法、网格管理等力量，以实现基层各项资源的优化配置，建立银桥镇社会治理综合服务中心和覆盖全镇各村庄的网格化社会管理综合信息平台。银桥镇镇党委副书记任中心主任，司法所所长任常务副主任，联系政法工作的副镇长及派出所所长任副主任。银桥镇整合组建的社会治理综合服务中心，由银桥镇信访办、派出所、群众工作站、司法所、矛盾调处中心、网格管理办等机构构成，中心人员除派出所外全部集中办公，权责明晰。中心由主任和副主任统一领导，各工作机构之间形成上下相通、纵横相连、密切配合、协同共进的格局。

---

① I. Foster, C. Kesselman, *The Grid: Blueprint for a new Computing Infrastructure*, Morgan Kaufmann Publishers, USA, 1998, pp. 34 – 37.

（二）科学设置网格

在党委、政府的统一领导下，在不打破现有行政区划、管理格局和基层民主自治的前提下，将村庄合理地划分为若干网格，最大限度地整合基层现有服务管理资源，提高基层服务管理的效能和水平。银桥镇网格综合服务平台分村委会、自然村、村民小组三级网格，8 个村委会为一级网格，32 个自然村为二级网格，94 个村民小组为三级网格。三级网格均按照"任务相当、方便管理、界定清晰、职能明确"的要求设置，做到横向到边、纵向到底，不留空白区域，不交叉重复。银桥镇辖区内的所有主次干道、大街小巷、公共场所、农户住宅区等全部纳入网格，实现全覆盖。

（三）明确网格职责

聘请专职的网格巡查员和网格管理员。以责任网格为工作主体，做到"下去一家人，上来再分家"。网格巡查员的主要职责是：（1）负责银桥镇网格综合服务管理平台的信息收集、上报、分析研判等相关工作；（2）对各网格内的矛盾纠纷、治安隐患、不稳定因素进行排查化解；（3）对各网格日常工作进行巡查、指导、督促、督办。网格管理员在工作中，原则上不分专业、不分条块，全面负责网格中的事务。主要职责是：（1）负责网格内实有人口信息登记、社情民意收集、社会治安巡查、应急管理、受理处置居民诉求，调节矛盾纠纷、政策法规宣传。（2）协助做好网格内的刑释人员安置帮教、社区纠正、流动人口、违法犯罪青少年、吸毒人员、易肇事肇祸精神病人等特殊人群管理服务工作。（3）协助做好网格内与居民利益有关的社会治安、党建工作、消防安全、计划生育、公共卫生、食品药品安全、劳动就业、社会保障、社会救助、住房保障、环境卫生、文化体育、消费维权以及老年人、残疾人、未成年人等工作；对网格内供水、供电、环境卫生、园林绿化等市政服务单位的服务情况进行监督反馈，指导和监督网格内的社会组织开展工作，维护群众的合法权益。（4）开展便民利民服务，面向老年人、低保户、残疾人、家庭困难住户等弱势群体，开展上门送温暖、康复指导等服务。（5）围绕群众精神生活需求，组织开展丰富多彩、健康有益的群众文化、体育、科普、娱乐等服务活动。

（四）提供高效服务

依托社会治理综合服务中心"一站式"服务，建立起镇、村委会、村民小组三级基层服务型综合平台，做到"民思我想，民呼我应，民意我顺，民困我帮"，着力打通联系服务群众"最后一公里"。网格员通过上门走访、日常巡查、情况收集、信息反馈等，了解农户基本情况和困难诉求，记录民情日志、建立民情台账，对群众反映的问题，能够解决的当场解决，一时难以解决的，及时向上一级层层反映，集中处理反馈。通过梳理网上为民服务审批事项，将党务、计生、民政、社保、医保等业务依托平台在线办理，限时办结，网格员将办理完毕的事项通过手机短信及时进行反馈，为群众办事提供了高效便捷的服务。银桥镇各服务部门将党的方针政策、党务政务、便民惠民信息等通过综合平台，以短信方式发送给群众，提高群众了解掌握政策的知晓率和时效性。网格巡查员和网格管理员通过网络终端、综治通、手机终端手机上报信息、接收指令，社会治理综合服务中心按照层级责任及时上报信息、下达指令。2016 年，银桥镇为民服务平台受理村民申办事项 15 项，办结回复 12 项，做到了"一站式受理、一条龙服务、一次性办结"，实现了从"群众跑"到"干部跑"再到"网络跑"的转变，大大提高了为民服务效率。

**二　洱海流域保护网格化管理**

根据《中共大理州委办公室、大理州人民政府办公室关于印发〈洱海流域保护网格化管理责任制实施办法（试行）〉的通知》（大办通〔2015〕10 号）和《中共大理市委办公室、大理市人民政府办公室关于印发〈大理市洱海流域保护网格化管理责任制实施方案〉的通知》（大市办通〔2015〕26 号），银桥镇制定了《银桥镇洱海流域保护网格化管理责任制实施方案》。全镇实行"党委领导，政府组织，镇村为主，部门挂钩，分片包干，责任到人"的工作机制，紧紧围绕巩固好洱海保护"河段长"责任制、洱海保护月挂钩责任制、"三清洁"环境卫生整治活动、垃圾清运、村庄建设管理的成果，实现入湖河道沟渠、村庄、库塘、滩地、道路环境治理责任全覆盖的目标，全面推行覆盖全流域的网格化管理责任制度。网格化管理机制突出各级组织在洱海保护治理中的责任和义务，发动全民参与，实现全面有效控制流域污水乱排乱流、垃圾乱堆乱放、化肥农药乱施乱用等现象，大幅削减污染负荷，改善流域生态环境，逐步提升洱海水质，打好洱海流域保护治理的人民战争。

成立由镇主要领导任组长、分管领导任副组长、州市挂钩部门、镇属相关部门负责人、各村委会主要领导为成员的领导组。领导组负责督促全镇年度洱海保护网格化管理体系的建立和洱海保护治理目标责任书完成，协调帮助解决在开展洱海流域保护治理工作中存在的困难和问题，协调、帮助、督促洱海保护治理项目的实施。根据市洱海流域网格化管理绩效考核评价体系，对村组及相关单位进行考核。领导组下设督察组、执法保障组、办公室。领导组办公室设在镇洱海和环境保护服务中心，具体负责洱海保护管理相关工作的统筹协调。

将洱海保护治理责任全方位细化分解到银桥镇流域5条重点入湖河流（隐仙溪、双鸳溪、白石溪、灵泉溪、锦溪，以下简称"五溪"）、3条主要道路（大凤路、大丽路、环海西路，以下简称"三路"）、8个村委会、32个自然村，纵向建立和完善以镇党政主要领导、镇挂钩领导为段长，村委会总支书记、主任和村民小组长为片长，"三员"（河道管理员、滩地协管员、垃圾收集员）、环村林管护员、土地规划专管员、环保设施管护员等为直接责任人的网格化责任体系。横向重点以入湖河道、沟渠、村庄及道路环境、村庄规划建设、滩地、湿地、林地、农田、环保设施、生产经营、养殖加工、客栈餐饮服务的单位和个人等为管理内容的网格化管理体系。

（一）"五溪"四级网格管理模式

银桥镇五条溪实行四级网格管理模式。一级网格为河长，由大理市的一位"四班子"领导担任河长；二级网格为段长，由银桥镇的一位党政领导担任段长；三级网格为片长，分别由河道所在村委会的党总支书记、村委会主任担任辖区内河道部分的片长；四级网格为河道管理员，负责各自河道责任区的日常保洁工作。

河长职责：督促、协调、帮助开展入湖河道、沟渠综合整治和洱海保护治理项目实施；监督、检查网格化管理责任制在日常管理工作中的落实情况；摸清挂钩河道的污染源，制定河道整治方案和工程治理措施，落实治理目标任务，完成年度河道水质目标要求。

段长职责：负责协调、积极争取上级综合整治工程项目资金，建立网格化管理责任制各责任区、责任主体的长效工作机制，对责任区各责任主体工作落实情况进行督促、检查、考核；对本辖区内的州、市挂钩单位进行协调、检查、考核；

片长职责：按照河道综合整治要求，扎实做好河道治理各项工作；做好责任区河道的日常巡查、监管工作，及时发现存在的问题并进行处置，无法处置的要及时向段长报告。

河管员职责：严格按照划定的管理区域进行河道保洁工作，认真做好每日巡查，及时打捞、清理河道内的垃圾，一经发现向河道直排污水的行为要及时劝阻和制止，并向镇水务组和镇洱保中心报告；积极协助市、镇主管部门查处各类违法取水行为。

（二）河道排污口和挖沙取石整治三级网格管理模式

银桥镇对辖区内的五条溪的排污口封堵整治和挖沙取石整治实施三级网格管理。一级网格一个，区域为五条溪，由镇政府分管领导担任负责人；二级网格五个，区域分别为每条溪，由银桥镇税务组工作人员分别担任负责人；三级网格八个，区域为五条溪所在的各村委会，由各村委会党总支书记、村委会主任担任负责人。

一级网格职责：做好河道排污口封堵的协调指导工作，督促网格化管理责任制在日常管理工作中的落实情况。

二级网格职责：根据网格化管理责任制分解表中的内容，详细划分片区及责任人，定人、定责，将网格细化到直接责任人；采取有力措施，对河道排污口进行封堵，杜绝污水直排河道现象；做好日常巡查工作，对村组工作情况进行管理考核。

三级网格职责：加强河道排污口的监督管理，发现设置排污口行为要进行劝阻和制止，并及时向镇水务组报告。

（三）环境卫生整治垃圾收集四级网格管理模式

在开展村落环境综合整治中，银桥镇以村委会为网格单位，建立促进垃圾收集处理常态化的 8 个四级网格。各村委会的一级网格负责人为州市挂钩部门领导；各村委会的二级网格负责人为银桥镇挂钩村委会的各挂钩组组长；各村委会的三级网格负责人为村级负责人（村委会党总支书记、村委会主任）；四级网格 32 个，负责人分别是各自然村党支部书记。

一级网格负责人州市挂钩领导职责：督促、协调、帮助挂钩村组开展好"三清洁"环境卫生整治活动，集中解决洱海保护治理工作中存在的困难和问题。指导、督促网格化管理责任制在日常管理工作中的落实情况。

二级网格负责人镇挂钩领导职责：负责辖区内网格化管理责任制的制定和落实，建立网格化管理责任制各责任区、责任主体的长效工作机制，对责任区各责任主体工作落实情况进行督促、检查、考核。

三级网格负责人村级负责人职责：落实主体责任，认真组织开展辖区环境卫生整治工作；建立长效机制，做好责任区环境的日常检查及生活垃圾收集清运工作。

四级网格负责人垃圾收集员职责：严格按照各村委会划定的区域在规定的时间内完成垃圾收集和保洁工作，配合垃圾清运工作人员的垃圾清运工作；一经发现向村庄周边、道路两旁、田间地头、河道沟渠、库塘滩地随意倾倒垃圾的行为要及时劝阻和制止，性质恶劣的要向村委会报告。

（四）水面保洁和滩地管理三级网格管理模式

银桥镇水面保洁和滩地管理工作设一级网格一个，由镇政府分管环保的副镇长任负责人；二级网格 6 个，分别由银桥镇洱保中心工作人员任负责人；三级网格 6 个，分别由各区域的河道管理员和滩地管理员任负责人。

一级网格职责：做好水面保洁和滩地管理的协调指导工作，督促网格化管理责任制在日常管理工作中的落实情况。

二级网格职责：根据网格化管理责任制分解表中的内容，做好滩地保洁的日常巡查工作，对滩地管理员进行管理考核；依法及时处置侵占滩地行为。

三级网格职责：负责承包范围内的水面保洁和滩地管理工作；认真做好每日巡查，发现危害洱海水域和滩地的违法行及时劝阻和制止，性质恶劣的要及时向镇洱海和环境保护服务中心报告；积极协助市、镇主管部门查处各类侵占滩地、水面、偷捕、使用违法网具等违法案件。

（五）村庄及农田生态林建设管护三级网格管理模式

在开展村庄及农田生态林建设管护工作中，银桥镇建立了三级网格管理模式。一级网格一个，由银桥镇政府分管林业的副镇长担任负责人；二级网格4个，分别由银桥镇林业站工作人员担任负责人；三级网格4个，分别由实施了生态林种植的各村委会主任担任负责人。

一级网格职责：做好村庄及农田生态林建设的协调指导工作，督促网格化管理责任制在日常管理工作中的落实情况。

二级网格职责：根据网格化管理责任制分解表中的内容，详细划分片区及责任人，定人、定责，将网格细化到直接责任人；做好日常巡查工作，对村组农田生态林建设进行管理考核。

三级网格职责：加强对环村林的管理，发现破坏苗木及村庄绿化的行为要进行劝阻和制止，并及时向镇林业站报告。

（六）削减农业面源污染三级网格管理模式

在削减农业面源污染工作中，银桥镇建立了三级网格管理模式。一级网格1个，由镇政府分管农业的副镇长任负责人；二级网格4个，分别由银桥镇农业组工作人员担任负责人；三级网格8个，分别由各村委会党总支书记、村委会主任担任负责人。

一级网格职责：做好削减农业面源污染的协调指导工作，督促网格化管理责任制在日常管理工作中的落实情况。

二级网格职责：根据网格化管理责任制分解表中的内容，详细划分片区及责任人，定人、定责，将网格细化到直接责任人；做好日常巡查监管工作，并对村组工作开展情况进行管理考核。

三级网格职责：加强对无公害农产品种植区域的监管，大力推广使用有机肥，对在辖区内施用农药化肥的现象进行及时制止，减少农业面源污染。

（七）规范环保设施运行三级网格管理模式

在规范环保设施运行工作中，银桥镇建立了三级网格管理模式。一级网格 1 个，由镇政府分管环保的副镇长任负责人；二级网格 4 个，分别由银桥镇洱海保护中心主任担任负责人；三级网格 4 个，分别由临海 4 个村委会的党总支书记、村委会主任担任负责人。

一级网格职责：做好农环保设施管护的协调指导工作，督促网格化管理责任制在日常管理工作中的落实情况。

二级网格职责：根据网格化管理责任制分解表中的内容，详细划分片区及责任人，定人、定责，将网格细化到直接责任人；做好日常巡查工作，并对管理人员工作开展情况进行管理考核。

三级网格职责：切实履行确保环保设施正常运行的管理责任，对不能正常运行的或出现人为破坏设施的要及时上报镇洱海和环境保护服务中心，由镇洱海和环境保护服务中心向市级运营部门汇报，以便于及时进行维修。

### 三 网格化管理模式的延伸

推进网格化管理工作，不能只简单地考虑哪一方面的成绩，而是要通盘考虑，力求达到全面收获的倍增效益，使网格化管理长效机制不断深化、规范、提升。银桥镇在各项重点工作的推进中，借鉴网格化社会服务管理和洱海流域保护网格化管理的成功经验和创新理念，将网格化管理模式延伸到其他领域的各项重点工作。银桥镇坚持以实施网格化管理为载体，以建设网格体系为基础，以差异化履职为核心，以信息化平台为手段，以群众自治为主体，以督察考核为保障，推进条块融合、联动负责，实现对各项重点工作的常态化管理，积极探索银桥镇网格化管理新模式。

（一）镇挂钩村网格化管理

银桥镇借鉴网格化管理的理念，建立了镇挂钩村工作组制度。成立了挂钩全镇 8 个村委会的 8 个挂钩工作组，由镇党政班子成员任组长，指定一名站所负责人任副组长，10 名镇机关干部职工为工作组成员。工作组的职责是负责指导挂钩村委会的党组织建设、村两委换届、重点项目推进、洱海保护治理、环境综合整治、森林防火、脱贫攻坚等各项重点工作。需要进一步责任细化到人的具体工作，工作组按照网格化管理的理念，将各村委会按照村民小组划分为具体的网格，安排工作组成员分区域挂钩到各网格，确保责任到人，工作任务落实全覆盖。

（二）土地网格化管理机制

农村土地管理直接涉及农民切身利益，事关农村社会稳定和经济发展，也是基层土地管理的重点和难点。为了切实管理好辖区土地，运用网格化管理的理念，构建了银桥镇土地网格化管理机制。以自然村为单位，将全镇辖区划分为32个网格，通过公开选拔各自然村分别聘请了一名土地专管员。土地专管员的主要职责是负责向网格内的群众开展宣传教育和开展巡查监督。积极宣传国家和省州市土地、规划、建设管理相关法律法规政策知识，积极配合市镇村开展宣传教育，主动向村民宣传相关政策法规，引导村民不断增强规划建设法制意识。按照"预防为主，预防、查处、宣传教育相结合"的原则，对区域范围内土地、规划、建设情况进行全面动态巡查，及时掌握动态，发现违法建设行为积极劝阻，制止违法建设行为并及时向镇村报告。另外，建立了土地专管员微信群，各专管员发现违规建房、私搭乱建等土地违法违规建设行为及时制止，并将现场图片和信息发到微信群，请求镇规划巡查队立即赶到现场进行依法处置。如果没有发现违法违规行为，则实行每天晚上"零报告"制度。银桥镇通过建立和运用土地网格化管理机制，实现了土地管理"处处有人巡、天天有人管"，对土地违法违规行为早发现、早制止、早整改，切实减少了违规行为和降低了执法成本。

（三）森林防火网格化管理

每年12月1日至次年的6月1日是银桥镇的森林防护期。为确保银桥镇苍山林区安全，按照网格化管理理念，建立了森林防火三级网格管理模式。一级网格1个，由市委、市政府挂钩银桥镇的领导担任负责人，主要职责是督促指导银桥镇森林防火工作，并帮助协调解决工作中遇到的困难和问题。二级网格9个，由银桥镇党政班子成员分别担任负责人，主要职责是对各防火一线巡护组进行监督检查，严格要求巡护人员对所辖区进行巡查，发现问题及时提出整改意见。三级网格15个，由各卡点的护林员担任具体责任人，主要职责是负责卡点入山人员的火种收缴和登记等工作，确保无火种进山。

（四）食品安全网格化管理

食品安全关系到人民身体健康和生命安全，关系到社会稳定与和谐发展。2013年以来，银桥镇以创建"州级食品安全工作示范镇"为目标，成立了由银桥镇党委书记任主任的银桥镇食品安全委员会，建立了以"一专五员"（食品安全监管专干、食品安全协管员、联络员、信息员、宣传员、监督员）为责任主体的食品安全网格化管理机制。重点抓住食品源头监管、流通食品安全和餐饮食品安全三个环节的监管，实现全方面监管，切实保障了人民群众食品安全。

1. 健全网络

成立银桥镇食品安全委员会，按照"七有"标准（有机构牌子、有职能职责、有工作制度、有专人负责、有办公场所、有工作台账、有联系电话）建设食品安全委员会办公室。重点是明确"一专五员"责任主体及其具体职责。

（1）食品安全监管专干的网格化管理职责：负责本乡镇食品安全委员会办公室日常工作；负责"一专五员"工作计划、总结、组织协调和请示报告等日常工作；组织开展《中华人民共和国食品安全法》等相关法律、法规和食品安全知识的宣传教育；定期对村食品安全协管员和信息员进行食品安全相关法律知识、政策及有关业务知识培训；掌握本乡镇食品安全形势和生产经营单位、个体经营和基本情况，定期向乡镇政府和上级有关部门反馈市场动态，提供监管信息，举报制假售假等各类食品生产经营违法违规行为；开展调查研究，了解和掌握基层食品安全新情况、新问题，开展食品安全隐患排查，及时向镇人民政府和上级有关部门反映群众对食品安全监管的意见和建议；及时发现并上报食品安全事件信息每季度向上级食品安全委员会办公室统计上报本乡镇食品安全监管信息；协助相关部门开展食品安全监督检查、行政执法和案件查处工作。

（2）食品安全协管员的网格化管理职责：承担本村委会的食品安

全协管工作，向群众及食品生产经营单位进行《中华人民共和国食品安全法》等法律、法规和食品安全常识的宣传教育；每月组织开展1次食品安全巡查，开展食品安全隐患排查，发现问题及时向镇食品安全监管专干或食品安全联络员报告；及时掌握记录本村委会的食品安全情况和食品生产经营单位、个体经营户的基本情况及经营动态；协助相关部门开展食品安全监督检查、行政执法和对食品安全事件的调查处理；在当地发生食品安全事件时，及时向镇政府和相关部门报告，并做好现场保护，协助做好善后处理工作。

（3）联络员的网格化管理职责：负责本乡镇与村委会两级食品安全工作的协调联系，做好镇政府和村委会与食品生产经营企业、广大基层消费者之间的沟通和协调；会同村委会对所驻村食品安全情况每半月进行1次检查。参与镇政府组织的食品安全检查活动；指导、监督村委会食品安全协管员、信息员开展工作。及时向镇人民政府食品安全监管专干反馈群众投诉和对食品安全监管工作的意见建议。

（4）信息员的网格化管理职责：负责本村委会的食品安全信息收集、报送工作；协助食品安全联络员、协管员向所在村委会群众宣传食品安全法律、法规和食品安全常识；协助食品安全联络员、协管员向所在村委会内食品生产经营单位、个体经营户开展1次食品安全检查活动，建立工作记录和统计台账并汇总上报相关信息；负责本村（居委会）100人以上自办宴席的备案上报和检查指导；负责收集本村委会辖区内食品安全违法违规行为、食品安全事故、隐患和问题，投诉举报以及群众对食品安全监管工作的意见建议和要求，及时向乡镇食品安全监管专干或食品安全联络员报告。

（5）宣传员的网格化管理职责：宣传食品安全相关知识、政策、法律法规，以及食品安全监管部门开展食品安全监管工作有关情况；协助食品安全协管员、信息员做好本村食品安全监督工作，督促本村村民落实农村宴席备案制度，积极开展农村宴席备案工作；收集食品安全种植养殖、生产加工、市场流通和餐饮服务等领域违法行为和相关违法案件的线索；反映社会各界对食品安全监管工作的意见和要求。

（6）监督员的网格化管理职责：宣传食品安全相关知识、政策、法律法规，以及食品安全监管部门开展食品安全监管工作有关情况；协助食品安全协管员、信息员做好本村食品安全监督工作，督促本村村民落实农村宴席备案制度，积极开展农村宴席备案工作；收集食品安全种植养殖、生产加工、市场流通和餐饮服务等领域违法行为和相关违法案件的线索；反映社会各界对食品安全监管工作的意见和要求。

2. 层层签责

制订了大理州食品安全工作示范镇创建方案和责任分解表，每年初银桥镇人民政府与各村委会、各企事业单位签订《食品安全工作目标责任书》，与食品安全监管专干、食品安全协管员、联络员、信息员、宣传员、监督员签订了《食品安全监管责任书》。各村委会也与村民小组签订了《食品安全责任书》。同时，明确了村民小组长、宴席户主、宴席主厨、村卫生室主任、各村畜牧检疫员为农村宴席食品安全的五大责任主体，具体负责农村宴席的食品安全检查指导和签责工作，全镇农村宴席备案率实现了100%。

3. 健全制度

建立食品安全工作会议、责任追究、信息报送、事故报告、投诉举报查办、工作督察考核、农村集体聚餐管理等各项制度并有效执行；建立食品安全联席会议制度，定期不定期召开会议，分析辖区内食品安全工作形势，研究解决食品安全工作中存在的困难和问题；制定印发了食品安全应急预案和应急操作手册，镇、村、组应急网络覆盖面达100%，全镇食品安全事故报告率和处理率达100%。2016年年底，"州级食品安全工作示范镇"创建工作顺利通过大理州人民政府验收。

# 第三节　自然村村民自治模式

村民自治是当前我国推进农村民主政治建设的重要举措，是社会主义新农村建设的重要内容。自治所产生的自我约束，有助于社会的自我调节和自我平衡，形成一个社会的基础性动力和秩序。2014年中央一号文件提出："探索不同情况下村民自治的有效实现形式"。银桥镇积极探索符合自身实际的自治形式，通过赋予村民民主权利，诱导民众发挥自主、自助、自发的精神，使政治上的民主化与经济上的市场化有机结合，促进农村和谐发展。

## 一 自然村村民自治的背景

从村民委员会诞生至今，我国以村委会为基本单元的村民自治走过了30多年的历程。由于村民自治的基本单元（行政村）与传统自治单元（自然村）相脱节，以行政村为基本单元实施村民自治的通行做法出现了一些弊端，难以适应农村社会的发展变迁，需要探索建立以自然村为基本单元的村民自治制度。

（一）弥补制度缺陷的需要

1998年，法律规定村民委员会所在的"村"是建制村，即国家统一规定和统一管理的村组织，大量的行政任务要通过建制村的村民委员会加以落实，因此是一个"行政化"的村。1998年之后，中国的村民自治的实现形式就是以建制村为基础而展开的。然而，从自治的角度看，以建制村为基础开展村民自治遭遇了极大困难和体制性障碍。随着21世纪以来农村社会的发展变迁，以行政村为单元实施村民自治的通行做法陷入了日渐明显的困境，具体表现为：行政村规模普遍较大，自治困难；行政村村委会行政色彩浓厚，自治能力弱；行政村层面自治，村民认同感不强，自治效果不佳等。当前，以行政村为自治单元的村民自治由于范围比较大，已经明显影响了村民自治功能的发挥，这体现出乡村治理的体制性困境。随着村民自治实践的不断深化，改革或优化这种乡村治理的体制已成为必要。①

自然村落内部所具有的共同血缘、共同地缘、共同文化以及共同利益等因素在一定程度上、特定的村落地域范围内可以起到社群自治

---

① 汤玉权、徐勇：《回归自治：村民自治的新发展与新问题》，《社会科学研究》2015年第6期。

的作用。传统中国的乡村社会治理是自然村落内部固有的社群自治与国家政权"外治"的结合，且以村落内部治理为主。自治能够存在并发挥作用的原因和载体则是建立在自然村落基础上的秩序的产生和存在。同时，自然村落单元对中国乡村治理的影响并不会在短时间内消除，并将随着自然村落的发展而不断延续下去。①

根据现行的法律，银桥镇的 8 个村委会直接管理到村民小组，村委会领导班子（主任、副主任、委员）和村民小组长是由村民自治选举产生，得到法律认可，并由财政预算按月发放报酬，与之形成鲜明对比的是"自然村村庄"或"村长"这一职务已经不复存在。但是，银桥镇各个自然村还沿用着"村长管村"的管理机制，只是由于没有法律认可的地位和财政发放的报酬。银桥镇的现行做法是：一个自然村仅下辖一个村民小组的由村民小组长兼任村长，一个自然村下辖几个村民小组的由其中一位村民小组长兼任村长。由此可见，实施以自然村为基本单元的村民自治制度，既合乎银桥镇农村的实际情况，也可以弥补国家法律在农村的空缺，使农村中顺乎社会发展的习惯得到进一步发扬，使乡规民约的遵守有着内在的自觉性，使国家法律与农村习惯有机地结合起来。

（二）村庄自身发展的需要

自然村是村民自治萌芽和生长的地方，也是农村集体经济最基本的单位。村民自治是一种自发秩序，是村民自身生存的需要，是在冲破集体管制而获得经济自主和自由后，由个体自由、自主的小农生活重新向集体生活或社会生活转向的需要。村委会为基本单元的村民自治是跨自然村的村民自治，难以把多个缺乏紧密经济联系的自然村组织起来，以有效促进集体经济的发展。村民自治的经济基础是建立在家庭联产承包责任制形成的个体经济之上的，而维持村民委员会存在和发展的经济基础就是在这些个体经济之上的集体经济。行政村并非能实际控制各个自然村的生产资料，只有实际控制各自然村生产资料

---

① 张茜、李华胤：《村民自治有效实现单元的讨论与研究》，《中国农业大学学报》（社会科学版）2014 年第 4 期。

的农村精英们自发地或者自觉地发展集体经济，才能真正实现自治目标。因此，实施以自然村为基本单元的村民自治，可以对农村经济自发地进行整合与管理，促进了农村集体经济联合发展。

（三）推进依法治村的需要

通过村民自治制定相关规章制度，促进村务公开、民主议事、民主管理、民主选举和民主监督，保障广大农民依法正当行使当家做主的权利，也是村民自治的法制化过程。银桥镇严格依照国家法律法规和政策开展以自然村为基本单元的村民自治试点，认真贯彻落实党在农村的各项路线方针政策，将各级党委的主张和要求通过村民自治组织和村民自治规章制度转化为村民的集体意志，将"要我做"变为"我要做"。尊重村民的主体地位，确保村民的知情权、参与权、决策权、监督权，充分反映大多数村民的意志。坚持一切从实际出发。既贯彻落实试点工作的基本要求，又要充分体现自然村的个性特点，做到制度设计要通俗易懂，自治做法要简便易行，工作运转要节约高效。

二　自然村村民自治的试点

村民自治是基层群众自我参与和管理社会事务的组织形式，是国家民主建设、农村社会发展、农民基于经济民主基础上的政治民主需求的集中体现，符合市场经济社会中国家权力体系逐渐退出民主管理空间的趋势，通过赋予村民以民主权利，诱导民众发挥自主、自助、自发的精神，使政治上的民主化与经济上的市场化在农村和谐发展、农业持续增长、农民安居乐业的基础上有机结合。银桥镇根据《中共大理市委办公室、大理市人民政府办公室关于印发〈大理市进一步开展自然村村民自治试点工作方案〉的通知》（大市办通〔2015〕24号），2015年推进了松鹤里自然村村民自治试点工作，2016年又以自然村为自治单位，推进了上银自然村、下银自然村、磻曲自然村、五里桥自然村、沙栗木自然村、庆安里自然村的村民自治试点工作。

（一）成立组织机构

自然村村民自治试点工作，是一项法律性、政策性极强的工作，必须加强领导和精心指导。银桥镇以及各试点村分别成立镇、村两级开展以自然村为基本单元试行村民自治试点工作的领导机构及工作机构，促进试点工作有组织、有计划、有步骤地进行。根据《中国共产党章程》中关于农村党组织是农村各种组织和各项工作的领导核心的规定，银桥镇村民自治试点村的村党支部加强对村民理事会等村民自治组织的领导，支持村民理事会等村民自治组织依照村民自治规章制度全面履行职权，自然村村民理事会等村民自治组织应当在村委会党总支、自然村党支部领导下开展工作。工作称职、村民公认的自然村党支部书记、村民小组长，原则上作为村民代表、村民理事会、村民监事会成员候选人，便于工作的统筹协调和调动各方面的积极性。银桥镇党委、政府加强对自然村党支部书记或党小组长、村民理事会理事长、副理事长和村民监事会主任的培训，逐步提高履职能力。银桥镇试点工作领导组深入试点村开展调查研究，广泛征求党员干部和广大村民的意见，摸清由村民小组负责和自然村统一管理的事项，村民自我管理、自我教育、自我服务的做法和成效，村庄治理中存在的主要问题，村民对村庄治理的意见和要求，并制定了符合镇情村情的试点工作方案。

（二）搭建自治载体

银桥镇村庄自治试点工作领导组起草了《自然村村民代表选举办法》《自然村村民理事会理事长、副理事长选举办法》《自然村村民理事会理事选举办法》和《自然村村民监事会选举办法》，并召开各试点村户长会议讨论征求意见进行修改完善后实施。在银桥镇以自然村为基本单元的村民自治实践中，经村民小组村民会议直接选举产生村民代表，由村民代表和未当选村民代表的村党支部成员、村民小组长、老年协会会长组成村民代表会议；经村民大会在村民代表中直接选举产生村民理事会理事长、副理事长，由村民理事会理事长在村民代表中提名并提请村民代表会议选举产生村民理事会理事，组成自然村村民理事会；经村民代表会议在村民代表中选举产生村民监事会主任和监事，组成自然村村民监事会。成立村民理事会后，村民小组负责农田等集体资产管理，处理本小组内的公共事务。涉及整个自然村村民的集体资产、公共事务和公益事业，包括容易引发村民意见、应当由全村统筹的低保户评定、宅基地审批、房屋建设等事项应经村民理事会审核。村内经济合作组织、老年协会、红白理事会、宗教团体、民间信仰团体、文艺团体等民间组织，都应当在村民理事会的统筹协调下开展活动，形成合力。另外，各试点村还建立健全村民自治组织的决策咨询组织。村民理事会聘请关心本村建设和发展的村内在外工作、经商务工人士以及在本村投资经商、长期居住的外村人士，担任本村顾问，组建村民自治组织的顾问小组，为本村建设和发展提供智力支持。

（三）建立规章制度

银桥镇各试点村在村民充分酝酿、讨论修改的基础上，由村民代表会议表决通过《村民代表会议制度》《村民理事会章程》《村民监事会章程》和《村规民约》四项基本制度，根据村庄治理需要制定《村庄环境卫生制度》《客事从简制度》等专项制度，从而使民主管理有相应的村规民约和村民自治章程的文本可遵循执行。为了化繁为简使干部和村民都易于遵循和执行，在操作中根据实际状况或新发生的问题，及时调整、修正文本规定中的不合理、不恰当之处，从而更深入人心。通过制定、执行、调整、完善村民自治章程及村规民约，来不断提高广大村民自我管理、自我教育和自我服务的能力和意识。村民不断地提出问题、发现问题、解决问题，进而提高参政、议政的水平和艺术，充分调动广大村民民主管理的能动性和积极性，掀起全员参政、议政的浪潮，开创人人管理、管理人人的民主新局面，最终达到民主管理村务的过程与结果在目标上的高度统一。

（四）强化民主监督

村民自治包括民主选举、民主决策、民主管理和民主监督四个环节，其中民主监督在村民自治中起着保障、整合、纠正和促进的作用，是村民自治过程中最为复杂、脆弱的保障性关键环节，维系着村民自治的生命力。民主监督是指由村民直接了解、评价村委会工作的过程，监督村委会成员行为，让村干部的工作和行为能在阳光下进行，也即他们必须在群众监督下依法依规开展工作，而绝不应做损害公共利益、谋取个人私利的坏事。民主监督是法律赋予村民的自治权

利之一，是村民自治最重要而有效的武器。为有效克服村民自治民主
监督环节中常见的监督主体不明确、监督内容模糊、监督形式单一、
监督机制不完善等问题，银桥镇积极探索建立健全民主监督的保障机
制。一方面，从制度上明确各村级组织的权利和义务，规范其运作程
序，为村民和监督小组的监督提供法律保证。另一方面，各自然村成
立村务监事会，通过依法监督扩大群众的知情权、参与权、决策权、
监督权，推进村务科学决策、民主管理，民主监督的有效运行。

### 三　自然村村民自治的成效

银桥镇以自然村为基本单元开展的村民自治试点工作，激发了广
大村民的自觉性、主动性、积极性，有效破解了农村治理中长期存在
而又十分紧迫的难题，探索了一种新型的农村基层治理体制，为农村
的全面协调可持续发展打下了坚实基础。自然村村民自治组织的工作
领域不断拓展，成效日益显现，对加快基层民主政治建设进程、维护
农村社会稳定、推动农村经济发展发挥了极其重要的作用。

#### （一）推进了基层民主政治建设

在实施自然村村民自治试点工作中，各试点村的农村基层党组织
在领导村民自治的实践中，经受了考验，得到了锻炼，积累了做好新
形势下群众工作和处理复杂矛盾的经验。通过鼓励村党支部成员与村
民理事会、村民监事会班子成员交叉任职，村党支部书记与村民理事
会理事长或村民监事会主任"一肩挑"，进一步发挥村党支部的政治
保障和服务保障作用。一些民选的村民自治理事会成员和村委监事会
成员，经过党组织的考察培养，及时被吸收进党组织，为基层党组织
提供了新鲜血液，进一步增强了农村基层党组织的凝聚力、战斗力。
通过试点，建立了试点自然村的村民自治组织，建立了体系健全、内
容完整、便于实施的村民自治规章制度，为实现村民自我管理、自我
教育、自我服务提供了制度保障。通过开展村民自治，把选人、议
事、监督的权力真正掌握在广大农民群众手中，从根本上促进了农村
党风廉政建设和社会风气的好转，找到了一条化解农村社会矛盾、解
决农村社会问题的有效途径。通过开展村民自治，培养了广大农民群
众的民主习惯，构筑了以民主选举、民主决策、民主管理、民主监督

为基本内容的农村基层民主制度的框架，探索了在党的领导下建设农村社会主义民主政治的有效模式。

（二）增强了村民的主人翁意识

通过试点，提高了村民的组织化程度，为广大村民提供了参与村民公共事务管理的平台和机制，在村民公共事务管理上充分体现了广大村民的意愿，使村民主体地位得到真正体现，使村民真正成为农村的主人，激发了广大村民参与本村公共事务和公益事业建设的自觉性、主动性、积极性，改变了村民以往对村内存在的诸多问题视而不见，过多依赖各级党委、政府的现象。在开展了村民自治试点的自然村，村民自治组织都普遍地开始按照规章制度赋予自己的职权和规定的工作规则，实现了农民群众的自我管理、自我教育、自我服务，激发了农民群众的主动性、创造性和当家做主的责任感，主动研究和解决村内、组内公共事务和公益事业建设方面的问题。

（三）促进了村庄法制化建设

健全法制建设，规范和完善村民自治制度，促进村民自治的健康发展，有了村民自治章程和村规民约，无论是从管理人，还是从管理事务上，都易于做到互相监督、共同遵守，达到了维护乡村正常的生产生活秩序、促进乡村社会的稳定团结及和谐发展的目的。村民自治，有效保障了村级各类组织之间的关系顺畅，保证农村生产经营、社会治安、婚姻家庭、计划生育、公共劳动和服务等事务的有序进行。

（四）激发了村经济发展的活力

自然村村民自治试点探索，有效破解了建制村难以让村民自治"落地"的难题和税费改革后农村公益事业办理中的"一事一议"的难题。在开展村民自治试点的自然村，村民自治组织全面加强了村务管理，对村民行为进行了全面规范。各自然村立足村情，在村域发展规划、"空心村"整治、特色农业发展、土地集约经营、农民合作经济组织和集体经济发展方面进行了有益探索。例如，阳波村采取"一亩一股"模式，由620户农户、8个村民小组分别以1126亩承包土地和75亩机动田入股，组建土地股份合作社，实现了坚持集体所有不动摇的农民股份合作，创新了集体经营方式，实现了农民群众"分股合心、联股联心"。① 各试点村成立村民理事会后，村民理事会通过加强村内公共资源的统筹和整合，培育、发展壮大自然村集体经济，为村民自治组织的正常运转和村庄的可持续发展提供经济保障。

---

① 高云才：《先行先试，保障农民财产权益》，《人民日报》2016 年 11 月 27 日第 2 版。

# 第九章　制度保障、特色城镇化与
# 生态文明建设

　　制度作为激励和约束人们行为的一系列规则，其最终目的是协调人与人之间的关系，推进资源配置效率的提高，为社会带来更多的财富。党的十八大关于生态文明建设提出的一个重要思想是加强生态文明制度建设，保护生态环境必须依靠制度。党的十八届三中全会作出的《中共中央关于全面深化改革若干重大问题的决定》强调，"建设生态文明，必须建立系统完整的生态文明制度体系"。生态文明建设的目标是在经济社会发展过程中处理好人与自然的关系，但处理好人与自然的关系又涉及人与人之间的关系。因此，生态文明建设是一个社会问题。从一般意义上说，生态问题主要是自然科学研究的内容，解决生态问题主要依靠科学技术。而生态文明建设则是社会科学研究的内容，因为生态文明既涉及人与自然的关系，又涉及人与人之间的关系，还涉及社会生产和生活各方面的制度、体制等问题。在人与自然的关系中，居于主导地位的是人，人的行为决定着人与自然的关系是否和谐，人的行为又受到人与人之间关系的支配。所以，生态文明建设的目标是处理好人与自然的关系，实现人与自然和谐发展。但人与自然的关系能否处理好，关键在于人的行为，在于人与人之间的关系能否协调好。人与人之间的关系本质上是一个社会问题。解决社会问题必须要依靠制度。生态文明建设既需要通过自然科学的研究，解决好生态建设中的各种科学技术问题，更重要的是要通过社会科学的研究，解决好生态文明建设中的制度和体制问题，处理好个体与个体之间、个体与社会之间的各种关系。[①]

城镇化不仅是硬件的改变，同时需要软件配套。软件就是制度、政策、管理。[②] 制度作为约束和规范人们行为的关键驱动力量，是推动社会发展和维护社会秩序的有效手段。合理的制度安排能够促进自然资源和社会资源的合理、高效配置，是生产、生活和生态和谐发展的重要内容和有力保障。洱海流域在推进特色城镇化和生态文明建设进程中，注重制度建设对生态文明建设和城镇化规律认识的深化，并由理念转变为群众自觉行动的实践。通过加强教育、法律、行政、交易等方面的制度建设，以及相关的组织、执行机构和职能部门的建设，逐步构建起具有全局性、长远性、根本性的制度保障体系。

# 第一节　生态文明理念教育制度

洱海保护治理是一个区域性、社会化的系统工程，既需要政府部门的主导组织，更需要全社会的共同参与。一方面，各级政府部门要发挥部门优势，密切配合，相互联动，狠抓治理工作落实。发展改革部门牵头项目申报，经委负责流域产业结构调整，规划建设部门负责城市、城镇排污基础设施建设，水利、国土部门负责国土治理、水土保持和小流域治理，林业部门负责面山绿化及退耕还林，农业部门负责面源污染治理，工商部门负责流域禁磷，洱海管理部门负责水政、渔政和综合执法，环保部门负责统一监管，形成各部门通力合作、齐抓共管的保护治理工作格局。另一方面，充分利用报刊、广播、电视、讲座、墙报、黑板报和宣传橱窗等多种形式和手段，广泛深入地开展环境保护宣传教育活动。

---

① 顾钰民：《论生态文明制度建设》，《福建论坛》（人文社会科学版）2013 年第 6 期。

② 厉以宁、艾丰、石军：《中国新型城镇化概论》，中国工人出版社 2014 年版，第 75 页。

**一　环保教育进课堂**

为切实加强洱海保护，大理州教育系统深入开展生态文明和洱海保护教育，明确了全州教育系统洱海保护宣传教育工作的指导思想、组织领导、活动内容及活动要求。明确了县市教育局及学校洱海保护教育宣传活动的任务，将洱海保护教育宣传活动纳入全州教育目标管理考核的重要内容，形成了一级抓一级、人人抓落实的洱海保护工作运行机制。

积极开发乡土教材，抓实课堂教育。2014 年 7 月，大理市教育局组织专家编写了《洱海保护》地方教材和《让心里充满阳光》《永远的苍山洱海》《我爱母亲湖》等环保知识读本。要求全市中小学从 2014—2015 学年秋季学期开始将《洱海保护》教材列入课程表，在小学阶段的四、五年级和初中阶段的七、八年级地方活动课中进行教学。课时从地方课程中安排，每周 1 课时，每学期 20 课时，全学年 40 课时，从 2015 年春季学期起，将教学情况列入期末考查范围，与其他科目考试同步安排，做到有目的、有计划、有针对地组织教学，真正让"洱海保护"宣传教育进教材、进课堂、进头脑。2015 年 7 月 10 日，大理市教育局在组织本学年的期末统考中，将《洱海保护》教材知识首次列入期末统考，小学四、五年级 15881 人和初中七、八年级 16895 人参加了此次考试。考试内容包括《洱海保护》地方乡土教材全册、习近平总书记关于洱海保护的重要指示以及洱海保护最新进展情况。试卷满分 100 分，采用填空、判断、读图、名词解释、简答、论述、材料探究、实践活动等题型全方位检查学生的学习成效。考试采用闭卷答题方式，实行严格监考，并通报考试成绩，切实达到以考促学、以学促效的目的。[①] 积极开展洱海保护主题教育活动。充分发挥课堂主阵地作用，连续两年将洱海保护宣传教育纳入每学年开学第一课的内容，将环境保护教育渗透到语文、物理、生物、化学、自然等学科课堂教学中，让保护洱海和生态文明建设理念融进课堂。

---

① 段德光：《大理市举行〈洱海保护〉乡土教材知识期末统考》，《大理日报》2015年 7 月 19 日 B1 版。

组织学校青年志愿者发放洱海保护倡议书并清扫了学校周边环境，开展"保护洱海、爱我家园"为主题的征文活动和手抄报活动，组织中小学生"美丽的洱海，我想对你说"等以环境保护为主题的演讲比赛等。

各级各类学校充分利用国旗下讲话、集体宣誓、知识讲座、小广播、校园网站、团（队）宣传展板、文艺表演等方式进行宣传教育，将宣传教育活动与"三清洁"活动、团队活动、日常活动充分结合起来，让学生从我做起、从身边的小事做起，在实践活动中受到教育，得到锻炼。同时深入开展"小手拉大手"活动，实现一人带动一家，一家带动一片，人人参与保护洱海的目标。

2015年春季开学伊始，大理州教育局组织全州各级各类学校在上一学期的基础上，继续开展"洱海保护、大理环保"开学第一课宣传教育活动。要求各县市教育局、各学校，结合时代特点和自身实际，通过主题班会、国旗下讲话、演讲比赛、广播、黑板报、宣传栏、致家长一封信、文艺晚会等丰富多彩的主题活动，对学生进行环保教育。使用好大理州地方教材，并充分发挥课堂主阵地作用，将环保知识教育渗透到各个学科课堂教学中，让学生在"实践—体验—感悟—发展"中逐步形成爱护环境、保护洱海、保护母亲湖的思想意识。在校园内营造洱海保护人人关心、人人宣传、人人参与的良好氛围。

## 二 "保护洱海、清除垃圾"爱国卫生运动

洱海保护治理是一个区域性、社会化的系统工程，既需要政府部门的主导组织，更需要全社会的共同参与。环境保护是社会的基本职能，发动全社会共同参与，是洱海治理保护能否成功的重要基础。洱海曾经于1996年9月爆发蓝藻污染之后，2003年7月再次爆发蓝藻污染。2003年1—10月，洱海水质仅有3个月达Ⅱ类标准，有3个月下降到Ⅳ类标准。对此，洱海流域党委、政府充分意识到问题的严峻性，唤醒了流域群众强烈的自省意识，开启了一场各族人民全面参与的"洱海保卫战"，构建天、地、人共存、共生、共荣的新型生态伦理关系。

2003年起每年组织一次全社会广泛参与的"保护洱海、清除垃

圾"爱国卫生运动。充分利用报刊、广播、电视、讲座、墙报、黑板报和宣传橱窗等多种形式和手段，广泛深入地开展环境保护宣传教育活动。组织洱海保护倡议万人签名募捐、有奖征文和歌手大奖赛等活动。通过这些措施，进一步强化了"洱海清、大理兴"的意识，使洱海保护治理各项工作得到了广大人民群众的理解和支持。随着一系列轰轰烈烈的群众性运动，热爱洱海、关心洱海，在大理逐步深入人心，使洱海保护治理有了广泛的群众基础。

**三　"洱海保护月"活动**

2008 年 12 月，经大理州委、州人民政府同意，大理市委、市政府印发了《开展"洱海保护月"活动实施方案》。为了提高全民保护洱海意识，加大洱海保护治理力度，经州市党委、政府研究，决定从 2009 年起，将每年 1 月定为"洱海保护月"。该活动以邓小平理论和"三个代表"重要思想为指导，深入学习、践行科学发展观，认真贯彻落实省、州党委、政府保护洱海各项工作部署，以洱海水环境质量安全和富营养化控制为目标，按照"政府引导、上下联动、部门包村、全民参与"的工作要求，以加大保护洱海宣传力度、提高全民增强洱海环境保护意识、整治环洱海周边环境、减少洱海面源污染为主要任务，促进大理滇西中心城市建设和全州经济社会可持续发展，努力实现"洱海清、大理兴"的宏伟目标。

"洱海保护月"活动的目标任务有三个方面。一是加大宣传、深入发动，提高全民参与洱海保护的自觉意识。通过深入开展保护洱海知识的宣传教育，让环洱海周边的集体、单位、村民、城市居民和学生充分认识保护洱海的重要性和紧迫性，理解支持党委、政府和各级各部门在保护洱海过程中采取的政策措施和办法，解决自己在保护洱海行动中应该怎么办的问题，将保护母亲湖洱海变为大理人民的自觉行动。二是政府引导、社会主导，发挥群众在洱海保护中的主体作用。"洱海保护月"活动以镇（区）和村委会为主导，发挥广大人民群众的主体作用。在州市党委、政府的统一领导下，在州市挂钩联系部门的指导帮助下，认真解决在洱海保护中存在的认识不到位、机制不健全、管理不科学、经费无保障、习惯难改变等具体困难和问题，在"洱海保护月"活动中掀起集中学习、宣传教育、整治环境、解决具体问题的高潮，为洱海保护长效机制的形成打好基础，积累经验，起好示范和促进作用，形成全民参与、齐抓共管的良好局面。三是部门联动、密切配合，努力形成洱海保护治理的强大合力。做到州市联动，所有在大理市辖区内的州市党政机关、群团组织、民主党派、事业单位、驻军部队和学校作为实施"洱海保护月"的挂钩联系单位，在州市党委、政府的统一领导下，与挂钩联系的镇（区）和村委会一起研究，制定活动实施方案，协调解决工作经费，召开各种宣传发动会议，发放宣传资料，进村入户开展走访群众，清理农村垃圾和各种污染物，帮助指导建立环境卫生管理长效机制等工作。挂钩联系单位主要领导要亲自到挂钩村指导工作，召开宣传发动会议，单位主要领导及工作人员在挂钩联系点工作时间要在 5 个工作日以上。

"洱海保护月"活动注重发挥各职能部门的作用。农业部门负责开展农业面源污染知识的宣传，引导农民发挥比较效益优势，调整农业产业结构和种植结构，大力发展高产、优质、高效、环保的农作物品种，做好试验示范和技术推广。畜牧和科技部门负责大力宣传畜禽粪便的资源利用和无害化处理的措施及办法，并积极做好相关项目的实施和推广工作。教育部门充分利用教学平台，举办洱海保护知识讲座，深入开展"小手拉大手"活动，让学生从小树立保护洱海的意识和习惯。宣传部门利用广播、电视、报纸等宣传媒体，通过举行文艺汇演等多种形式，广泛宣传洱海保护的相关政策措施和办法，宣传洱海保护面临的形势任务以及取得的成效，对在"洱海保护月"活动中涌现出来的好典型、好经验和好做法要进行重点宣传报道。其他相关部门和单位在"洱海保护月"活动中结合自身实际，创造性地开展工作，努力形成社会关注、全民参与、部门联动、勇于创新、扎实推进、生动活泼、注重实效的良好氛围。

"洱海保护月"活动对参与活动各责任单位提出了"八个一"的要求。一是召开一次会议或举行一次启动仪式。按照"隆重、热烈、节俭、有序"的原则，由"洱海保护月"活动工作领导组在每年年初召开一次"洱海保护月"活动启动大会或启动仪式，明确开展活动的重要意义、目标任务、活动主题和工作要求，对本年度活动内容和工作重点进行安排部署。镇（区）和村委会也要层层召开宣传动员会议，做到家喻户晓。二是有一名责任领导。州、市挂钩联系领导负责指导镇（区）"洱海保护月"活动，镇（区）党委书记和村党总支（支部）书记对本镇（区）、村委会的活动开展负总责，挂钩联系单位党政"一把手"对指导帮助挂钩联系村开展活动负总责。三是制定一个活动方案。镇（区）和村委会要在挂钩联系领导和挂钩联系部门的指导帮助下，制订本镇（区）和本村委会的"洱海保护月"实施方案和工作计划。四是组织一次洱海保护知识宣传活动。要利用黑板报、广播、电视等宣传媒体，并采取发放宣传材料、进村入户宣传动员等形式广泛宣传洱海保护的目的意义和相关要求。以州、市宣传和文化部门牵头，镇（区）党委、政府具体负责，组织举办一次文艺汇演，做到人人皆知，达成共识。五是筹集一笔活动资金。州、市政府对开展活动的 108 个村委会，每个村委会安排不低于 5000 元，全市共 54 万元的环保专项经费，挂钩联系单位要积极给予村委会支持帮助，为开展活动提供保障。六是协调实施一个环保项目。挂钩联系单位要积极为镇、村联系协调环保项目，帮助镇、村解决剩余劳动力。七是组织一次整治环境卫生、清理垃圾活动。要将此项活动作为活动月的一项重点工作来抓，让广大群众得实惠。八是形成一个环境卫生监管长效机制。保护洱海是一项长期的任务，要以"洱海保护月"活动为契机，掀起洱海保护的热潮，形成以民主管理、民主监督为核心的农村垃圾收集、清运、保洁和洱海保护综合治理的长效机制，有效巩固"洱海保护月"取得的工作成果。

### 四 "三清洁"环境卫生整治活动

洱海流域从 2014 年起，开展以"清洁家园、清洁水源、清洁田园"为主题的"三清洁"环境卫生整治活动。根据全市的部署和要求，银桥镇制定了开展镇村环境卫生整治活动工作方案，明确了工作重点。一是村庄环境卫生整治。各村委会、州市挂钩单位组织人员对集贸市场、大丽路、凤大公路、西环海路、村庄道路（含进村路）、村内沟道、村心广场等场所为重点进行集中整治。同时，充分发挥党员干部、村委委员、村民代表的模范带头作用，发动广大群众，对房前屋后的环境进行清理整治，打一场环境整治的人民战争；多级联动，合力整治。州、市、镇、村四级联动，共同开展环境整治工作。通过干部群众共同努力，各村存量垃圾得到全面清理，街道、村庄道路整洁有序，村民房前屋后更加干净整洁。二是集镇商铺环境整治。村组组织力量对村内人员较集中的场所进行整治，重点为集镇商铺。日常管理上严格落实"门前三包"责任制，要求商铺配备垃圾收集容器、扫把等垃圾清扫工具，并认真做好商铺内外环境保洁工作，做到门前规范有序、干净整洁。三是河道、滩地卫生整治。镇洱海和环境保护服务中心组织河道管理员、滩地管理员并发动群众，对河道、洱海滩地的漂浮物、堆积物、垃圾及污染物等进行彻底清理，做到湖泊水面无垃圾，滩涂地无垃圾堆放、无粪堆，入湖河道无垃圾、不淤塞，水域干净、河道卫生、水流通畅。四是石材加工废水整治。围绕石材加工废水"零排放"的目标，积极开展宣传教育，督促石材加工户按照要求建设沉淀池，配备抽水设备，并做到中水循环利用不外排。关口前移，加大巡查力度，实行"网格化"动态监管，及时排查制止排污行为。对不实行中水回用、淤积物清理不及时、偷排加工废水的石材加工业户，采取停电、拆除生产设施等措施，坚决予以处罚打击。

银桥镇在"三清洁"环境整治工作中，制定了相关的管理、监督、考核制度，形成科学、规范、有序的村容村貌管理机制。一是实行农村生活垃圾有偿处置收费及资金统筹制度。农村生活垃圾有偿处置费村组按照"一事一议"的方式向农户收取。农户的生活垃圾处置费收费标准原则上不低于3元/户·月，村组收取的生活垃圾收集清运费实行"村账镇管、专款专用"的财务管理制度，专项用于本村组生活垃圾的收集、清运和保洁工作。二是实行农村生活垃圾收集清运保洁制度。农户庭院、房前屋后、沟渠的垃圾和污泥浊水由农户负责打扫和保洁；公共场所和主要沟道的生活垃圾由村级负责清扫；单位和经营户内部及周边产生的垃圾由单位和经营户负责清扫保洁。三是实行农村生活垃圾收集清运及环境保洁与村组干部绩效工资挂钩考核制度。将农村生活垃圾收集清运工作纳入镇级重点工作绩效考核内容，实行绩效挂钩。把村两委干部每人每月300元和200元的绩效工资作为考核资金，由镇每月考核。四是实行农村生活垃圾收集清运目标责任考核制度。为进一步促进生活垃圾收集清运和环境保洁工作责任制落实，调动镇村相关责任人的工作积极性，镇政府将与各村委会签订责任书，并实行农村生活垃圾收集清运和环境保洁工作风险抵押金制度。各村委会书记、主任、副书记、副主任交纳1000元抵押金。五是实行农村生活垃圾收集清运日常巡查制度。镇洱海保护管理中心成立巡查工作组，每周不少于3次，对全镇各村垃圾清运和环境保洁方面的工作情况进行巡查，严格按照镇对村绩效考核办法进行考评登记，及时发现工作中存在的问题，督促各村认真整改。六是实行农村生活垃圾收集清运督察问责制度。镇纪委、镇党政办将组成联合督察组，每月不少于1次，对镇洱海保护管理中心、各村的环境保护工作开展情况进行督促检查，对不按要求履职的进行通报批评，情节严重的追究相关单位和人员的责任。七是实行农村生活垃圾收集清运工作例会制度。每季度举行一次镇政府领导、镇挂钩村工作组长、各村委会主要负责人、洱海保护管理中心全体人员参加的工作例会制度，及时通报各村工作情况、季度考评情况，认真分析取得的成效、存在的问题，对下一季度的工作作安排，加强沟通协作，提高工作质量，有效推进各项工作的开展。

# 第二节　土地利用与管理制度

土地是发展的空间载体，没有土地便没有发展空间。土地问题又是涉及群众切身利益的焦点问题。城镇化进程不仅涉及人口性质的转化，也包括土地利用和性质的变化，即人口城镇化和土地城镇化的综合变化过程。在城镇化进程中，土地扮演着极其重要的角色，不论是产业结构调整、人口集聚，还是基础设施的建设，都需要通过土地特别是建设用地的重新配置来实现，土地的合理利用和配置直接关系到社会和城镇化的健康、可持续发展。[①] 土地资源短缺、人多地少，是我国的基本国情，也是洱海流域推进特色城镇化的现实问题，对集约节约用地提出了更高的要求。推进洱海流域特色城镇化进程，必须建立切实有效的制度，科学处理好经济发展、城镇建设与节约用地、集约用地的关系，使有限的土地产出最佳的经济效益、社会效益和生态效益。

## 一 宅基地制度与乡镇建设规划

党的十八届三中全会提出："保障农户宅基地用益物权，改革完善农村宅基地制度，选择若干试点，慎重稳妥推进农民住房财产权抵押、担保、转让，探索农民增加财产性收入渠道。"2017 年"中央一号文件"进一步提出："认真总结农村宅基地制度改革试点经验，在充分保障农户宅基地用益物权、防止外部资本侵占控制的前提下，落实宅基地集体所有权，维护农户依法取得的宅基地占有和使用权，探索农村集体组织以出租、合作等方式盘活利用空闲农房及宅基地，增加农民财产性收入。"完善农村宅基地产权制度，已经成为深化农村供给侧结构性改革的重要内容和推动新农村建设的必然选择。

根据《中共中央办公厅、国务院办公厅关于农村土地征收、集体经营性建设用地入市、宅基地制度改革试点工作的意见》（中办发〔2014〕71 号）和《国土资源部关于印发〈农村土地征收、集体经营性建设用地入市、宅基地制度改革试点实施细则〉的通知》（国土资发〔2015〕35 号）精神，全国范围内选取了大理市等 15 个县（市、区）被列入全国农村宅基地制度改革试点县（市、区）。试点改革的基本思路是：在保障农户依法取得的宅基地用益物权基础上，改革完善农村宅基地制度，探索农民住房保障新机制，对农民住房财产权做出明确界定，探索宅基地有偿使用制度和自愿有偿退出机制，探索农民住房财产权抵押、担保、转让的有效途径。

根据《大理市农村宅基地制度改革试点 2015 年工作要点》，选取

---

① 徐匡迪：《中国特色新型城镇化发展战略研究》（第四卷），中国建筑工程出版社 2013 年版，第 171 页。

银桥镇先期开展试点工作。在上级党委、政府高度重视下，银桥镇党委、政府深入贯彻科学发展观，创造性地落实全国农村宅基地制度试点改革的精神，立足银桥镇实际开展了积极的探索和实践。在具体实践中，坚守土地公有制性质不改变、耕地红线不突破、农民利益不受损"三条底线"，建立健全依法公平取得、节约集约使用、自愿有偿退出的宅基地制度，探索出了一条保护耕地、盘活存量、节约集约利用土地的农村宅基地管理新路子，为全国农村土地制度改革创造了可复制、可推广的经验与做法。

（一）宅基地制度产权特征

目前宅基地的整体产权特征是：集体拥有宅基地的所有权，农民拥有宅基地的使用权，农户拥有住房的私有权。产权安排上的"一宅两制"（即集体拥有宅基地的所有权、农户拥有宅基地的使用权）与现实生活中的"房地合一"（房屋是宅基地的地上附着物）不相匹配。随着集体经济组织成员资格的动态变化，宅基地使用权理应及时调整，但由于村民拥有住房所有权，现实中"地随房走"的惯例导致村集体无法收回宅基地使用权，形成农村宅基地使用权"退出难"的"三无"特征（农户无偿取得、无流转、无限期使用）。现实中宅基地退出困境与已有房地产权安排的关联性非常明显。因此，创新农村宅基地退出机制，寻找农村宅基地退出路径，有利于盘活存量，提高宅基地利用效益。完善我国宅基地产权体系，包括构建集体和农户（个人）对宅基地及其上房屋的产权体系，厘清集体和农户地产权联系，重点解析农户（个人）在宅基地上建房自住（消费）、运用宅基地取得收入和让渡宅基地的权利或权力，明确宅基地"取得、使用和退出"三个环节的各项产权安排。银桥镇在改革探索中，注重集体对宅基地的所有权及相关权利束，增强村集体配置宅基地资源的能力；注重农户对宅基地的使用权及相关权利束，增强农户积极参与村集体优化宅基地资源配置的责任和义务；厘清集体与农户产权的联系与分割，达到既要保证农户的宅基地需求，又要实现集约节约利用村集体建设用地的目标。

（二）"取得"环节的产权安排

农户取得宅基地产权需要两个条件：村庄规划区的宗地使用权和建房指标。但问题是：需要建房的农户没有村庄规划预留建设用地，而拥有村庄规划预留用地的农户又不是住房困难户。村民在批准建房指标后需要自己落实建房用地，如果其自留地不在村庄规划区范围内，就只能进行私下调换，对于无法私下调换或私下买卖的农户只好强行在规划区外的承包地上建房，从而产生了违反规划、基础设施不配套、建房面积和形状大小不规范等一系列问题。

从 2016 年银桥镇政府对各农户占有宅基地的统计情况分析，当前取得农村宅基地总量已经严重过剩了，与此同时还存在一些住房困难户或无房户，解决农户宅基地取得的问题关键在于如何优化现有宅基地资源的合理配置。2011 年 7 月 1 日起施行的《云南省大理白族自治州村庄规划建设管理条例》第二十二条规定："住宅用地标准：坝区村庄每户住房用地不超过 180 平方米，生产辅助设施用地不超过 90 平方米。"从这个意义上讲，银桥镇农村宅基地的占地面积标准应不超过 240 平方米。但是，目前银桥镇户均占有宅基地面积达 355 平方米，人均占有宅基地面积达 88 平方米。其中：户均占有宅基地最多的上阳波自然村达 652 平方米，户均占有宅基地最少的松鹤里自然村达 235 平方米，人均占有宅基地最多的上阳波自然村达 196 平方米，人均占有宅基地最少的松鹤里自然村达 57 平方米。各自然村宅基地占有面积现状如表 9 - 1 所示。

表 9 - 1　　　　　银桥镇各自然村宅基地占有面积现状统计

| 序号 | 自然村 | 村民小组（个） | 户数（户） | 人口（人） | 宅基地宗数（宗） | 总面积（平方米） | 户均面积（平方米） | 人均面积（平方米） |
|---|---|---|---|---|---|---|---|---|
| 1 | 松鹤里 | 2 | 152 | 624 | 161 | 35691 | 235 | 57 |
| 2 | 凤北村 | 4 | 263 | 1113 | 264 | 66320 | 252 | 60 |
| 3 | 凤西南 | 3 | 237 | 1051 | 236 | 65450 | 276 | 62 |
| 4 | 城外庄 | 1 | 122 | 551 | 122 | 35726 | 293 | 65 |
| 5 | 凤上中 | 4 | 240 | 1004 | 246 | 66497 | 277 | 66 |

续表

| 序号 | 自然村 | 村民小组（个） | 户数（户） | 人口（人） | 宅基地宗数（宗） | 总面积（平方米） | 户均面积（平方米） | 人均面积（平方米） |
|---|---|---|---|---|---|---|---|---|
| 6 | 五里桥 | 5 | 364 | 1493 | 421 | 101384 | 279 | 68 |
| 7 | 沙栗木庄 | 2 | 140 | 548 | 150 | 39747 | 284 | 73 |
| 8 | 白塔邑 | 3 | 176 | 719 | 176 | 53960 | 307 | 75 |
| 9 | 下银村 | 6 | 416 | 1809 | 557 | 143396 | 345 | 79 |
| 10 | 南磻下登 | 4 | 281 | 1243 | 308 | 99457 | 354 | 80 |
| 11 | 富美邑 | 4 | 397 | 1599 | 399 | 131928 | 332 | 83 |
| 12 | 上波溯 | 2 | 212 | 884 | 244 | 73260 | 346 | 83 |
| 13 | 大邑村 | 1 | 123 | 544 | 164 | 44273 | 360 | 81 |
| 14 | 上银村 | 6 | 390 | 1585 | 549 | 136515 | 350 | 86 |
| 15 | 下波溯 | 2 | 186 | 840 | 211 | 73531 | 395 | 88 |
| 16 | 西城尾 | 3 | 198 | 836 | 214 | 72936 | 368 | 87 |
| 17 | 下阳波 | 2 | 202 | 769 | 240 | 67399 | 334 | 88 |
| 18 | 南磻上登 | 2 | 176 | 663 | 201 | 58138 | 330 | 88 |
| 19 | 古主庄 | 3 | 316 | 1251 | 359 | 109779 | 347 | 88 |
| 20 | 保和村 | 1 | 115 | 494 | 135 | 44252 | 385 | 90 |
| 21 | 鹤中村 | 3 | 172 | 762 | 253 | 69065 | 402 | 91 |
| 22 | 鹤下村 | 4 | 223 | 950 | 307 | 86778 | 389 | 91 |
| 23 | 木易村 | 1 | 46 | 194 | 53 | 17843 | 388 | 92 |
| 24 | 庆安里 | 2 | 158 | 600 | 189 | 55484 | 351 | 92 |
| 25 | 头铺村 | 3 | 179 | 694 | 227 | 64580 | 361 | 93 |
| 26 | 磻曲村 | 3 | 211 | 965 | 325 | 90740 | 430 | 94 |
| 27 | 鹤上村 | 3 | 207 | 856 | 278 | 86284 | 417 | 101 |
| 28 | 双鸳村 | 5 | 633 | 2404 | 750 | 245000 | 387 | 102 |
| 29 | 北磻村 | 4 | 438 | 1462 | 481 | 168687 | 385 | 115 |
| 30 | 北阳村 | 3 | 357 | 1201 | 430 | 150500 | 422 | 125 |
| 31 | 南阳村 | 2 | 232 | 829 | 300 | 105000 | 453 | 127 |
| 32 | 上阳波 | 1 | 78 | 259 | 101 | 50852 | 652 | 196 |
| 合计 | | 94 | 7640 | 30796 | 9051 | 2710453 | 355 | 88 |

　　针对村庄规划区有土地承包经营权的农户不一定是需要建房户，而需要建房户不一定在村庄规划区有土地承包经营权的问题，银桥镇实行村庄规划区的集体建设预留用地的承包经营权收归村集体，然后再将宗地及建房指标分配给最急需的住房困难户，即通过"一个池子蓄水，集体收储宅基地（或村庄规划预留建设用地）"，"一个水龙头放水，将宅基地分配给最急需的住房困难户"，构建起保障住房困难户取得宅基地、集约节约利用土地的运作机制。同时，严格执行"一户一宗、批新退旧"的政策，只有农户与村集体签订退出旧宅基地的退出协议，才能取得新批准的宅基地。通过有效的组织和产权安排，降低了农民取得宅基地的交易成本，使有资格得到宅基地的农户及时获得宅基地，有效地缓解了宅基地分配环节的结构性矛盾，实现宅基地供需平衡。2014 年和 2015 年，银桥镇通过"空心村"整治、宅基地集中调整定点审批、批新让旧等手段解决了近五年来在规划区内无法找到建房用地的 313 宗宅基地安置问题。

　　在宅基地取得环节的制度安排上，还鼓励农户间依法有序流转宅基地，主要是"批新让旧"。① 农村村民因继承等原因形成一户拥有两处以上宅基地的，多余的住宅应当转让。农村农民新批宅基地，必须将旧宅基地交回村集体或在村集体的指导下，转让给符合宅基地使用权分配条件的农户。按照"合法取得、房地合一、符合规划"的原则，宅基地使用权的转让必须同时具备以下条件：（1）同一集体经济组织内部成员转让；（2）受让人没有住房和宅基地，符合宅基地使用权分配条件；（3）禁建区范围内的宅基地禁止转让；（4）转让行为征得集体组织同意。2014 年银桥镇新批宅基地 188 户，批新让旧流转归并宅基地 65 宗。

----

　　① 银桥镇历史上曾经实行两户共批一宗宅基地的政策，久而久之产生了许多一院两户或一院多户。随着当地农民收入的提高和群众生活水平的提升，越来越多的农户产生了改善居住条件的愿望，追求实现"独户独院"（一户一院）的住宅目标。银桥镇政府顺应群众诉求实施宅基地"批新让旧"的政策，当住房困难户申请新批宅基地时，要求其必须把原有的宅基地在村集体的协调下有偿转让给同院落中的其他住房困难户，从而达到两户同时改善居住条件（一户通过新批准宅基地新建住宅居住新院落，另一户通过归并旧宅基地来扩大住宅面积）。

（三）"使用"环节的产权安排

在宅基地利用中，农村普遍存在"批新不让旧"、"建新不拆旧"现象，已经导致农村建设外实内空、外新内旧、外齐内乱等"空心村""田中村""路边村"问题，"只见新房、不见新农村"。农村宅基地利用不是总量供给问题，而是结构性问题，"有人没有房住"（农村存在无房户、住房困难户）与"有房没人住"（农村存在空心村、空心院、闲置院）并存，住房困难户与宅基地超占户并存，使用过程中宅基地的实际占有状态如表 9－2 所示。

表 9－2　　　　　　银桥镇农村宅基地实际占有状态分类统计
（统计日期：2016 年 7 月 8 日）

| 类型 | 户数（户） | 占总户数比例（%） | 宗数（宗） | 总面积（平方米） | 少批多占 | | | |
| --- | --- | --- | --- | --- | --- | --- | --- | --- |
| | | | | | 户数（户） | 宗数（宗） | 面积（平方米） | 占总面积比例（%） |
| 无房户 | 16 | 0.21 | 0 | 0 | 0 | 0 | 0 | 0 |
| 一户一宅（小于 110 平方米） | 585 | 7.66 | 585 | 23577 | 27 | 27 | 1334 | 5.66 |
| 一户一宅（大于 110 平方米） | 5400 | 70.68 | 5400 | 1688265 | 1907 | 1907 | 233668 | 13.84 |
| 一户多宅 | 1091 | 14.28 | 2518 | 838111 | 837 | 945 | 125861 | 15.02 |
| 未批先建 | 237 | 3.10 | 237 | 85384 | 0 | 0 | 0 | 0 |
| 主体资格不符合 | 311 | 4.07 | 311 | 75116 | 63 | 63 | 5831 | 7.76 |
| 合计 | 7640 | 100 | 9051 | 2710453 | 2834 | 2942 | 366694 | 13.5 |

由表 9－2 可见，全镇无房农户有 16 户，占全镇总户数的 0.21%；住房困难的农户[①]有 585 户，占全镇总户数的 7.66%；一户

---

① 2011 年 7 月 1 日起施行的《云南省大理白族自治州村庄规划建设管理条例》第二十六条规定，住房用地面积坝区村庄小于 110 平方米的农户，可以在村庄规划区内申请住宅用地。

多宅的农户有 1091 户，占全镇总户数的 14.28%；未批先建住房的农户有 237 户，占全镇总户数的 3.1%；主体资格不符合占有宅基地的农户有 311 户，占全镇总户数的 4.07%；全镇有 2834 户存在宅基地少批多占行为，占全镇户数的 37.1%，少批多占面积达 366694 平方米，占全镇总宅基地面积的 13.5%。

为切实解决农村宅基地少批多占和违法建房问题，银桥镇探索完善了农户建房的规划建设审批管理机制。农户建房必须经村组审核，向镇国土规划建设服务中心提交宗地图、土地使用权属证明、建房图纸等报建，按照村庄规划进行审批，对于涉及道路退让等条件，建房户必须按规划履行义务，并按照批准的占地面积、建筑面积、建筑风格等规定建房，做到"按规划选址、按设计建设、按图纸施工"，严禁超占、超建、超高、超层。农户要改变宅基地的"自住"功能，用于租赁、经营等行为，必须报村委会审核、镇政府批准，并交纳相应的税费，避免村庄无序发展。对历史形成的"一户多宅""少批多占""闲置宅基地""主体资格不符合占有宅基地"等问题，按照"使用者付费"的产权安排思路，由村集体经济组织制定办法收取有偿使用费，以经济手段制约宅基地的占有和鼓励宅基地的退出。

按照"划定等级定价，超占收费"的原则，把农村实际使用的宅基地的价值以租金的形式收缴村集体，由村集体把这部分收入作为村集体经济收益，按照"取之于户，用之于村，使用得当"的原则，统筹用于三清洁、道路、水电、环境绿化等村庄公益事业建设。严格执行《大理市政府办公室关于对全市农村住房在建项目开展联合复查的通知》（大市政办发〔2015〕56 号），对于少批多占土地修建村民住宅的，实行由村集体经济组织主导收取每年每平方米不低于 30 元的有偿使用费。2016 年全镇对在建超占的 150 户共 15326 平方米按照 30 元/平方米·年的标准收取了有偿使用费 46 万元。

对宅基地用于服务业经营的农户收取超占土地有偿使用费。全镇开展经营户用地审查，经营面积以合法凭证为准。对经营户少批多占、未批强占的，若符合土地利用总体规划和村庄规划建设用地范围的，按照《大理市人民政府关于印发〈大理市违法违章建筑综合整治中有关问题的处理意见〉的通知》（大市政发〔2013〕89号）中征收土地有偿使用费的方式进行处置：超批准面积若符合土地利用总体规划和村庄规划，由村集体经济组织（土地所有者）先收回土地使用权后出租，按照200元/平方米·年的标准征收集体建设用地有偿使用费；若不符合土地利用总体规划，也不属于村庄规划建设用地范围的，依法拆除。银桥镇对宅基地用于商业经营存在超占行为的95户共14193平方米，按照200元/平方米·年的标准，2016年收取了有偿使用费284万元。

针对不同的超占情况，按照相关规定，银桥镇于2016年共收取了有偿使用费330万元，见表9-3。

表9-3　　　　2016年银桥镇农村宅基地超占有偿使用费统计

| 序号 | 村委会 | 农户建房在建项目 (30元/平方米·年) | | | 服务业经营户 (200元/平方米·年) | | | 2016年已经收费情况合计 | | 农村宅基地总超占面积 | |
|---|---|---|---|---|---|---|---|---|---|---|---|
| | | 超占户数（户） | 超占面积（平方米） | 2016年收取金额（万元） | 超占户数（户） | 超占面积（平方米） | 2016年收取金额（万元） | 已经收取超占面积(平方米) | 已经收取金额（万元） | 超占户数（户） | 超占面积(平方米) |
| 1 | 新邑 | 26 | 2330 | 6.99 | 21 | 5671 | 113.41 | 8000 | 120.4 | 532 | 73453 |
| 2 | 磻溪 | 17 | 2756 | 8.27 | 37 | 5068 | 101.36 | 7824 | 109.62 | 290 | 40858 |
| 3 | 马久邑 | 9 | 1027 | 3.08 | 22 | 2618 | 52.37 | 3646 | 55.45 | 21 | 3891 |
| 4 | 鹤阳 | 40 | 4154 | 12.46 | 2 | 28 | 0.56 | 4181 | 13.02 | 451 | 80203 |
| 5 | 阳波 | 5 | 188 | 0.56 | 9 | 560 | 11.21 | 748 | 11.77 | 263 | 28453 |
| 6 | 银桥 | 26 | 2990 | 8.97 | 0 | 0 | 0 | 2990 | 8.97 | 700 | 77401 |
| 7 | 五里桥 | 6 | 395 | 1.18 | 4 | 248 | 4.97 | 643 | 6.15 | 149 | 9997 |
| 8 | 双阳 | 21 | 1487 | 4.46 | 0 | 0 | 0 | 1487 | 4.46 | 536 | 52438 |
| | 合计 | 150 | 15326 | 46 | 95 | 14193 | 284 | 29520 | 330 | 2942 | 366694 |

从2017年开始，银桥镇结合对农村宅基地颁发房地合一的不动产权登记证，着力探索对所有的超占宅基地收取有偿使用费和用于商

业经营的宅基地收取土地增值收益调节金。

（四）"退出"环节的产权安排

宅基地退出不畅的原因是现有政策暗含了"村集体经济组织能够不计算成本与收益关系"的预设，可以向退回宅基地的农户提供有偿退出的资金。但是在现实中，村集体也要核算成本与收益关系，只有当退回村集体的宅基地能够保值增值，才有动力支付补偿资金，收回宅基地。

银桥镇通过完善宅基地的产权，建立宅基地违法者的约束惩处措施和鼓励依法退出的引导激励措施，按照"农民自愿，人地匹配，公平合理，稳定有序"的原则构建"疏堵结合"的宅基地退出机制。一是构建制约机制。按照人地匹配的原则严格执行"一户一宅、批新退旧"的农村宅基地分配政策，规范宅基地的规划建设管理工作，实施严格控制占地面积和建筑面积的"双控"措施，加强宅基地的用途管制，并对超占、超建、闲置的宅基地收取有偿使用费和对改变宅基地用途的农户收取土地收益调节金，以高效的管理措施督促农户退出"多占"和"多余"的宅基地。二是构建激励机制。建立多种形式的农村住房保障机制，为进城就业、支持农村土地整理等而退出宅基地的农户解决后顾之忧。村集体通过多种形式筹集收回宅基地的补偿周转金，按市场评估价回购合法宅基地及其上房屋，同时，对超出部分宅基地及其上固定资产投资给予适当补偿，形成公平合理的宅基地回购机制。按照项目化运作的思路，建立退出宅基地的整理再利用机制，促进农户退出的宅基地在集约节约利用中实现保值增值。通过不断完善农村宅基地和房屋产权，最终建立以市场为导向、农民财产权充分体现的自由、自愿交易机制。

以明晰宅基地产权为基础，以实现宅基地的经济价值为切入点，分门别类地构建可持续的宅基地退出方案。（1）连片宅基地退出方案。对于废旧闲置的"空心村"等连片宅基地，村集体运用项目化的思路有偿收回整片宅基地，进行土地整理，或复垦开发利用，或在完善基础设施和人居环境后，统一规划，作为宅基地逐宗有偿分配给建房户。（2）单宗宅基地退出方案。严格执行"一户一宗、批新退旧"

的政策，符合申报条件申请新批宅基地的农户（主要是多户住一院，居住条件拥挤的农户），必须将旧宅基地退回村集体，再由村集体按照就近就便的原则将其转让给邻居中的住房困难户，在"批新让旧"中改善居住条件。（3）超占宅基地退出方案。在向农户颁发不动产权证书时，将宅基地中的合法部分使用权登记给农户，将违法的超占部分使用权登记给村集体经济组织。村集体经济组织（土地所有者）先收回土地使用权，再与农户签订租赁协议，向农户征收集体建设用地有偿使用费，以"超占付费"的经济手段，鼓励农户节约用地和退出违法占地部分。（4）住房功能变化的退出方案。对依托宅基地上住房进行商业经营的农户，村集体经济组织（土地所有者）向该农户收取土地增值收益调节金，按照"取之于经营户、用之于村庄公益事业"的原则管理资金，构建"宅基地有序建设、村庄科学发展"的改革模式。（5）成员身份变动的退出方案。非本集体经济组织成员通过继承房屋占用的宅基地，原则上应自愿有偿退回村集体，不愿意退出宅基地的经村集体研究制定标准收取农村集体建设用地有偿使用费。原属本集体经济组织成员通过合法审批取得的宅基地，后因就业或其他原因将户口迁移出本集体经济组织，或非农业户口居民（含华侨）原在农村取得的宅基地，鼓励自愿有偿退回村集体，退出后可享受城镇住房保障及城镇居民同等的子女入学、再就业培训等政策。

**二　土地经营权流转制度与农村产业发展**

根据《中华人民共和国农村土地承包法》《农业部农村土地承包经营权流转管理办法》《云南省农业厅关于印发农村土地承包经营权流转合同示范文本的通知》和《大理市人民政府关于加快推进农村土地承包经营权流转的意见》等有关法律法规和文件精神，制定《大理市银桥镇人民政府关于进一步规范农村土地承包经营权流转工作的通知》，并成立银桥镇农村土地流转服务中心、银桥镇农村土地承包调解委员会。

立足银桥镇现代农业示范区发展规划，按照"区域化布局、规模化发展、标准化生产、品牌化销售"的产业发展要求，建立"农民自愿、依法有偿、政府引导、市场调节"农村土地规范有序流转格局，进一步优化土地资源配置，促进镇域农业向现代休闲、安全高效、绿色可持续方向发展。

银桥镇农村土地承包经营权流转工作遵循了四个原则：（1）坚持土地流转与保护耕地相结合的原则。按照现有土地承包经营关系保持稳定并长久不变的要求，依法、自愿、有偿地进行土地流转。土地流转不得改变土地集体所有性质、不得改变土地用途、不得损害农民土地承包权益。要妥善处理好近期利益与长远利益的关系，严格遵守农地农用原则，严禁从事非农建设，严禁破坏耕作层，有效防止破坏耕地等侵害农民长远利益的行为发生。（2）坚持土地流转与发展特色主导产业相结合的原则。根据银桥现代农业示范区的主导产业方向和农业结构调整规划，引导土地承包者以多种方式流转土地，使土地向特色主导产业集中，发展规模经营和集约经营。（3）坚持土地流转与发展现代农业相结合的原则。根据银桥镇发展现代农业的总体规划，在充分尊重农民意愿的基础上，采取相应的鼓励政策，积极推进土地流转向规模经营和现代农业方向发展。（4）坚持土地流转与农业产业化相结合的原则。围绕龙头企业加基地加农户的模式推进土地流转，建设规模经营面积大、标准化生产程度高、产品安全可靠的产业化生产基地。

农村土地承包经营权流转期限不得超过承包期的剩余期限，根据流转双方需要可以采取以下形式进行：（1）转让。承包方有稳定的非农职业或者有稳定的收入来源，经承包方申请发包方同意，将部分或全部土地承包经营权让渡给其他从事农业生产经营的农户，由其履行相应土地承包合同的权利和义务。转让后，原土地承包关系自行终止，原承包方承包期内的土地承包经营权部分或全部消失。（2）转包。承包方将部分或全部土地承包经营权以一定期限转给同一集体经济组织的其他农户从事农业生产经营。转包后原土地承包关系不变，原承包方继续履行原土地承包合同规定的权利和义务。接包方按转包时约定的条件对转包方负责。（3）出租。承包方将部分或全部土地承包经营权以一定期限租赁给他人从事农业生产经营。出租后原土地承包关系不变，原承包方继续履行原土地承包合同规定的权利和义务。

承租方按出租时约定的条件对承包方负责。（4）互换。承包方之间为方便耕作或者各自需要，对属于同一集体经济组织的承包地块进行交换，同时交换相应的土地承包经营权。（5）入股。实行家庭联产承包方式的承包方之间可以自愿将承包土地经营权量化为股权，入股组成股份公司或者合作社发展农业合作生产，但股份合作解散时入股土地应当退回原承包农户。

在规范管理工作中，全面推行农村土地流转合同管理制度。农村土地承包经营权流转合同的签订要在银桥镇农村土地流转服务中心和村集体经济组织的监督下，由流转双方在村集体经济组织集中完成。农村土地承包经营权流转合同一式四份，流转双方各执一份；发包方和镇农村合作经济经营管理机构各备案一份。对于已经流转的土地，由银桥镇农村土地流转服务中心与各村一道，对现有农村流转和有流转意向的土地进行一次全面清查，摸清土地地块、土地类别、土地租金、土地承包人等情况，并录入电脑存档，完善登记备案。对不签订合同或合同签订不规范的要依法依规重新签订，对不符合银桥镇现代农业核心示范区规划所流转的土地，建议产业转型或逐步退出。

严格按规范程序办理新流转。具体程序如下：（1）农户申请，由农户填写统一出具土地流转的书面委托或申请书，村服务站汇总报镇流转服务中心，镇流转服务中心建立土地流出信息档案和信息库；（2）镇流转服务中心将收集信息报市土地流转服务中心；（3）流转服务中心组织流转双方洽谈，达成意向；（4）签订书面流转合同，经村委会盖章后到镇土地流转服务中心签证、登记备案，并监督合同兑现。同时，健全流转登记备案管理制度。土地流转必须要按照镇统一制定的流转合同标准文本签订合同。镇土地流转服务中心负责对合同的审查、监督，合同签字后予以登记、立卷、归档，实行制度化和规范化管理。村委会建立农村承包土地流转档案和台账，实行大户登记备案制度，对业主的资信情况、履行能力、产生经营能力和项目的效益风险给予审查，掌握业主的经验状况，保障双方的合法权益。

**三　核心保护区的管理办法**

2016 年 11 月 31 日，云南省政府第 103 次常务会议提出要求采取

断然措施、开启抢救模式，保护好洱海流域水环境。2017 年 1 月 9
日，中共大理州委、大理州人民政府印发《关于开启抢救模式全面加
强洱海保护治理工作的实施意见》（大发〔2017〕1 号），提出在
2565 平方公里洱海流域实施保护治理抢救模式，开展"七大行动"：
流域"两违"（违章建房、客栈餐饮违规经营）整治行动、村镇"两
污"治理行动、面源污染减量行动、节水治水生态修复行动、截污治
污工程提速行动、流域综合执法监管行动、全面保护洱海行动。

依据《云南省大理白族自治州洱海保护管理条例》《云南省大理
白族自治州洱海海西保护条例》，将洱海海西、海北 1966 米界桩外延
100 米、洱海东北片区环海路临湖一侧和道路外侧路肩外延 30 米、洱
海主要入湖河道两侧各 30 米、其他湖北周边 50 米以内范围划定为洱
海流域水生态保护核心区。从 2017 年起，除环保设施、公共基础设
施以外，禁止在水生态保护区核心区内新建筑物、构筑物，实行只
拆不建，禁止拆旧建新，对确实属于住房困难的农户和危房改造户，
统一集中到城镇、中心集镇或村庄规划范围内妥善解决。

按照"控制存量、严禁增量、逐步减量"的原则，2016 年对洱
海沿湖客栈餐饮等服务业排查，并建立档案卡，定位标识，从 2017
年起在洱海流域"核心区"内禁止新增餐饮客栈等经营行动。在
"核心区"内实行"总量控制、只减不增、科学布点、计划搬迁"。
对违规经营、违章建筑和违法排污行为实行"零容忍"。未取得排污
许可证、营业执照及国土规划手续不完善的客栈餐饮经营户，一律关
停，限期整改；对污水直排进入洱海河道的，一经发现，永久关停。
编制客栈和餐饮管理办法，通过经济手段、工程措施及规范管理，引
导沿湖周边的游客向苍山脚龙首关至龙尾关 40 公里茶马古道历史文
化长廊转移。

按照"源头控制、调整结构、过程阻断、末端消纳"的治理思
路，构建农田生态系统，发展生态高效农业，实现化肥、农药施用量
负增长，有效削减面源污染。洱海流域将城市和洱海周边 500 米、流
域入湖河道周边 200 米的范围划定为规模化畜禽禁养区。"禁养区"
内对手续齐全的养殖场 2018 年前完成搬迁，对手续不齐全的一律取

缔。其他区域划定为限养区。"限养区"实行总量控制、只减不增，推行适度规模化养殖，并配套污水收集处理设施，发现违法排污的，一律关停。从2017年起，对"北三江"河道两侧各100米、海西1966界桩外延100米、苍山十八溪河道各50米、其他主要入湖河道两侧各30米及环海东路临湖一侧约2万亩耕地进行流转。在河道两侧因地制宜增绿、增塘，建设有效过滤沟渠、农田尾水收集库塘和湖滨湿地，配套种植水生植物有效吸氮、磷等富营养物质。通过改造环湖水利改造项目，提灌农田尾水，促进农业灌溉水循环利用，构建农田生态系统。

# 第三节 生活文明制度

生活方式不是一种一成不变的存在状态，而是随着社会的政治、经济、文化、生活的变化而不断变化。随着农村居民生活水平的迅速提高，消费品种类、质量和总量都有很大幅度的提高，导致生活垃圾、生活污水的产生量也不断提高。在居民生活水平提高的同时，如果不改变农村居民生活方式，还是按照传统的生活方式生活，如生活污水直排、随处泼洒，生活垃圾沿河、沿路、沿岸堆放，环境污染会日益严重。因此，在教育和宣传的基础上，完善村民自治委员会制度，将生活污染全面纳入自治范畴，为广大村民参与生态文明建设开拓渠道，通过制定村规民约，普及生态化的生产生活方式，加强监督管理，推动农村生态文明建设在城镇化进程中不断发展。

## 一 生活污水收集处理制度

农村生活污水是农村水环境污染的主要源头之一。农村人口数量多且分散，没有任何生活污水的收集和处理措施，使农村生活污染源成为影响水环境的重要因素，而且随着农村生活水平的提高而不断加剧。

### （一）生活污水的主要来源

通过对农户生活用品和生活习惯的调查，农村生活污水一般来源于以下三个方面。（1）厨房污水。厨房污水多以洗碗水、涮锅水、淘米、洗菜水组成，除淘米洗菜水中含有米糠菜屑等有机物外，其他污水含有大量的动植物脂肪和钠、醋酸、氯、碘等多种元素。由于生活水平的提高，农村肉类食品及油类用量的增加，使生活污水中的油类成分增加，导致农村居民的生活污水成分正在朝不利于净化处理的方向发展。（2）生活洗涤污水。农村居民的生活洗涤用品有洗洁精、洗衣粉、肥皂、洗发水、沐浴露、洗面奶等多种化学洗涤用品。大量洗涤用品的使用使洗涤污水含有大量化学成分。洗涤污水在很多地方都直接泼在泥地上，当洗涤用水渗入地下，便会对地下水造成污染，从而使以井水为饮用水的农村居民健康安全受到威胁。（3）冲厕水。银桥镇农村都用上了自来水，大部分农户已使用了抽水马桶，但并未考虑污水的处理问题。抽水马桶的水通到三格化粪池，然后直接排入房屋后面的河流。部分农户马桶的水排到粪坑里，但粪坑底下是渗漏的，而且粪坑一般都紧靠河流或池塘。冲厕水中含有大量的氮、磷、钾等富营养物质，对水质造成比较大的污染。

（二）统筹供水，在节约用水中减少污水量

银桥镇积极探索"以需定供"的自来水统筹供水方式，促进居民适度取水和节约用水，从源头上减少污水量。目前，银桥镇共有人畜饮水工程 10 个，取水口 10 处（分布情况为：隐仙溪 1 个取水口、双鸳溪 2 个取水口、白石溪 2 个取水口、灵泉溪 3 个取水口、锦溪 2 个取水口），年取水量共计 514 万立方米，提供 3.22 万人的饮用水。由村委会自行对管网进行维修、更新，每年向农户收取一定的维修费用，收取标准为每人每年 12 元。

苍山十八溪的天然水是洱海优质水补给的重要来源。为了增强当地群众的水源地保护意识，按照《大理市城乡统筹供水"十三五"规划》，2016 年开工建设供水规模为 1.5 万立方米/天的银桥水厂，计划于 2017 年建成，实现并网供水。银桥水厂投入使用后，取缔银桥镇辖区内的所有人畜饮水工程取水口，改变为从洱海统一取水到银桥水厂加工后按阶梯水价供辖区内的居民使用。辖区内统筹供水模式的探索改革，不仅实现让更多的苍山十八溪优质清水进入洱海，而且促进群众在阶梯水价供水中增强节约用水意识，减少污水量。

（三）农户污水收集处理

长期以来，银桥镇辖区内的 32 个自然村，无污水收集处理设施，农户不建化粪池，生产生活污水直接排到院落外面，正如村民所说的"污水处理靠蒸发"。从 2009 年开始，银桥镇辖区内开始有计划地建设村落污水收集和集中处理系统。按照距离洱海由近到远的顺序，先在临洱海的马久邑村委会、阳波村委会、新邑村委会、磻溪村委会建设污水收集和集中处理系统，再向其他村庄延伸。2009 年以来，已投资 1440.49 万元，在大邑自然村、上波溯自然村、西城尾自然村、白塔邑自然村、头铺自然村、银桥镇第一中学共安装了 6 个土壤净化槽污水收集处理系统，在富美邑自然村、下波溯自然村、北磻自然村、城外庄自然村、凤西南自然村、凤北自然村、古主庄自然村共安装了 7 个村落厌氧膜污水终端处理器，设计处理能力共达 1140 吨/天。全镇建设污水收集管网 37202 米（其中：干管 19432 米、支管 17770 米），覆盖 5 个村委会 12 个自然村，收集处理 2786 户（占全镇总户数 7450 户的 37.4%）、12977 人（占全镇总人口 31018 人的 41.8%）的日常生活污水，所有污水收集处理系统均未向农户收取污水处理费用。银桥镇村落污水收集处理系统建设运行情况如表 9 - 4 所示。

表 9 - 4　　　　银桥镇村落污水收集处理系统建设运行情况

| 序号 | 污水处理系统所建地点 | 处理工艺 | 建成年份 | 处理标准 | 设计处理能力（立方米/天） | 项目投资额（万元） | 服务农户（户） | 服务人口（人） | 干管长度（米） | 支管长度（米） |
|---|---|---|---|---|---|---|---|---|---|---|
| 1 | 新邑村委会大邑自然村 | 土壤净化槽 | 2009 | 一级B标 | 30 | 28.98 | 126 | 469 | 420 | 220 |
| 2 | 新邑村委会上波溯自然村 | 土壤净化槽 | 2009 | 一级B标 | 50 | 25.8 | 193 | 843 | 污水沟收集 | 污水沟收集 |
| 3 | 马久邑村委会白塔邑自然村 | 土壤净化槽 | 2010 | 一级B标 | 60 | 116.96 | 168 | 732 | 986 | 1409 |

续表

| 序号 | 污水处理系统所建地点 | 处理工艺 | 建成年份 | 处理标准 | 设计处理能力（立方米/天） | 项目投资额（万元） | 服务农户（户） | 服务人口（人） | 干管长度（米） | 支管长度（米） |
|---|---|---|---|---|---|---|---|---|---|---|
| 4 | 新邑村委会西城尾自然村 | 土壤净化槽 | 2010 | 一级B标 | 60 | 138.9 | 186 | 803 | 840 | 2660 |
| 5 | 鹤阳村委会头铺自然村 | 土壤净化槽 | 2012 | 一级B标 | 25 | 110 | 170 | 814 | 1150 | 400 |
| 6 | 银桥镇第一中学 | 土壤净化槽 | 2012 | 一级B标 | 40 | 160 | 0 | 855 | 200 | 150 |
| 7 | 阳波村委会富美邑自然村 | 厌氧膜污水终端处理器 | 2013 | 一级A标 | 150 | 143.34 | 370 | 1679 | 2153 | 3276 |
| 8 | 新邑村委会下波溯自然村 | 厌氧膜污水终端处理器 | 2013 | 一级A标 | 75 | 67.86 | 165 | 715 | 1926 | 1755 |
| 9 | 磻溪村委会南磻自然村和北磻自然村 | 厌氧膜污水终端处理器 | 2013 | 一级A标 | 350 | 318 | 732 | 2581 | 5773 | 5600 |
| 10 | 马久邑村委会凤西南自然村 | 厌氧膜污水终端处理器 | 2016 | 一级A标 | 100 | 165.65 | 206 | 986 | 2808 | 1100 |
| 11 | 马久邑村委会凤上中自然村和凤北自然村 | 厌氧膜污水终端处理器 | 2016 | 一级A标 | 200 | 165 | 470 | 2500 | 3176 | 1200 |
| 合计 | | | | | 1140 | 1440.49 | 2786 | 12977 | 19432 | 17770 |

由于管网建设滞后和地势等原因，有些村庄、有些农户的污水未能收集和集中处理，具体如表9-5所示。

表 9－5　　　　　　　　　银桥镇村落污水收集处理情况统计

| 序号 | 自然村 | 总户数 | 管网收集处理户数 | 未接入管网户数 | 未接入原因 |
|---|---|---|---|---|---|
| 1 | 城外庄 | 122 | 105 | 17 | 地势低洼 |
| 2 | 南礶上登 | 161 | 107 | 54 | 地势低洼 |
| 3 | 南礶下登 | 267 | 241 | 26 | 地势低洼 |
| 4 | 北礶 | 350 | 316 | 34 | 地势低洼 |
| 5 | 保和村 | 119 | 81 | 38 | 地势低洼 |
| 6 | 富美邑 | 380 | 344 | 36 | 新建房户 |
| 7 | 白塔邑 | 163 | 140 | 23 | 地势低洼 |
| 8 | 凤北 | 266 | 215 | 51 | 地势低洼 |
| 9 | 凤上中 | 238 | 172 | 66 | 地势低洼 |
| 10 | 凤西南 | 243 | 178 | 65 | 地势低洼 |
| 11 | 下波溆 | 186 | 173 | 13 | 管网未覆盖 |
| 12 | 上波溆 | 198 | 193 | 5 | 管网未覆盖 |
| 13 | 大邑村 | 113 | 82 | 31 | 地势原因 |
| 14 | 西城尾 | 198 | 198 | 0 | |
| 15 | 古主庄 | 291 | 241 | 50 | 地势原因 |
| | 合计 | 3295 | 2786 | 509 | |

为了切实解决村庄污水收集管网还未全覆盖到各自然村的生产生活污水处理难题，2015 年起银桥镇在污水收集管网未覆盖的村庄下游建设由多个生态库塘组成的多塘系统。多塘系统也叫自然库塘湿地系统，利用水生动植物的吸附能力净化进入多塘系统的污水，是一种完备的生态系统，对降雨汇流进入的农业面源污染、生活污水具有显著的净化和截留作用，按照"水污染控制—水资源调蓄利用—清水通道修复—河道水体生态环境改善"的治理理念和总体思路实施，达到净化水质、减少化学污染的作用。村庄污水通过沟渠流淌到田间后，在合适的区域建设多个生态库塘组成的多塘系统收集村庄污水，经过多塘系统处理达标后排出库塘。每个库塘的污水滞留时间至少在 24 小时，第一个库塘为垃圾沉淀池，第二个库塘为水质转换池，第三个库塘为水质净化池，这 3 个库塘都不能种植水生植物。其他水塘根据不

同情况，养殖鲢鱼、草鱼、泥鳅，种植各种水生植物，到最后一个库塘，水质可达Ⅱ或Ⅲ类。经过处理达标的污水，再用于农业灌溉，实现循环利用、节约资源、保护洱海。目前，银桥镇共有生态库塘9组，面积达120亩。其中，有五组库塘由银桥镇政府分别与云南福安园林景观工程有限公司、大理良道农业有限公司、富美邑生态农业庄园、大理伊美农业旅游开发有限公司、大理云海芳草农业开发有限公司合作建设，政府负责技术指导和协调群众工作，企业负责出资建设和管理利用，由此走出了一条生态保护和产业转型并举的新路子。由镇企合作实施的多塘系统，着眼于有效控制面源污染，让水体得到有效净化，使项目区域成为洱海的绿色屏障；通过生态农业开发，建成流域内的无公害农业示范基地；通过生态农业示范基地的景观塑造，使项目区域成为海西生态建设的重要节点；通过探索湿地农业模式，利用高新技术解决涝渍问题，使农业湿地成为洱海的水质保护屏障。

从2016年开始，银桥镇人民政府要求各村民新建民居必须建设至少三格式化粪池，并纳入村庄规划建设管理的建房图纸审核和竣工验收的范畴，并鼓励农户在老民居建设化粪池。化粪池已经成为各农户处理粪便并加以过滤沉淀的设备，通过固化物在池底分解，上层的水化物体，进入管道流走，防止了管道堵塞，给固化物体（粪便等垃圾）有充足的时间水解，对生活污水处理产生了较好的成效。目前，银桥镇共有3194户建设了化粪池，占全镇总农户数7081户的45.1%，如表9-6所示。

表9-6　　　　　银桥镇各村委会农户自建化粪池情况统计
（统计时间：2017年1月4日）

| 村委会 | 农户数（户） | 人口数（人） | 已建化粪池农户（户） | 未建化粪池农户（户） |
|---|---|---|---|---|
| 马久邑村委会 | 881 | 3912 | 203 | 678 |
| 新邑村委会 | 932 | 4435 | 551 | 381 |
| 磻溪村委会 | 882 | 3933 | 613 | 269 |
| 阳波村委会 | 746 | 3647 | 470 | 276 |
| 五里桥村委会 | 756 | 3292 | 342 | 414 |

续表

| 村委会 | 农户数（户） | 人口数（人） | 已建化粪池农户（户） | 未建化粪池农户（户） |
|---|---|---|---|---|
| 双阳村委会 | 1105 | 4670 | 334 | 771 |
| 银桥村委会 | 1015 | 4465 | 220 | 795 |
| 鹤阳村委会 | 764 | 3353 | 461 | 303 |
| 合计 | 7081 | 31707 | 3194 | 3887 |

至 2016 年年底，临洱海的马久邑村委会、阳波村委会、新邑村委会、磻溪村委会的污水集中收集和处理系统已全部完成并投入使用，临海自然村的污水处理设施达到了全覆盖，生活污水集中收集处理率达到 95% 以上。

（四）经营户污水收集处理

由于银桥镇村落污水处理设施按照农户人口数设计污水处理能力，在收集管网建设中存在雨污不分的问题，造成处理设施超负荷运行，不时出现冒井现象。近年来，银桥镇辖区内服务业经营户数迅速增长。客栈由 2011 年的 1 户增长到 2016 年的 100 户；餐饮经营户由 2011 年的 7 户增长到 2016 年的 87 户。经营户产生的生活污水量是普通农户的数倍，导致污水收集管网污水外溢问题时常产生。对此，银桥镇按照“谁污染、谁处理”的原则，要求所有的客栈经营户在 2017 年 1 月 30 日前安装庭院式污水处理设施，自行处理污水。目前，银桥镇辖区内的 100 户客栈经营户均配备了庭院式污水收集处理设施。为了便于监管和防治污染洱海，政府提出了如下具体要求：（1）经营户必须购买一台发电机，作为电网停电时的备用电源，确保污水设施每天 24 小时不间断运行。（2）必须建设至少七格式化粪池对收集的污水进行预处理，增强污水处理设施的处理效果。（3）必须在污水处理设施的终端处理器旁安装一个电表和一个水表，以便监管人员从耗电量和出水量推测污水处理设施的运行时间和污水处理量是否与自来水用水量相匹配，做到污水百分之百收集处理。（4）银桥镇洱海保护中心委托经云南省质量技术监督局计量认证和云南省环境保护厅考核认定的第三方计量认证监测机构定期或不定期对客栈污水处理设备出水取样化验，达到一级 A 处理标准方可经营。（5）客栈污水处理达到一级 A 处理标准后，所产生的污水不能接入村落污水收集管网，也不能随意排放，只能自行建设池塘或容器收集，继续用挺水植物等进行生物进化，用于庭院绿化、冲洗卫生间等方式进行中水回用，实现污水排放最小化。

### 二　生活垃圾集中收集处理办法

随着农村生活水平的提高，农村生活垃圾种类和数量都绝对地增多了，主要有丢弃的食物蔬菜、尼龙塑料、纸片、草木灰、食物、杂草、果树枝条、落叶、废塑料等。农村居民总的消费趋势是消费总量增大，这意味着排出的废弃物总量将快速增多；同时，食物种类中，油类、肉类、家禽及蛋类难降解物质消费增大，这也增加了农村环境的压力。农村生活垃圾面广量大，不仅占用了大量耕地面积，而且对农村居民身体健康造成威胁，特别是在汛期，各种垃圾随着雨水流到河边、溪边，严重污染水体，还造成河道堵塞。

为推进农村生活垃圾的集中收集处理，银桥镇坚持"因地制宜、分类实施、全面治理、注重长效、齐抓共管、统筹推进"的原则，按照"村收集、镇运转、市处理"的模式，实现生活垃圾处理有齐全的设施设备、有稳定的保洁队伍、有长效的资金保障、有完善的监管机制，达到所有的村庄生活垃圾得到有效治理。

按照"户保洁、村收集、镇运输、市处理"的农村生活垃圾收集清运处理"四级联动"模式，推进生活垃圾定时定点流动收集、压缩运转和无害化焚烧处理。严格执行"门前四包、日产日清、垃圾收费、垃圾分类、媒体曝光、巡查督察、网格管理、挂钩包保、联动执法、考核奖惩"等各项长效机制，各村委会因地制宜建立了一套卫生管理长效机制，并经户长会表决通过，通过集中上墙公示，作为村民自我约束、自我管理以及处罚违反环境卫生行为的基本依据。

### 三　建筑垃圾清运处理办法

随着住房条件的改善，农村垃圾品中新增了建筑垃圾。近十几年来，洱海流域农村住房条件得到改善，建筑材料也都用上了水泥，烧制的砖，住房更新速度也在加快，产生了大量的建筑废弃物，必须探索控制建筑垃圾污染的长效管理机制。2015 年 6 月 17 日，大理市银桥镇人民政府印发《银桥镇建筑垃圾中转点运行计划（暂行）》（镇政发〔2015〕22 号），银桥镇设立建筑垃圾临时堆放点（中转点），按照"定点回收—分类堆放—出库再利用"模式实现建筑垃圾减量化和再利用机制。银桥镇对辖区内的砖块、水泥砂石、石块、建筑装饰装潢材料、大理石粉末等建筑垃圾采取收费的方式允许农户运至建筑垃圾中转点。为了分类利用，对转进中转点的建筑垃圾分三类堆放（第一类：砖块、水泥砂石、石块类建筑垃圾；第二类：建筑装饰装潢材料类建筑垃圾；第三类：大理石粉末）。农户因建房需要回填建筑材料的或辖区内因项目建设需要回填建筑材料的，鼓励到银桥镇建筑垃圾中转点转出建筑垃圾用于建设，实现建筑垃圾的出库再利用。对于镇辖区内建设项目消纳后仍然剩余较多的建筑垃圾由镇政府定期清运到建筑垃圾处理厂进行资源化利用。为促进建筑垃圾回收再利用机制的顺利实施，银桥镇制定了相关的管理措施。

（一）严格控制建房指标管理

延缓农村住房折旧的速度。2017 年以前，银桥镇镇土地规划建设管理工作，只是对新批准宅基地进行指标控制管理，每年新增的宅基地指标是有限的，只能公开公平公正地分配给住房困难户或者无房屋，用于改善居住条件。在农户建房管理方面，不注重指标管理，只要农户提供的宅基地权属关系合法，建房设计的风格、建筑密度、层高、层数等指标符合相关政策要求，就可以通过审批建房。在实际运行中，产生了农户为追求改善居住条件，随意拆除旧民居甚至是有文化保护价值的传统民居，也有农户随意拆除建设年限较短、未达到危房标准的建筑，不仅不利于村庄传统风貌的保护，而且在重复建设中产生了大量的建筑垃圾。对此，从 2017 年开始，银桥镇按照《大理市农村个人建房联审联批制度（试行）》的要求，农村个人建房指标实行年度总量管理。农村个人建房集体建设用地指标和建房审批指标实行总量管理，按照大理市人民政府按年度下达给银桥镇的指标审批。在审批管理中，银桥镇认真落实"三公开一监督"制度（公开办事内容、公开办事程序、公开办事结果、接受群众监督）和"三到现场"（银桥镇政府分管领导、国土所、规划建设中心负责人必须要现场审核批前选址、批后放线、竣工验收），严格落实现场施工挂牌公示制度，广泛接受群众监督。通过严格控制建房指标管理和政务公开，有效地减少了农户建房行为尤其是拆旧建新的行为，达不到危房标准的民居原则上不允许拆除重建，从源头上控制了建筑垃圾的产生，实现了建筑垃圾的减量化。

（二）收取建房保证金

要求各村委会经村组集体议事表决通过后，由村组向建房户收取建房保证金（全镇向建房户收取建房保证金的标准为 1 万元/户），向施工方（含农村工匠）收取施工保证金（全镇向施工方收取的建房保证金的标准为 1 万元/户）。按批准内容建设、通过验收的建房户，在竣工验收合格证发放后 7 日内退还保证金。未按批准内容实施建设的建房户须按要求进行整改。对不按要求整改的，由银桥镇政府依法组织整改；对于无法采取整改措施消除影响的，由银桥镇政府依法组织强制拆除，涉及整改或拆除费用由建房户和施工方（含农村工匠）承担，并按相关规定处罚。全镇辖区建房户在办理相关审批手续过程中，必须向镇村做出定点清运建筑垃圾的承诺，督促农户尽量实行就地回填，严禁生活垃圾与建筑垃圾混合堆放，若没有履行承诺事项的将不退还建房押金。

（三）制定相关的村规民约

各村委会做好定点收集处理建筑垃圾的宣传工作，做到家喻户晓。同时，结合村民自治试点工作，制定本村关于处罚倾倒建筑垃圾等不文明行为的村规民约，通过村民代表会表决后公示并执行，对违法倾倒、堆放建筑垃圾行为进行严惩重罚。

（四）加强日常管理

银桥镇洱海保护中心牵头，银桥镇规划所配合，共同做好镇建筑垃圾中转点的日常管理各项工作，并聘请专人具体管理建筑垃圾中转点的有偿回收、分类堆放、有偿出库等工作。建筑垃圾中转点收取的费用，统一上缴镇财政账户，用于环境整治工作。

# 第十章　特色城镇化与生态文明建设绩效

　　城镇化，表面上是人类生产与生活方式由农村型向城市型转化的历史过程，本质上是经济、社会以及政治、文化和生态各方面的系统性深刻转型发展。新型城镇化发展要求城市在空间上达到增长（效率）和就业（公平）的平衡，城市空间结构与功能的协调发展；促进发展空间集约化和保护空间生态化，全面提升城镇化发展质量。特色城镇化导向的城市空间重构，重点在于寻求人口、产业、基础设施、资源环境与空间的有机协调机制，实现空间结构的优化布局、丰富空间增长内涵、加强空间集聚和提高城市空间质量，构建城市空间重构的机制模式。城市空间重构是对生产功能、生活功能和生态功能的空间优化重构，并且实现从生产、生活、生态功能各自的理想化发展向协调统一发展转变，实现均衡健康的城市功能布局，推动城市空间"精明增长"和发展转型。[①] 推进城镇化是一项复杂的系统工程，只有在政府引导下，充分发挥市场机制的作用，发动群众主动参与，协同推进改革，才能取得显著的生态效益、经济效益和社会效益。

## 第一节　生态效益

　　新型城镇化是人口、经济、资源与环境相协调的城镇化。新型城镇化倡导集约、智能、绿色、低碳的发展方式，按照"资源节约和环

---

① 孔令刚、蒋晓岚：《基于新型城镇化视角的城市空间"精明增长"》，《中州学刊》2013 年第 7 期。

境友好"的要求，依托城镇的资源和环境承载能力集聚产业和人口，努力发展低耗经济、低碳经济、循环经济、节能减排，保护和改善生态环境。① 走中国特色的城镇化道路，要坚持保护环境和保护资源的基本国策，坚持城镇化发展与人口、资源、环境相协调，合理集约利用土地、水等资源，切实保护好生态环境和历史文化环境，走可持续发展、集约式的城镇化道路。② 洱海流域推进特色城镇化进程中，始终注重流域生态环境的承载能力，并将生态文明理念融入城镇化进程的各个方面，探索构建符合地域实际的环保型生活方式、生态型生产方式和集约型发展模式。

## 一 环保型生活方式的形成

人的生活方式直接关系到人对待自然的态度。人的生活方式的变革或重建是生态文明建设的重要内容。科学、健康的生活方式又是生态文明建设的重要路径。生态文明建设要求人们告别旧的不科学的生活方式，摒弃高生产、高消费、高污染的粗放型生产方式，更加重视人与自然的和谐相处、共同发展；在进行生产生活等人类活动时，把对自然的损害降到最低，保护自然的自我平衡和自我更新的能力，以达到人和社会的永续发展。因此，生态文明建设对人的生活方式提出了变革的要求。③

城镇是人们居住生活的地方，构筑低碳生态城镇的最终目的是为当地居民提供更加健康舒适的生产生活环境。加强公众参与，才能使得低碳生态城镇真正为民所有、为民所享。④ 随着城镇化进程的推进，居民的生活方式发生着显著的变化。如果不加以科学引导，那么生活方式的改变在促进生活水平的提高和生活质量提升的同时，也会给生活环境带来隐患，导致环境恶化、资源浪费、自然景观破坏和地域文

---

① 杨会春主编：《推进新型城镇化建设学习读本》，人民出版社 2014 年版，第 97 页。
② 住房和城乡建设部课题组：《"十二五"中国城镇化发展战略研究报告》，中国建筑工业出版社 2012 年版，第 21 页。
③ 张三元、闫静：《生态文明建设与人的生活方式变革》，《观察与思考》2016 年第 7 期，第 66 页。
④ 文辉：《城镇发展规划研究和实践》，中国经济出版社 2013 年版，第 45 页。

化丧失等问题。因此，推进特色城镇化需要构建有益于保护环境、节约资源和传承优秀文化的健康生活方式，努力推广绿色生产、生活和消费方式，积极倡导环保、节俭、安全、健康的生活。银桥镇各村庄通过健全完善村规民约，将节水减排、"门前三包"、卫生保洁、村庄环境保护等生活方式的转变纳入村民行为准则，变"要我保护"为"我要保护"的自觉行动。目前，采取新建环保设施、库塘及污水外运等"土洋结合"的应急抢救方式，不断健全完善污水收集、垃圾收集清运处置工作机制，确保村镇污水、垃圾得到有效收集处理。

## 二　生态型生产方式的形成

发展产业促进经济繁荣，是推进城镇化进程的支撑。产业类型和生产方式的选择对于城镇化进程的质量至关重要。推进新型城镇化，坚持把生态文明建设作为优化产业结构的基本要求，树立生产过程清洁化、资源利用高效化的理念，严格能耗物耗准入门槛，增强产业可持续发展能力。[①] 坚持生态文明的理念推进洱海流域的特色城镇化进程，要注重传承和运用本地区长期以来形成的、流淌在群众血液里的生态文化。

少数民族生态观强调"万物有灵"。如果更进一步地培养"人与自然和谐"的新观念，充分发挥各族人民保护生态环境的普遍性和自觉性，就能够在传承传统文化的同时，实现建设生态文明的目的。生态文明的核心就是"人与自然的协调发展"，它以人与自然协调发展为行为准则，通过建立健康有序的生态机制，实现经济、社会、自然的可持续发展。[②] 洱海流域白族人民开发利用森林资源已有久远的历史，同时也养成了植树护林、保护环境的优良传统，形成了自己的生态文化。白族人民每年都有诸如插柳节、缀彩节、祭山节等集体植树、封山育林的节日。对于生态环境的保护，白族人普遍认为人手不如神手、人管不如神管，因而凡是在有神"居住"的地方，诸如佛

---

① 杨会春主编：《推进新型城镇化建设学习读本》，人民出版社 2014 年版，第 166 页。
② 吴开松：《生态文明与民族地区特色城镇化协同发展研究》，《华中师范大学学报》（人文社会科学版）2014 年第 5 期，第 15 页。

教、道教名山和遍布白族村寨的众多本主庙，以及有龙"居住"的众多的龙潭水系，便成了白族地区大大小小的"自然保护区"，始终保有葱郁的树木和清澈的流水。在白族庞大的本主神灵体系中，就有许多"龙"神，而且，在同一水源和水系的本主，往往被人们赋予了父子、兄妹、亲戚等血缘和亲缘关系。他们共同保佑着这条水系长年不断和畅通无阻。同时，白族地区用传统的村规民约和习惯法来约束村民，加强森林资源和水源管护，违者将处以重罚。①

银桥镇倡导实施的生产方式注重传承民族生态文化，并逐渐上升为生态文明理念，顺应自然，保护环境，实现可持续发展。在农产品种植方面，倡导推行生态有机种植，不用化肥、农药、除草剂、植物激素、转基因物种。种植过程强调有机废弃物的循环利用，方法上采用种养结合，利用养殖粪便、秸秆还田的措施，实现农业的可持续耕作。在渔业生产方面，银桥镇的传统渔民严格执行大理市人民政府发布的封湖禁渔开海的相关规定。在产业转型的特色城镇化进程中，银桥镇注重生态产业选择。一方面，禁止高能耗、高污染、破坏田园风光的企业落地辖区内；另一方面，注重培育有利于洱海保护的资源节约型、环境友好型企业落户银桥并发展壮大。

近年来，银桥镇高度重视农业发展中的生态环境问题，坚持可持续发展战略，大力发展"稻田养鸭"等有机农业，加强对农业生态新技术的推广和应用，实现农业生产发展、农民收入增加和农村环境保护"三赢"。大理良道农业有限公司2012年开始在银桥镇探索在稻田里养鸭子的"稻鸭农法"，水稻一栽下去就把小鸭放进去，鸭子在稻田中吃草、吃虫过程中不仅解决了饲养鸭子的饲料问题，而且发挥了鸭子的"解毒禽""杀虫禽""除草禽"的作用，也按摩、疏松了土壤，刺激水稻植株分蘖，产生浑水肥田的效果。从水稻种下去到开始扬花抽穗，鸭子从一个小鸭子长到差不多一公斤多的生态、有机鸭子。这种生产方式有效提高了水稻有机化程度，减少化肥、农药的公

---

① 郭家骥：《发展的反思：澜沧江流域少数民族变迁的人类学研究》，云南人民出版社、云南大学出版社 2011 年版，第 108—109 页。

害，实现水稻纯绿色生产和鸭子纯生态饲养，实现了稻鸭双丰收。

### 三　集约型发展模式的形成

集约是城镇的本质，城镇的集约化是不断挖掘自身发展潜力的过程，集约发展是促进城镇功能提升的必由之路。城镇化进程中，产业、人口与城镇区域之间具有内在的互动关系：产业发展是城镇发展的根本动力，是城镇集聚力和辐射带动力的源泉，是提高城镇综合承载能力的关键；人口是城镇化的基本要素，是衡量城镇化水平的主要指标；城镇区域是产业和人口的空间载体，合理的城镇布局能够促进产业发展和人口聚集。推动城镇化集约发展、引导产业和人口向特定区域聚集必须重视产业、人口与城镇区域之间这种互动关系：增强产业发展带动城镇发展的能力，以产业聚集促进人口集聚；完善工业化带动城镇化的机制，清除阻碍人口集聚的体制障碍，促进工业化城镇化协调发展；构建科学合理的城镇发展布局，为城镇化发展提供空间和载体，保证城镇化持续健康发展。[①]

生态文明建设要求我们在区域发展中充分考虑生态环境的承载能力，即生态阈值。环境的净化能力和承载力是有限的，一旦社会经济发展超越了生态阈值，就可能发生灾难性的后果，并且这个后果是不可逆的。大气、土地、动植物等都有承受污染物的最高限制，就环境污染而言，污染物存在的数量超过最大容纳量，这一环境的生态平衡和正常功能就会遭到破坏。[②]洱海流域的经济社会发展必须控制在洱海流域的生态阈值以内，严格按照洱海流域的资源环境容量，确定合理的城镇规模和发展模式，充分保护洱海水质、海西田园风光、物种多样性和白族文化传统等具有正外部性的不可再生资源。发展经济必须杜绝高投入、高排放、高消耗、高污染、低效益的粗放型发展方式，向集约、循环、生态、可持续的发展方式转变，把生态文明融入城乡经济、政治、文化和社会建设的各个方面，引领经济社会发展走

---

① 戴均良、燕翀：《中国城镇化必须走集约型发展之路》，《城市发展研究》2007 年第6 期。

② 吴开松：《生态文明与民族地区特色城镇化协同发展研究》，《华中师范大学学报》（人文社会科学版）2014 年第 5 期，第 15 页。

集约、绿色、低碳的可持续发展道路。

在发展模式的探索方面，银桥镇积极围绕实现自然景色优美、生态环境良好、资源利用节约、环境保护有效、人与自然关系友好的目标，在保护好苍山、海西、洱海的基础上实现可持续发展。银桥镇鼓励发展生态产业，降低产业发展对土地、水、空气等生态资源的消耗或破坏，并探索产业融合发展模式，以更少资源生产更多经济价值。银桥镇通过建立现代农业示范区，促进农业生产实行基地化建设和生态化种植。建立银桥绿色食品工业园区，要求工业入园，促进产业集群，既可以集中处理污染，又可以使各产业分享外部经济。同时发展农产品加工和休闲农业，在促进三次产业融合中，延伸了产业链，提升了产业附加值。注重完善和配套城乡基础设施和公共服务体系，提升城乡基础设施和公共服务的质量，使之更好地发挥外部经济的作用，有效地降低企业生产成本，增强市场竞争力。

# 第二节　经济效益

城镇化进程是经济发展的必然结果，其发展速度直接取决于经济发展水平和增长速度。推进特色城镇化，必须要发展地区实体经济，优化产业结构，增加就业岗位，集聚生产要素，实现城镇化的发展与经济的发展相适应。

## 一　产业结构的优化

工业、农业、服务业发展是城镇化的支撑。"兴业"才能"兴城"。"业"的水平和规模决定了"城"的水平和规模。"兴城"又要有助于"兴业"，"城"的水平和规模也制约着"业"的水平和规模。两者的互动互促的关系，使城镇化的过程成为两者不断良性循环的过程。[1] 必须把第一产业、第二产业、第三产业的发展作为新型城镇化

---

[1] 厉以宁、艾丰、石军：《中国新型城镇化概论》，中国工人出版社2014年版，第74页。

的支撑，同时，用推进新型城镇化促进产业的发展。产业的发展要具有足够的、持续的支撑力，力戒支撑力不足和产业单一、短期繁荣。产业发展和城镇化形成良性循环，是城镇化成败的关键，又是检验城镇化是否健康发展的基本标准。[①]

区域产业结构是区域内各产业的组成状态、发展水平以及产业间的生产联系和数量比例关系。它包括两个方面的内容：一是各产业之间在生产规模上的比例关系，直接涉及的是结构均衡问题；二是各产业之间的关联方式，直接涉及的是结构高度和效益问题。产业间的比例关系构成区域产业结构量的方面，而产业之间的关联方式则构成区域产业结构质的方面。区域产业结构不仅是区域经济发展的关键因素，而且通过相互关联影响着区域国民经济总体的增长和发展。[②] 区域产业结构是动态演变的。不同的产业结构状态意味着不同的资源配置状态和经济发展效率和效益。只有推动产业结构合理化和高度化演进，才能实现有基础产业支撑的城镇化。区域产业结构的合理化是指产业结构趋向合理的过程，本质是产业结构的动态协调。[③] 产业结构的高度化，是指区域产业结构根据经济发展的历史和逻辑顺序演进中，不断达到更高的阶段和更高的层次，由合理的区域产业结构向最优的区域产业结构转化的过程。[④] 农村城镇化建设能调整农村产业结构，优化资源配置，促进区域农业现代化的实现和城乡经济社会的协调发展。银桥镇作为一个传统的农业乡镇，推进镇域产业结构的合理化和高度化，立足于农业、农民和农村，着眼于推进以人为核心的城镇化，实现了农业产业化和农村经济同步发展目标。主要通过组织农民、流转土地、培育产业推动产业结构合理化和高度化。

（一）产业组织的优化

在组织农民方面，银桥镇针对农户分散经营难以实现规模经济和

---

① 厉以宁、艾丰、石军：《中国新型城镇化概论》，中国工人出版社 2014 年版，第 69 页。

② 江世银：《区域产业结构调整与主导产业选择研究》，上海三联书店、上海人民出版社 2004 年版，第 6—7 页。

③ 同上书，第 37 页。

④ 蒋昭侠：《产业结构问题研究》，中国经济出版社 2005 年版，第 150 页。

难以应对市场风险的问题，扶持农户成立专业合作社，实现有组织的规模经营。2012 年以来，银桥镇农业专业合作社已经从 13 个增加到 2016 年的 32 个（见表 10 - 1），涵盖多个行业，其中，种植业 25 个、养殖业 1 个、渔业 1 个、其他 5 个。

表 10 - 1　　　银桥镇 2012—2016 年农业专业合作社统计

| 年份 | 农业专业合作社（个） | 被农业主管部门认定为示范社（个） | 农业专业合作社成员数（个） | 农业专业合作社带动非成员农户数（户） |
|------|------|------|------|------|
| 2012 | 13 | 0 | 69 | 100 |
| 2013 | 16 | 0 | 99 | 207 |
| 2014 | 22 | 1 | 112 | 338 |
| 2015 | 26 | 2 | 146 | 346 |
| 2016 | 32 | 2 | 311 | 438 |

（二）坚持"三权分置"理念，激活土地经营权

2014 年 9 月 29 日，中央全面深化改革领导小组第五次会议提出：要在坚持农村土地集体所有的前提下，促使承包权和经营权分离，形成所有权、承包权、经营权三权分置，经营权流转的格局。

2014 年 11 月，中共中央办公厅、国务院办公厅印发的《关于引导农村土地经营权有序流转发展农业适度规模经营的意见》指出：伴随我国工业化、信息化、城镇化和农业现代化进程，农村劳动力大量转移，农业物质技术装备水平不断提高，农户承包土地的经营权流转明显加快，发展适度规模经营已成为必然趋势。土地流转和适度规模经营是发展现代农业的必由之路，有利于优化土地资源配置和提高劳动生产率，有利于保障粮食安全和主要农产品供给，有利于促进农业技术推广应用和农业增效、农民增收，应从我国人多地少、农村情况千差万别的实际出发，积极稳妥地推进。按照加快构建以农户家庭经营为基础、合作与联合为纽带、社会化服务为支撑的立体式复合型现

代农业经营体系和走生产技术先进、经营规模适度、市场竞争力强、生态环境可持续的中国特色新型农业现代化道路的要求，以保障国家粮食安全、促进农业增效和农民增收为目标，坚持农村土地集体所有，实现所有权、承包权、经营权三权分置，引导土地经营权有序流转，坚持家庭经营的基础性地位，积极培育新型经营主体，发展多种形式的适度规模经营，巩固和完善农村基本经营制度。

2016 年 4 月 25 日，习近平总书记在安徽省凤阳县小岗村农村改革座谈会上强调，完善农村基本经营制度，要顺应农民保留土地承包权、流转土地经营权的意愿，把农民土地承包经营权分为承包权和经营权，实现承包权和经营权分置并行。这是农村改革又一次重大制度创新。放活土地经营权，推动土地经营权有序流转，政策性很强，要把握好流转、集中、规模经营的度，要与城镇化进程和农村劳动力转移规模相适应，与农业科技进步和生产手段改进程度相适应，与农业社会化服务水平提高相适应。

2016 年 8 月 30 日，习近平主持召开中央全面深化改革领导小组第二十七次会议强调：深化农村土地制度改革，实行所有权、承包权、经营权"三权分置"，是继家庭承包制后农村改革的又一重大制度创新，是农村基本经营制度的自我完善。要围绕正确处理农民和土地关系这一改革主线，不断探索农村土地集体所有制的有效实现形式。农村土地农民集体所有必须牢牢坚持。要严格保护农户承包权，任何组织和个人都不能取代农民家庭的土地承包地位，都不能非法剥夺和限制农户的土地承包权。要放活土地经营权，在依法保护集体所有权和农户承包权的前提下，平等保护经营主体依流转合同取得的土地经营权，保障其有稳定的经营预期。

农村土地"三权分置"继承了"两权分离"制度安排的精髓，实现集体、承包农户、新型经营主体对土地权利的共享，有利于促进分工分业，让流出土地经营权的农民增加财产收入，让新型农业经营主体实现规模收益，也有利于农村劳动力合理流动，促进新型城镇化，实现城乡、工农、区域协调发展。[①]

农村土地"三权分置"的制度设计，在落实集体所有权的基础上，通过稳定农村土地承包权、放活土地经营权，完成了对产权结构的调整，实现了农地产权主体的分化，使不同主体在这种制度设计下，获得农地产权的最大激励，最大限度地释放土地红利。同时，实行"三权分置"制度，能够为农村剩余劳动力的转移解决后顾之忧，推进新型城镇化进程；能够为农地规模化生产和新型农业经营主体的发展壮大提供条件，促进农业现代化建设；能够为统筹城乡发展，实现社会进步提供助力，是我国农村建设和发展的必然选择。[②]

银桥镇在现代农业示范区建设中，遵循农村土地"三权分置"的改革思路，坚持家庭经营的基础性地位，落实农村土地集体所有权，稳定农户家庭承包权，放活农村土地经营权，在家庭经营的基础上因地制宜，发展适度规模经营。坚持家庭经营基础地位，大力发展集体经营、合作经营、企业经营，通过招商引资和产业政策扶持引导工商资本到银桥镇现代农业核心示范区发展适合企业化经营的现代农业，大力培育发展农业龙头企业，构建新型农业经营体系。

在稳步开展农村土地承包经营权确权登记试点的基础上，引导全镇承包耕地规范有序流转，鼓励承包农户依法采取转包、出租、互换、转让、股份合作等形式，自主流转承包土地或自愿委托发包方、土地流转服务机构流转承包土地。为建设现代农业示范基地，引导村、组采用经济手段集中连片流转土地，通过租金动态调整、流转年限递增、农用地定级估价、土地承包经营权作价出资等方式确定土地流转价格。银桥镇家庭承包耕地的流转面积、去向和用途如表 10 - 2 和表 10 - 3 所示。

---

[①] 韩长赋：《土地"三权分置"是中国农村改革的又一次重大创新》，《农村工作通讯》2016 年第 3 期，第 20 页。

[②] 陈金涛、刘文君：《农村土地"三权分置"的制度设计与实现路径探析》，《求实》2016 年第 1 期，第 89 页。

**表 10 – 2　银桥镇 2012—2016 年家庭承包耕地流转面积统计**　　　单位：亩

| 年份 | 转包 | 互换 | 出租 | 出租给本乡镇以外人口和单位 | 股份合作 | 合计 |
|---|---|---|---|---|---|---|
| 2012 | 1394 | 60 | 2058 | 1965 | 500 | 4012 |
| 2013 | 1385 | 100 | 3603 | 3023 | 0 | 5088 |
| 2014 | 1268 | 0 | 5725 | 3567 | 0 | 6993 |
| 2015 | 553 | 0 | 8806 | 7806 | 1760 | 11119 |
| 2016 | 553 | 0 | 9436 | 8116 | 1760 | 11749 |

**表 10 – 3　　　　　银桥镇 2012—2016 年家庭承包耕地流转去向和流转服务统计**

| 年份 | 流转去向（亩） | | | 土地流转服务情况（亩） | | | 流转用于种植粮食作物面积（亩） | 流转出承包耕地的户数（户） |
|---|---|---|---|---|---|---|---|---|
| | 流转入农户 | 流转入合作社 | 流转入企业 | 委托乡村组织流转的面积 | 乡村组织提供信息流转的面积 | 农户间自发流转的面积 | | |
| 2012 | 610 | 360 | 3042 | 489 | 2249 | 1274 | 1676 | 1550 |
| 2013 | 1180 | 225 | 3683 | 1229 | 1959 | 1900 | 1664 | 3064 |
| 2014 | 400 | 1054 | 5539 | 6593 | 0 | 400 | 4146 | 4484 |
| 2015 | 553 | 2814 | 7752 | 10851 | 0 | 268 | 6063 | 7047 |
| 2016 | 553 | 2814 | 8382 | 11481 | 0 | 268 | 6063 | 6184 |

由表 10 – 2 可见，流转面积已从 2012 年的 4012 亩，扩大到了 2016 年的 11749 亩（占全镇耕地 19500 亩的 60%）；由表 10 – 3 可见，参与家庭承包耕地流转的户数从 2012 年的 1550 户，增加到了 2016 年的 6184 户（占全镇总农户数 7450 户的 83%）。全镇家庭承包耕地流转逐步呈现出从季节性向稳定性转变、从短期性向长期性转变、从自发性向自觉性转变、从租赁向入股转变的特征。在流入主体上，全镇总体上呈现出从本集体经济组织家庭间的转包或互换，向本乡镇以外的经营主体出租或股份合作的趋势，从 2012 年的 2465 亩（占当年流转面积 4012 亩的 61.4%），增加到 2016 年的 9876 亩（占当年流转面积 11749 亩的 84.1%）。

由表 10 - 3 可见，在耕地的流转去向上，向农户流转的比重逐渐减少，向农业合作社和农业龙头企业流转的比重逐渐增加，有利于实现规模化的种植经营。在土地流转服务上，随着银桥镇土地流转服务中心的成立，不再使用乡村组织提供信息后由农户自行流转耕地的方式。农户间自发流转的面积不断减少，从 2012 年的 1274 亩（占当年流转面积 4012 亩的 31.7%）下降到了 2016 年的 268 亩（占当年流转面积 11749 亩的 2.3%）；实现委托乡村组织流转的面积显著增长，从 2012 年的 489 亩（占当年流转面积 4012 亩的 12.2%），增加到 2016 年的 11481 亩（占当年流转面积 11749 亩的 97.7%），能够显著降低耕地流转的交易成本。

## 二　就业方式的转变

走新型城镇化道路，核心是以人为本，关键是提升质量。以人为本包括两个方面的含义：一是转移人，促进农业转移人口市民化；二是提升人，使人的能力素质与现代城市文明相适应。城镇化是人自身发展的过程，使人从土地的束缚中解放出来，人的发展舞台从传统乡土亲缘拓展到整个社会，以在更广阔的空间放飞梦想。要适应现代产业发展、文明进步、社会生活，就必须转变人的思想观念、提高人的能力素质。因此，以人为核心推进城镇化，不仅要转移农民，还要提升农民；不仅要创造就业机会，还要提升人的职业技能；不仅要提高服务保障，还要培养人的现代思维方式、行为习惯。[①]

人力资源是指一定范围内的人口总体所具有的劳动能力的总和，或者说是指能推动社会和经济发展的具有智力和体力劳动能力的人的总和。[②] 在推进特色城镇化的进程中，由于产业结构的调整，改变了长期以来村民主要从事传统农业种植的单一就业模式，镇域内产生了新的就业岗位。同时，限制低附加值的传统农业，加快发展低污染、低能耗、环保型的第二产业和第三产业，探索第一、第二、第三产业

---

① 杨会春主编：《推进新型城镇化建设学习读本》，人民出版社 2014 年版，第 60—61 页。

② 陈远敦等：《人力资源开发与管理》，中国统计出版社 1995 年版，第 1 页。

融合发展模式，提高产品附加值和产业发展效益，以促进当地就业者在产业转变中提高劳动报酬。劳动力在不同产业之间流动的重要原因就在于各产业之间收入的相对差异。① 随着银桥镇花卉产业和蓝莓产业的迅速发展，产生了按除草面积、采摘蓝莓果数量付费的劳动强度不高的用工需求，使一些已经在家养老的部分老年人重返就业岗位，为农业龙头企业打工，增加了劳动力人力资源。根据《大理市农村经营管理情况统计年报》，2011 年银桥镇有劳动力 18150 人，占当年总人口 30102 人的 60.3%，到 2016 年劳动力增加到 20400 人，占当年总人口 31018 人的 65.8%，如表 10 - 4 所示。

表 10 - 4　　　　　　银桥镇 2011—2016 年劳动力从业情况统计　　　　　单位：人

| 年份 | 劳动力数 | （一）从事家庭经营 | | （二）外出务工劳动力 | | | | |
| --- | --- | --- | --- | --- | --- | --- | --- | --- |
| | | 合计 | 从事第一产业 | 合计 | 常年外出务工劳动力 | | | |
| | | | | | 合计 | 镇外市内 | 市外省内 | 省外 |
| 2011 | 18150 | 13908 | 10698 | 4242 | 4118 | 1716 | 1710 | 692 |
| 2012 | 19041 | 13958 | 9915 | 4249 | 4145 | 1719 | 1752 | 674 |
| 2013 | 20425 | 15800 | 6300 | 4601 | 3600 | 3400 | 117 | 63 |
| 2014 | 20631 | 14690 | 6231 | 4632 | 3644 | 3411 | 189 | 70 |
| 2015 | 20711 | 15240 | 6058 | 4700 | 3702 | 3420 | 236 | 70 |
| 2016 | 20400 | 15600 | 5822 | 4800 | 4070 | 3773 | 227 | 70 |

由表 10 - 4 可知，自 2011 年以来，银桥镇劳动力数在不断增加，从事家庭经营的人数也在增加，2011 年全镇有 13908 人从事家庭经营，占当年劳动力 18150 人的 76.6%，2016 年增加到 15600 人，占当年劳动力 20400 人的 76.5%。但是，从事家庭经营的劳动力中，从事第一产业的数量显著减少，2011 年有 10698 人从事第一产业，占当年从事家庭经营劳动力 13908 人的 76.9%，2016 年减少到 5822 人，

---

① 李悦主编：《产业经济学》，中国人民大学出版社 1999 年版，第 68 页。

占当年从事家庭经营劳动力 15600 人的 37.3%。这种变化充分说明银桥镇大多数农户将承包耕地流转出去以后，不再从事农业生产，转向与特色城镇化进程息息相关的餐饮、客栈、运输、工艺品加工等个体工商户经营，在活动承包耕地经营权流转收益之外，能够获得比家庭种植业更高的家庭经营收益。

银桥镇就业方式转变的另一个显著特征体现在外出务工劳动力人数变化上。由表 10-4 可见，银桥镇外出务工劳动力在逐年增加，2011 年外出务工劳动力 4242 人，占当年劳动力数 18150 人的 23.4%，2016 年增加到 4800 人，占当年劳动力 20400 人的 23.5%。与此同时，常年外出务工劳动力中，镇外市内务工劳动力显著增加，赴市外和省外务工劳动力显著减少。2011 年，银桥镇劳动力到省外务工 692 人，占当年常年外出务工劳动力 4118 人的 16.8%，2016 年到省外务工减少到 70 人，占当年常年外出务工劳动力 4070 人的 1.7%。2011 年，银桥镇劳动力到市外省内务工 1710 人，占当年常年外出务工劳动力 4118 人的 41.5%，2016 年到市外省内务工劳动力减少到 227 人，占当年常年外出务工劳动力 4070 人的 5.6%。2011 年，银桥镇劳动力到镇外市内务工 1716 人，占当年常年外出务工劳动力 4118 人的 41.7%，2016 年到镇外市内务工增加到 3773 人，占当年常年外出务工劳动力 4070 人的 93.2%。银桥镇外出务工劳动力就业区域的显著变化得益于当地产业结构的优化。在特色城镇化进程中，洱海流域创造了适宜于当地群众的就业岗位，实现当地劳动力放弃传统种植业后，可以就近就便就业获得预期的工资性收入，不必长期背井离乡到市外、省外务工，也有一些常年外出务工的农民工返乡就业创业，在家庭团聚中促进当地经济发展和社会和谐。

### 三 经济收入的增长

新型城镇化的最终目的是扩大内需，拉动经济。在经济发展方面，将经济环保高效、产业结构合理作为经济发展的目标，避免以破坏环境和资源浪费为代价的经济发展，促进经济的良性增长。① 由于银桥镇地处城市近郊高原湖泊洱海边上，必须始终把生态保护放在第一位，坚持"不搞大开发、共抓大保护"的理念，走"在保护中发展、在发展中保护、以保护促发展"的路子。这种环保型发展道路使银桥的群众在生态保护中获得了实实在在的生态红利，同时，银桥的经济也获得了稳步增长。近年来的主要经济指标如表 10-5 所示。

| 表 10-5 | | 2012—2016 年银桥镇主要经济指标 | | | 单位：万元 | |
|---|---|---|---|---|---|---|
| 年份 | 农村经济总收入 | 工业总产值 | 财政总收入 | 公共财政预算收入 | 固定资产投资 | 农民人均纯收入 |
| 2012 | 249000 | 98000 | 3016 | 1190 | 11020 | 0.8538 |
| 2013 | 276000 | 97000 | 3656 | 1483 | 15000 | 0.9654 |
| 2014 | 305000 | 109000 | 2944 | 1195 | 19300 | 1.0935 |
| 2015 | 335000 | 103000 | 4307 | 2144 | 33000 | 1.2042 |
| 2016 | 365500 | 114000 | 3599 | 1324 | 46200 | 1.3246 |

由表 10-5 可见，2012—2016 年，银桥镇各项主要经济指标除财政总收入存在波动外，其余各项经济指标均实现了稳步增长。2012—2016 年，银桥镇农村经济总收入从 249000 万元增加到 365500 万元，年均递增 8%；工业总产值从 98000 万元增加到 114000 万元，年均递增 3.1%；固定资产投资从 11020 万元增加到 46200 万元，年均递增 33.2%；农民人均纯收入从 8538 元增加到 13246 元，年均递增 9.2%。银桥镇近年来固定资产投资的快速增长，一方面培育了促进财政收入强劲增长的产业项目，另一方面建设一些文化、教育、卫生、交通等基础设施项目和污水收集处理等保护项目，显著改善了发展环境，促进银桥镇新型城镇化驶入环保友好型发展的快车道。

---

① 卢扬、安佳、罗世聪：《论农村城镇化指标体系的构建——基于新型城镇化视角》，《当代经济》2015 年第 1 期，第 125 页。

# 第三节　社会效益

新型城镇化是坚持"以人为本"的理念，必须高度重视民生事业发展，加快就业、医疗、教育和社会保障等公共服务体系建设，让城乡人民能平等共享发展成果，满足城乡人民对美好生活的期盼。

## 一　地域文化的有效传承

中央城镇化工作会议于 2013 年 12 月 12—13 日首次在北京举行，会议提出要传承文化，发展有历史记忆、地域特色、民族特点的美丽城镇。城镇建设，要实事求是确定城市定位，科学规划和务实行动，避免走弯路；要体现尊重自然、顺应自然、天人合一的理念，依托现有山水脉络等独特风光，让城市融入大自然，让居民望得见山、看得见水、记得住乡愁；要融入现代元素，更要保护和弘扬传统优秀文化，延续城市历史文脉；要融入让群众生活更舒适的理念，体现在每一个细节中。民族文化和民族习俗是各民族世代传承的宝贵遗产，城镇的现代文明生活方式要与之融合，才能吸引当地各民族聚居，城镇才能蓬勃发展，城镇的发展才有重要依托。[①] 而少数民族乡村文化是少数民族成员在所聚居区域（主要是村寨、部落等乡村）创造、传承、使用的能体现本民族特色的文化，它有明确的对象（具体的民族）、空间（特定的村寨、部落）和内容（差异的文化）。少数民族乡村文化是一种地域现象，不同区域的民族文化，都有各自的特征，并且与其他文化相互交融和渗透。民族乡村文化还是一种规约现象，在特定区域内民族成员经世代沿袭并渐次积累，大家共同遵守而约定俗成。总之，各个少数民族地区乡村间的民间传说、方言习俗、音乐舞蹈、礼仪庆典、生产生活方式等每一项文化遗存都积淀着久远的岁

---

① 吴开松：《生态文明与民族地区特色城镇化协同发展研究》，《华中师范大学学报》（人文社会科学版）2014 年第 5 期，第 16 页。

月印痕，记录着活灵活现的民族审美。① 对少数民族地区城市化的理解，除了涉及少数民族人口流入城市、村委会改为居委会、"农转非"的过程，城市化还是一个民族生产方式、生活方式和社会文化全面变迁的过程。城市化正以前所未有的冲击力迅猛推进，以无法阻挡的穿透力渗透到少数民族乡村传统文化的刚性结构中。②

2015 年 1 月 20 日，习近平总书记走进大理市湾桥镇古生村，与当地干部群众拉家常、察民情、问生计、谈环保、话乡愁。习近平总书记动情地说："我第一次来大理，从小就知道苍山洱海，很向往。看到你们的生活，我颇为羡慕，舍不得离开。""这里环境整洁，又保持着古朴形态，这样的庭院比西式洋房好，记得住乡愁。""乡愁是什么意思呢？就是你离开了这个地方会想念这个地方。"

乡愁是一种眷恋故乡、思念故土、惦记故人的质朴情结，是心灵的寄托、情感的归宿、精神的感召。自然山水和民族文化是乡愁的重要载体。地域历史文化的传承是城镇化中不可忽视的问题，也是城镇化进程中很难做好的事情，传承不好就会导致地域特色、民族特色、建筑特色的消亡。丰富的小村镇地域建筑特色是中国文化的重要根基，是本土文化、民俗风情、建筑艺术的真实写照，反映了历史文化和地域建筑发展的脉络，是先人留给我们的宝贵遗产。在就近城镇化过程中，要对这些具有历史传统和地方特色的建筑进行最大限度的保护。同时，规划、设计和建造新型建筑时，要从本地的地形、地势和气候条件出发，尽量做到因地制宜、就地取材，建造出风格特色各不相同、符合当地生活习俗和欣赏风格的建筑。在建筑的安全性、舒适性和经济性方面完全可以运用现代科技，而在建筑的差异性、欣赏性和地方性方面，完全可以具有本土特色，把专家眼光和群众智慧结合起来，在本土化和现代化之间寻找最佳平衡点。③

银桥镇在推进新型城镇化和加强生态文明建设的进程中，以民族

---

① 林庆、李旭：《城市化背景下少数民族乡村文化的保护：以云南为例》，云南人民出版社 2015 年版，第 25 页。

② 同上书，第 8 页。

③ 闫世伟：《就近城镇化应把握的着力点》，《理论探索》2014 年第 4 期，第 107 页。

文化为特色，围绕"提升城镇品质、提升群众生活质量、提升城镇发展活力、建设山水田园城镇"的目标，立足镇情，遵循城镇化规律，编制一个实事求是、有地方特色、具有前瞻性和可操作性的中心集镇建设总体规划和全覆盖的各自然村村庄建设规划。通过规划引导群众算大账，算长远账，尤其要算好"条件改善账、经济实惠账、环境优化账"，自觉按照规划参与城镇建设发展。久而久之，规划引领的效应逐步显现，在保持地域特色中实现镇域布局更合理、功能分区更明确、基础设施更完善、环境更优美、生活更方便、居住更舒适，驰而不熄地建设一座充满生机与活力的绿色生态之镇，一座富有现代气息的特色品质之镇，一座产业融合发展的富裕文明之镇，一座安居乐业的幸福和谐之镇。

## 二 社会事业的健康发展

推进新型城镇化，必须加快社会事业发展。社会建设与人民幸福安康息息相关。加强科技、教育、医疗卫生、文化体育、人口计生、社会福利等基础性公共服务设施建设，建立综合性的服务平台，推动社会服务资源向基层延伸。优化教育结构和布局，全面提升义务教育水平。健全城镇医疗卫生体系，加快建设以社区卫生服务为基础的医疗卫生服务网络，扩大社区卫生服务面。健全公共就业服务体系，加快劳动力和社会保障服务设施建设，完善社会保障体系。[①] 近年来，银桥镇在城乡居民增收上下功夫，在发展社会事业上花气力，在完善保障体系上行举措，在创新社会管理上求突破，在社会和谐稳定上重实效，努力让全镇居民劳有多得、学有优教、病有良医、老有善养、住有宜居，实现特色城镇化的共建共享。

### （一）就业是民生之本

加大劳动力转移培训力度，让更多劳动力得到满意的就业岗位，增加工资性收入。2016 年完成农村劳动力转移培训 340 人次，转移输出农村富余劳动力 205 人。积极鼓励辖区内企业使用本地劳动力，让更多的劳动力实现就地转移就业。加强劳动合同、平等协商和争议仲

---

① 杨会春主编：《推进新型城镇化建设学习读本》，人民出版社 2014 年版，第 117 页。

裁制度建设，构建和谐的劳动关系。

（二）教育是民生之基

加大教育投入力度，进一步优化教师队伍建设，强力推进义务教育均衡，加强教育教学管理，提升教育教学水平。2016年银桥镇中学共有25名学生考入重点高中，75名学生考入普通高中，教育教学水平位居全市农村中学前茅。2016年建成了大理市首家农村标准化中心幼儿园。银桥镇近五年来投入2000多万元对全镇校舍及设施进行升级改造，为全镇实现义务教育均衡发展打下坚实基础。

（三）健康是民生之首

建设银桥卫生院综合楼项目和五里桥卫生所、阳波卫生所的标准化卫生室项目。完善镇村医疗卫生服务网络。提高突发公共卫生事件防控和应急处置能力。健全食品药品监管机制，严格农村客事办理宴席管理制度，保障群众饮食和用药安全，2016年建成"大理州食品安全示范镇"。

（四）保障是民生之安

注重农村养老、医疗保险、农业人口转变为城镇居民等政策宣传和运行监管。银桥镇积极构建社会保险、社会救助、社会福利和慈善事业相结合的社会保障体系。全面落实城乡低保、养老等社会保障政策，规范农村"五保供养"制度，提高特困人员供养水平，加快推进社会养老服务体系建设，建设老年活动中心4个，居家养老服务中心2个。新型农村合作医疗制度全面实施，2016年参合人数为29877人参合率达105%。

（五）和谐是民生之福

坚持以人为本，创新体制机制，不断提高社会管理服务水平。按照党委领导、政府负责、社会协同、公众参与的社会管理格局，健全社会治安防控体系和矛盾纠纷排查调处工作机制，强化安全生产监管，维护社会和谐稳定。围绕"发案少、治安好、群众满意"的总体工作目标，开展平安村、平安企业、平安学校、平安家庭等基层系列平安创建活动。2016年全镇共安装视频监控探头397个，实现社会治安视频监控建设全覆盖。通过整合资源力量，建立巡防队伍，多模式开展夜间"治安大巡防"活动，积极建立常态化、制度化的农村社会治安大巡防机制，全力推动治安巡防向村组延伸，初步形成了横到边、纵到底，点、线、边、面相结合的巡防体系，有力提升群众的安全感和满意度。

### 三　改革红利的叠加释放

为协同推进改革，叠加放大改革红利，银桥镇按照"规划引领、环保先行、多方参与、产业带动"的思路，在沙栗木庄自然村和磻曲自然村推进市级农村综合改革示范村建设。坚持以新型城镇化综合改革为统领，立足于自然村区位优势和实际情况，统筹推进农村宅基地制度改革、农村产权制度改革、"多规合一"、农村人居环境改善、全域旅游示范区创建、农村住房财产权抵押贷款、农村土地承包经营权确权登记颁证、自然村村民自治、骨灰寄存殡葬改革等试点工作，最大限度发挥试点政策、项目、资金叠加效应，促进城乡一体化发展。

通过深化农村综合改革试点，探索出洱海流域村庄科学发展的村庄治理模式。通过村民自治，切实增强了村民的素质和责任，使村庄建设、管理与发展顺应民心民意，合乎农民的选择，构建起"标本兼治"、"刚柔并济"、社会服务与社会管理相结合、政府主导与多方参与相结合的社会治理机制，形成了优良的村风民风，村庄治理更加高效。通过深入挖掘文化底蕴，使白族文化得到了有效保护和科学传承。通过全域旅游试点探索，促进文化传承与休闲旅游融合发展，探索洱海流域村庄服务业有序发展、科学发展、和谐发展的村级经济发展模式。通过农村产权制度改革试点，激活村庄现有资源，转变为村经济发展的资产。通过发挥村民在村庄试点改革中的主体作用，切实增强村民的增收致富能力，增强"造血"功能，释放改革红利，公共服务明显改善，村民改革获得感显著增强。

## 第四节　生态文明建设指标测算

根据国家"水专项"课题组设计的洱海流域生态文明建设指标体

系的具体指标及衡量方法，结合辖区内的实际情况和日常统计监测的
数据，从水域系统、陆域系统、环境经济系统和环境社会系统四个方
面对全镇生态文明建设相关指标进行测算。

**一 水域系统指标测算**

水域系统评估指标主要包括洱海水质达标率、入湖河流水质达标
率和流域村镇饮用水卫生合格率三个方面。其中，洱海水质达标率是
全湖区水质的达标率，入湖河流水质达标率、流域村镇饮用水卫生合
格率可以监测到银桥镇境内的运行情况。

**（一）洱海水质达标率**

2016 年，洱海有 5 个月达到 Ⅱ 类水质，分别是 1 月、2 月、3 月、
4 月、12 月；有 7 个月达到 Ⅲ 类水质，分别是 5 月、6 月、7 月、8
月、9 月、10 月、11 月。与 2015 年相比，Ⅱ 类水质减少了 1 个月，
Ⅲ 类水质增加了 1 个月；与 2014 年相比，Ⅱ 类水质减少了 2 个月，
Ⅲ 类水质增加了 2 个月。水质变化的主要原因是：随着洱海流域经济
社会的快速发展，入湖污染物负荷增加，洱海水环境承载压力持续
加大；洱海流域产业结构调整相对缓慢，受农业面源污染、生产生
活污水影响，主要入湖水质较差，多为 Ⅳ 类、Ⅴ 类，甚至是劣 Ⅴ
类；由于气候变化，沿湖周边用水量增加，净入湖水量大幅减少，
水循环逆良性，水动力不足；洱海流域截污治污设施不完善，城镇
污水处理厂、村落污水处理设施覆盖率低、处理率低，洱海外源污
染压力较大。

**（二）入湖河流水质达标率**

苍山十八溪是洱海优质水补给的重要来源，银桥镇境内有五条
溪，分别是：隐仙溪、双鸳溪、白石溪、灵泉溪、锦溪。从近年来监
测的水质情况分析，灵泉溪保持了最好的水质，常年达到 Ⅱ 类水质或
Ⅲ 类水质标准，2016 年有 8 个月达到 Ⅱ 类水质，4 个月达到 Ⅲ 类水质
标准。其次是锦溪，2016 年有 1 个月达到 Ⅱ 类水质、5 个月达到 Ⅲ 类
水质、6 个月达到 Ⅳ 类水质。隐仙溪、双鸳溪、白石溪最好月份可达
到 Ⅲ 类水质，也有断流的月份。具体如表 10 - 6 所示。

表 10－6　　　银桥镇境内五条苍山十八溪 2016 年水质情况

| 水质 | 1月 | 2月 | 3月 | 4月 | 5月 | 6月 | 7月 | 8月 | 9月 | 10月 | 11月 | 12月 |
|------|-----|-----|-----|-----|-----|-----|-----|-----|-----|------|------|------|
| 隐仙溪 | ＞V | V | ＞V | 断流 | 断流 | Ⅲ | Ⅲ | Ⅳ | Ⅳ | V | V | V |
| 双鸳溪 | 断流 | 断流 | 断流 | 断流 | 断流 | Ⅲ | Ⅲ | Ⅳ | Ⅲ | ＞V | 断流 | 断流 |
| 白石溪 | 断流 | 断流 | 断流 | 断流 | 断流 | Ⅳ | Ⅲ | Ⅲ | Ⅲ | Ⅳ | Ⅲ | Ⅲ |
| 灵泉溪 | Ⅱ | Ⅲ | Ⅲ | Ⅲ | Ⅲ | Ⅱ | Ⅱ | Ⅱ | Ⅱ | Ⅱ | Ⅱ | Ⅱ |
| 锦　溪 | Ⅳ | Ⅳ | Ⅳ | Ⅳ | Ⅳ | Ⅳ | Ⅲ | Ⅲ | Ⅲ | Ⅲ | Ⅲ | Ⅲ |

（三）流域镇村饮水卫生合格率

银桥镇目前无自来水厂，农户饮用水水源为自然水。银桥镇建成区、鹤阳村居民生活用水由鹤阳人饮工程供给，供水人口为 4582 人，供水规模为 2600 立方米/天（供水范围包括银桥绿色食品加工园），水源为灵泉溪溪水。镇域其余各村生活用水均由水利部门修建的自流饮水工程供给，水源有锦溪、灵泉溪、白石溪、双鸳溪以及隐仙溪，全镇共有人饮工程 10 个，取水口 10 处，年取水量共 514 万立方米，供给 3.2 万人的饮用水。全镇饮水工程尚无系统的净水设施，主要通过人工消毒方式进行安全保障。根据大理市疾病预防控制中心对银桥镇辖区居民饮用水水质检测报告，全镇人饮工程出水水质均符合《生活饮用水卫生标准》（GB5749—2006）。银桥镇农村生活饮用水卫生合格率为 100%。三年内未发生饮用水污染事故。

**二　陆域系统指标测算**

陆域系统指标主要包括：镇村庄污水集中收集处理率、镇村垃圾无害化处理率、工业固体废物处置利用率、森林资源覆盖情况、化肥施用强度、畜禽粪便综合利用率。结合银桥镇的日常统计监测情况，主要从以下几方面进行测算。

（一）镇村污水集中收集处理率

银桥镇辖区共有金达莱兼氧膜一体化污水处理设施 5 座，MBR 膜技术小型污水处理设施 2 座，土壤净化槽 6 座，在马久邑村自建一套设计处理能力为 50 吨/天的硅藻土污水处理设施。所有设备日处理量合计 1190 吨/天，涉及辖区 5 个村委会。全镇建有生态净化多塘系统

11 个。2016 年湖滨缓冲区（银桥段）各村庄居民人口和污水集中收集处理率如表 10 - 7 所示。

**表 10 - 7 湖滨缓冲区（银桥段）居民人口及污水集中收集处理率**

| 村名 | 自然村 | 总人口（人） | 污水处理率（%） |
|---|---|---|---|
| 马久邑 | 凤上中<br>凤西南<br>凤北<br>白塔邑 | 3882 | 77 |
| 阳波 | 富美邑<br>保和村 | 3140 | 88 |
| 新邑 | 下波溯<br>上波溯<br>西城尾<br>大邑 | 4355 | 80 |
| 磻溪 | 城外庄<br>南磻<br>北磻 | 3919 | 85 |

目前，大理市正在实施洱海流域全覆盖的环湖截污工程，该工程的启用将大幅提升全流域的污水集中收集处理率。

**（二）镇村垃圾无害化处理率**

银桥镇辖区所有村委会生活垃圾处理实行"清扫收集—中转站压缩—垃圾焚烧厂处理"的处理方式，生活垃圾经统一收集后清运至大理镇垃圾压缩站压缩后运至海东（第二）垃圾焚烧厂焚烧发电处理，真正实现生活垃圾处理的"减量化、资源化、无害化"的治理目标。将银桥镇的生活垃圾清运任务分配到各村，聘用垃圾收集处理员 42 名，另有 18 名河管员、7 名滩管员以及 5 名道路保洁员开展垃圾收集与保洁工作。2016 年，银桥镇全年共收集清运生活垃圾 6378 吨，生活垃圾无害化处理率达 100%。

### （三）工业固体废物处置利用率

银桥镇主要工业企业为娃哈哈食品有限公司和汇泉塑料制品厂。大理娃哈哈食品有限公司为废水、废气排放企业，该公司环保措施完善，2010年投产运营至今均未发生环境污染事件。该公司工业废水全部经自建污水站处理，达到《污水排入城镇下水道水质标准》（CJ343—2010）后，方可排入食品工业园截污干管，最终排入大理市污水处理厂。工业废水达标排放率为100%。该公司工业废气为企业锅炉排放的颗粒物、二氧化硫和氮氧化物，排放浓度以及速率均满足《锅炉大气污染物排放标准》（GB13271—2014）要求，工业废气达标排放率为100%。根据大理市环境监察大队现场检查记录，大理娃哈哈食品有限公司各项污染防治设施均正常运行。2015年11月，大理市环境监测站对娃哈哈食品有限公司进行了监督性监测，该厂废水、废气监测数据显示各项污染物均稳定达标排放，排放总量未超过排污许可证中总量控制要求。汇泉塑料制品厂主要产生固体废弃物及生活垃圾。生活垃圾由鹤阳村委会统一清运，固体塑料废弃物由公司自行回收利用。

### （四）森林资源覆盖情况

森林覆盖率是反映一个地区森林面积占有情况、森林资源丰富程度以及实现绿化程度的重要指标。根据云南省林业调查规划院大理分院对银桥镇森林资源的规划设计调查数据，银桥镇土地总面积6766公顷，其中林地总面积3779.7公顷，森林覆盖率达55.86%。在3779.7公顷林地面积中，生态公益林3563.9公顷（其中：国有1954.6公顷，集体1609.3公顷），占94%；商品林215.8公顷（均为集体所有），占6%。银桥镇各村森林覆盖情况如表10-8所示。

表10-8　　　　银桥镇森林覆盖情况统计　　　　单位：公顷

| 区域 | 土地总面积 | 林地 | | | | | | 非林地 | 森林覆盖率（%） |
| --- | --- | --- | --- | --- | --- | --- | --- | --- | --- |
| | | 乔木林地 | 疏林地 | 灌木林地 | 无立木林地 | 宜林地 | 林地总面积 | | |
| 鹤阳村委会 | 932 | 473.2 | 0 | 118.3 | 4.2 | 5.5 | 601.2 | 330.8 | 64.51 |

续表

| 区域 | 土地总面积 | 林地 | | | | | | 非林地 | 森林覆盖率（%） |
|---|---|---|---|---|---|---|---|---|---|
| | | 乔木林地 | 疏林地 | 灌木林地 | 无立木林地 | 宜林地 | 林地总面积 | | |
| 银桥村委会 | 900 | 406.9 | 14.3 | 74.2 | 0 | 12.8 | 509.2 | 390.8 | 56.58 |
| 双阳村委会 | 883 | 370.8 | 8.6 | 38.7 | 10.3 | 0 | 428.4 | 454.6 | 48.52 |
| 五里桥村委会 | 537 | 101.2 | 2.3 | 41.8 | 0 | 0 | 145.3 | 391.7 | 27.06 |
| 磻溪村委会 | 331 | 52.3 | 3.4 | 1.9 | 0.4 | 0 | 58 | 273 | 17.52 |
| 马久邑村委会 | 390 | 54 | | | | 0 | 54 | 336 | 13.85 |
| 新邑村委会 | 394 | 14.9 | 0 | | 5.1 | 0 | 20 | 374 | 5.08 |
| 阳波村委会 | 266 | 5.5 | 0 | 3.5 | 0 | 0 | 9 | 257 | 3.38 |
| 苍山保护区 | 2133 | 748.8 | 20.2 | 1184.7 | 1.9 | 0 | 1954.6 | 178.4 | 91.64 |
| 合计 | 6766 | 2227.6 | 48.8 | 1463.1 | 21.9 | 18.3 | 3779.7 | 2986.3 | 55.86 |

（五）化肥施用强度

自大理市 2007 年被云南省列入测土配方施肥项目中央财政补贴市以来，大理市农技中心围绕"测土、配方、配肥、供肥、施肥指导"技术路线，以服务农民为出发点和落脚点，以粮食增产、农业增效、农民增收和控制农田面源污染、保护洱海、改善农业生态环境为目标，以提高科学施肥技术的入户率、覆盖率、贡献率和肥料利用效益为主攻方向，突出主要作物，重点区域和关键环节，创新推广机制，着力解决农业生产中过量施用化肥、土壤酸化、养分失衡、肥料利用率低，农田面源污染严重等问题，在全市范围开展测土配方施肥技术工作。2015 年，银桥镇在大理市农技中心指导下，结合大理市 6 万亩绿色食品基地创建工作，积极推广使用测土配方、控氮减磷、增施有机肥等技术。2015 年全镇共实施测土配方施肥面积 3.8 万亩，占总播种面积的 93.2%，实施控氮减磷面积 12000 亩，两项技术的应用，实现每亩减少化肥用量 3.12 公斤，全镇共减少化肥用量 156 吨（实物量）。2016 年银桥镇农作物总播种面积为 40780 亩（2718.7 公顷），年内银桥镇用于农业生产的农用化肥（折纯）施用量分别为氮肥 229.75 吨、磷肥 143 吨、钾肥 116 吨、复合肥 166.5 吨，总计 655.25 吨。经计算，银桥镇农用化肥施用强度为 241 公斤/公顷（折纯）。

大理市洱海流域"十三五"时期主要农作物化肥使用调查监测项目在银桥镇的五个行政村（五里桥村委会、马久邑村委会、阳波村委会、新邑村委会、磻溪村委会）实施监测实验。该项目在每个村委会各布置 10 个监测点，每个监测点调查面积为 1 亩。大春种植季主要调查作物是水稻、玉米、烤烟、蔬菜、蓝莓、花卉。小春种植季主要调查作物是蚕豆、大麦、马铃薯、蔬菜、蓝莓、花卉。调查监测结果显示，水果、花卉、烤烟等作物以施用有机肥为主，基本不使用化肥；其余农作物的化肥使用量也在不断减少。项目 2016 年监测数据如表 10-9 和表 10-10 所示。近年来，随着银桥镇农业产业结构的不断优化调整以及土地流转面积逐年增加，化肥施用量已明显减少。

表 10-9　　2016 年大春季主要农作物化肥使用调查监测情况

| 农作物种类 | 每亩土地平均使用化肥种类及数量（公斤/亩） | | | | | | |
| | 有机肥 | | 化肥 | | | | |
| | 有机肥（农家肥） | 有机肥（商品肥） | 复合肥 | 氮肥（尿素） | 磷肥（普钙） | 钾肥 | 化肥小计 |
| 水稻 | 1000 | | 23.2 | 15 | 40 | | 78.2 |
| 玉米 | 580 | | 46 | 43.6 | 35.7 | 16.4 | 141.7 |
| 烤烟 | | 532 | 33.6 | | | 39.4 | 73 |
| 蔬菜 | 890 | | 25 | | 10 | 10 | 45 |
| 水果（蓝莓） | | | 7 | | | | 7 |
| 花卉 | 60 | 40 | | | | | 0 |

表 10 - 10　　2016 年小春季主要农作物化肥使用调查监测情况

| 农作物种类 | 每亩土地平均使用化肥种类及数量（公斤/亩） | | | | | | |
| --- | --- | --- | --- | --- | --- | --- | --- |
| | 有机肥 | | 化肥 | | | | |
| | 有机肥<br>（农家肥） | 有机肥<br>（商品肥） | 复合肥 | 氮肥<br>（尿素） | 磷肥<br>（普钙） | 钾肥 | 化肥小计 |
| 蚕豆 | 1039 | | 34 | 23.2 | 42.9 | 22 | 122.1 |
| 大麦 | 1000 | | 12 | | 43.2 | 30 | 85.2 |
| 马铃薯 | 1940 | | 26.7 | 40 | 76 | 24 | 166.7 |
| 蔬菜 | | | 45 | 26.7 | 60 | 28.7 | 160.4 |
| 水果（蓝莓） | | | 7 | | | | 7 |
| 花卉 | 60 | 40 | | | | | 0 |

（六）畜禽粪便综合利用率

银桥镇无规模化养殖场，均为小规模养殖户，全镇主要饲养生猪和牛、马、驴、骡等大牲畜。全镇 2016 年自宰或出售家禽 139058 只，2016 年末存栏 93128 只。畜禽粪便一部分用来堆肥，一部分交至顺丰股份公司湾桥畜禽粪便收集站，用于加工有机肥。

三　环境经济系统指标测算

环境经济系统指标主要包括流域财政收入增长率、第三产业占 GDP 比重、流域环境保护投资占 GDP 比重、流域万元 GDP 能耗，结合银桥镇现有的统计资料和问卷调查结果，主要从以下几方面进行测算。

（一）银桥镇财政收入增长率

2012—2016 年，银桥镇财政总收入年均递增 3.6%，分别完成 2012 年 3016 万元、2013 年 3656 万元、2014 年 2944 万元、2015 年 4307 万元、2016 年 3599 万元；公共财政预算收入年均递增 2.2%，分别完成 2012 年 1190 万元、2013 年 1483 万元、2014 年 1195 万元、2015 年 2144 万元、2016 年 1324 万元。全镇财政收入年度间波动较大，需要进一步夯实财源基础和培育后续财源。

（二）产业结构情况

银桥镇 2016 年完成农村经济总收入 365500 万元，完成工业总产值 114000 万元。银桥镇第三产业主要是客栈经营收入。2016 年度银桥镇有 75 家客栈开展经营业务，税务采取核定税率征税，共核定年营业额 4763 万元。

（三）环境保护投资情况

2010 年以来，银桥镇境内投资 1190 万元，建成了 6 个土壤净化槽污水收集处理系统，7 个村落厌氧膜污水终端处理器和 1 座硅藻土污水处理设施，设计处理能力共达 1190 吨/天。另外，建设污水收集管网 37202 米，其中：干管 19432 米，支管 17770 米。银桥镇环境保护的投资还涉及生态农业建设、生态殡葬实施建设、生态沟渠治理、生态库塘建设和人居环境改善等经济社会发展的各领域。

（四）农业生产能源及物资消耗

2016 年，银桥镇农作物总播种面积为 40780 亩（2718.7 公顷），年内银桥镇用于农业生产的农用化肥实物量 2286 吨、折纯量 655.25 吨，实物量施用强度为 841 公斤/公顷，折纯量施用强度为 241 公斤/公顷。2016 年银桥镇农村用电量为 1595 万千瓦时，农业生产使用塑料薄膜 22 吨、农药 86 吨，农业生产消耗柴油 389 吨，如表 10 – 11 所示。

表 10 – 11　　银桥镇 2016 年农业主要能源及物资消耗统计

| 村委会 | 农村用电量（万千瓦时） | 化肥施用实物量（吨） | 化肥施用折纯量（吨） | 农用塑料薄膜使用量（吨） | 其中：地膜使用量（吨） | 地膜覆盖面积（公顷） | 农药使用量（吨） | 农用柴油使用量（吨） |
|---|---|---|---|---|---|---|---|---|
| 五里桥 | 90 | 83 | 42 | 2 | 1 | 3 | 1 | 10 |
| 双阳 | 160 | 310 | 112 | 3 | 3 | 0 | 6 | 0 |
| 银桥 | 70 | 59 | 17.9 | 0 | 0 | 0 | 0 | 2 |
| 鹤阳 | 55 | 287 | 114.5 | 5.5 | 5.5 | 25 | 3.5 | 12 |
| 磻溪 | 132 | 177 | 58 | 5 | 5 | 55 | 1 | 8 |
| 新邑 | 450 | 294 | 74 | 2 | 2 | 18 | 70 | 0 |
| 阳波 | 440 | 76 | 27.55 | 2 | 2 | 1 | 3 | 350 |
| 马久邑 | 198 | 1000 | 209.3 | 2.5 | 1 | 0 | 1.5 | 7 |
| 合计 | 1595 | 2286 | 655.25 | 22 | 19.5 | 102 | 86 | 389 |

### 四　环境社会系统指标测算

环境社会系统指标主要包括流域农村居民年人均纯收入、生态文明教育普及率和参与率、生态乡镇创建的比率、公众对环境及社会公平正义的满意度等。结合银桥镇现有的统计资料以及问卷调查的情况，从以下几方面进行测算。

（一）农民人均纯收入

2012—2016 年，银桥镇农民人均纯收入保持了稳步增长的趋势，年均递增 9.2%。分年度的情况是 2012 年 8538 元、2013 年 9654 元、2014 年 10935 元、2015 年 12042 元、2016 年 13246 元。

（二）生态文明教育普及率和参与率

银桥镇重视生态文明教育工作，生态文明教育普及率为 100%，参与率达到 95% 以上。

（三）生态乡镇创建的比率

银桥镇共有 8 个行政村，目前除双阳村委会以外，其余行政村均已创建为州生态村。2012 年马久邑村委会、阳波村委会，2013 年新邑村委会、磻溪村委会、鹤阳村委会，2016 年银桥村委会、五里桥村委会分别创建为大理州生态村。2013 年，银桥镇被云南省人民政府命名为"第八批云南省生态文明乡镇"。2016 年，银桥镇通过国家级生态乡镇专家评审。

（四）公众对环境及社会公平正义的满意度

银桥镇洱海和环境保护服务中心在加强辖区环境管理和监督力度的同时，积极配合大理市环境保护局，妥善处理各类环境事件。近三年来，银桥镇境内"12369"环境投诉事件均得到妥善处理，投诉处理满意率达 100%。该中心于 2016 年 4 月开展了环境满意度调查工作，按随机调查人数不低于乡镇总人口的 0.5% 的原则，对辖区内机关（党委、人大、政府或政协）工作人员、企业（工业、商业）职工、事业（医院、学校等）单位工作人员、城镇居民和村民等进行问卷调查。调查共发放问卷调查表 200 份，收回问卷 200 份，其中 197 份为满意，不满意仅 3 份，公众对环境状况满意率为 98.5%。

# 参考文献

**著作类**

巴泽尔：《产权的经济分析》，费方城等译，上海三联书店1997年版。

《白族简史》修订本编写组：《白族简史》，民族出版社2008年版。

陈远敦等：《人力资源开发与管理》，中国统计出版社1995年版。

大理白族自治州苍山保护管理局：《苍山志》，云南民族出版社2008年版。

大理市志编纂委员会：《大理市志》，云南人民出版社2015年版。

董利民：《洱海流域水环境承载力计算与社会经济结构优化布局研究》，科学出版社2015年版。

董利民等：《洱海流域产业结构调整控污减排规划与综合保障体系建设研究》，科学出版社2015年版。

方创琳等：《中国新型城镇化发展报告》，科学出版社2014年版。

郭家骥：《发展的反思：澜沧江流域少数民族变迁的人类学研究》，云南人民出版社、云南大学出版社2011年版。

韩俊：《中国农村土地问题调查》，上海远东出版社2009年版。

姬振海：《生态文明论》，人民出版社2007年版。

蒋昭侠：《产业结构问题研究》，中国经济出版社2005年版。

江世银：《区域产业结构调整与主导产业选择研究》，上海三联书店、上海人民出版社2004年版。

金书秦：《流域水污染防治政策设计：外部性理论创新和应用》，冶金工业出版社2011年版。

柯高峰：《美丽水乡洱海治理政策分析：多重约束下的政策分析》，中国社会科学出版社2014年版。

雷鹏：《产业集群与工业园区发展研究》，东南大学出版社 2009 年版。

李悦：《产业经济学》，中国人民大学出版社 1999 年版。

厉以宁、艾丰、石军：《中国新型城镇化概论》，中国工人出版社 2014 年版。

梁永佳：《地域的等级：一个大理村镇的仪式与文化》，社会科学文献出版社 2005 年版。

林耀华：《民族学通论》（修订本），中央民族大学出版社 2014 年版。

刘峰、杨晓东、黄斌：《旅游驱动新型城镇化：湖北武当山特区发展模式研究》，中国工人出版社 2014 年版。

［美］刘易斯·芒福德：《城市文化》，宋俊岭、李翔宁、周鸣浩译，郑时龄校，中国建筑工业出版社 2009 年版。

刘正云：《大国地权：中国五千年土地制度变革史》，华中科技大学出版社 2014 年版。

龙远蔚等：《中国少数民族经济研究导论》，民族出版社 2004 年版。

卢现祥：《西方新制度经济学》，中国发展出版社 2003 年版。

罗明义、田里、杜靖川、许南垣：《民族地区旅游产业发展研究——大理白族自治州旅游产业发展战略及综合改革试点规划》，云南大学出版社 2011 年版。

［美］罗纳德·科斯：《企业的性质》，载盛洪《现代制度经济学》，北京大学出版社 2003 年版。

罗应光：《云南特色新型城镇化道路》，云南人民出版社 2014 年版。

［美］迈克尔·波特：《竞争论》，高登第、李明轩译，中信出版社 2003 年版。

濮励杰、彭补拙：《土地资源管理》，南京大学出版社 2002 年版。

钱易：《中国特色新型城镇化发展战略研究（第三卷）：城镇化进程中的生态环境保护与生态文明建设研究》，中国建筑工业出版社 2013 年版。

施立卓：《白族丛谈》，云南民族出版社 2004 年版。

石声萍：《经济外部性问题研究：机理及案例》，中国农业出版社 2013 年版。

谭峻、张璋、张丽亚：《地籍管理制度与农村土地问题探索》，中国经济出版社2012年版。

田相辉、张秀生、庞玉萍：《中国农村经济发展与城乡一体化建设研究》，湖北科学技术出版社2014年版。

汪宁生：《文化人类学调查：正确认识社会的方法》，学苑出版社2015年版。

王圣瑞等：《洱海富营养化过程与机理》，科学出版社2015年版。

王文长：《民族视觉的经济研究》，中国经济出版社2008年版。

王冀川：《现代农业概论》，中国农业科学技术出版社2012年版。

文辉：《城镇发展规划研究和实践》，中国经济出版社2013年版。

乌丙安：《中国民俗学》，长春出版社2014年版。

吴良镛：《人居环境科学导论》，中国建筑工业出版社2011年版。

吴晓军：《产业集群与工业园区建设：欠发达地区加快工业化进程路径研究》，江西人民出版社2005年版。

西奥多·M. 米尔斯：《小群体社会学》，温凤龙译，云南人民出版社1988年版。

习近平：《习近平谈治国理政》，外文出版社2014年版。

徐匡迪：《中国特色新型城镇化发展战略研究》（综合卷），中国建筑工业出版社2013年版。

徐匡迪：《中国特色新型城镇化发展战略研究》（第四卷），中国建筑工业出版社2013年版。

薛琳：《新编大理风物志》，云南人民出版社1999年版。

杨复兴：《大理旅游跨越发展研究》，云南人民出版社2013年版。

杨会春：《推进新型城镇化建设学习读本》，人民出版社2014年版。

张崇礼：《白族传统民居建筑》，云南民族出版社2007年版。

赵怀仁：《大理丛书》，民族出版社2006年版。

郑杭生：《本土特质与世界眼光》，北京大学出版社2006年版。

郑杭生：《社会学概论新修》，中国人民大学出版社2013年版。

郑杭生：《郑杭生自选集》，学习出版社2013年版。

《中国少数民族社会历史调查资料丛刊》修订编辑委员会云南省编辑

组:《国家白族社会历史调查（一）》，民族出版社 2009 年版。

《中国少数民族社会历史调查资料丛刊》修订编辑委员会云南省编辑
组:《国家白族社会历史调查（三）》，民族出版社 2009 年版。

周其仁:《改革的逻辑》，中信出版社 2013 年版。

周生贤:《生态文明建设与可持续发展》，人民出版社、党建读物出版
社 2011 年版。

住房和城乡建设部课题组:《"十二五"中国城镇化发展战略研究报
告》，中国建筑工业出版社 2012 年版。

朱桂凤:《旅游资源概论》，上海人民出版社、格致出版社 2011 年版。

**期刊类**

白杨、黄宇驰、王敏等:《我国生态文明建设及其评估体系研究进
展》，《生态学报》2011 年第 20 期。

包双叶:《论新型城镇化与生态文明建设的协同发展》，《求实》2014
年第 8 期。

陈华文:《殡葬改革与农民利益》，《广西民族大学学报》（哲学社会
科学版）2006 年第 6 期。

陈金涛、刘文君:《农村土地"三权分置"的制度设计与实现路径探
析》，《求实》2016 年第 1 期。

陈荣卓、唐鸣:《农村基层治理能力与农村民主管理》，《华中师范大
学学报》（人文社会科学版）2014 年第 2 期。

戴均良、燕翀:《中国城镇化必须走集约型发展之路》《城市发展研
究》2007 年第 6 期。

邓海骏、郭林:《跨越厚葬与薄葬：绿色殡葬的形式社会学研究》，
《中州学刊》2013 年第 12 期。

甘晖、夏成、万劲波等:《迈向生态文明时代的理论：环境社会系统
发展学述评（上）》，《中国人口·资源与环境》2013 年第 6 期。

葛守昆:《中国经济学的理论基点及逻辑展开》，《现代经济探讨》
2012 年第 1 期。

葛守昆:《基于人性视角的人类发展》，《阅江学刊》2014 年第 10 期。

谷树忠、胡咏君、周洪等:《生态文明建设的科学内涵与基本路径》，

《资源科学》2013 年第 1 期。

顾钰民：《论生态文明制度建设》，《福建论坛》（人文社会科学版）
　　2013 年第 6 期。

郭林：《从"死无所葬"到"葬有所安"：四维特性视域下中国殡葬
　　服务制度的改革路径研究》，《浙江大学学报》（人文社会科学
　　版）2013 年第 3 期。

韩长赋：《土地"三权分置"是中国农村改革的又一次重大创新》，
　　《农村工作通讯》2016 年第 3 期。

何一飞、李丰生、曹世武：《乡村旅游发展新出路：基于新型城镇化
　　平台的嵌入式发展》，《理论导刊》2015 年第 9 期。

黄娟：《生态文明时代新型城镇化道路的战略思考》，《管理学刊》
　　2015 年第 1 期。

孔令刚、蒋晓岚：《基于新型城镇化视角的城市空间"精明增长"》，
　　《中州学刊》2013 年第 7 期。

李程骅：《科学发展观指导下的新型城镇化战略》，《求是》2012 年第
　　15 期。

李冠辰、高兴武：《生态文明视角下的新型城镇化的几个相关问题》，
　　《山东社会科学》2014 年第 5 期。

李良美：《生态文明的科学内涵及其理论意义》，《理论参考》2006 年
　　第 12 期。

廖才茂：《生态文明的内涵与理论依据》，《中共浙江省委党校学报》
　　2004 年第 6 期。

林庆、李旭：《论城市化背景下少数民族乡村文化的保护》，《大理学
　　院学报》2013 年第 11 期。

卢扬、安佳、罗世聪：《论农村城镇化指标体系的构建——基于新型
　　城镇化视角》，《当代经济》2015 年第 1 期。

陈军：《生态文明融入新型城镇化过程的实现形式和长效机制》，《经
　　济研究参考》2014 年第 8 期。

罗连祥：《民族文化变迁的规律分析》，《重庆科技学院学报》（社会
　　科学版）2014 年第 9 期。

马凯：《推进主体功能区建设科学开发我们的家园》，《行政管理改革》2011 年第 3 期。

钱易、吴志强、江亿、温宗国：《中国新型城镇化生态文明建设模式分析与战略建议》，《中国工程科学》2015 年第 8 期。

仇保兴：《新型城镇化：从概念到行动》，《行政管理改革》2012 年第 11 期。

沈清基：《论基于生态文明的新型城镇化》，《城市规划学刊》2013 年第 1 期。

任远：《统筹城乡发展的基本任务和制度改革》，《社会科学》2016 年第 3 期。

单卓元、黄亚平：《"新型城镇化"概念内涵、目标、规划策略及认知误区解析》，《城市规划学刊》2013 年第 2 期。

孙晓燕：《浅谈对民族文化主体性的认识》，《文化纵横》2012 年第 3 期。

唐兵：《公共资源的特性与治理模式分析》，《重庆邮电大学学报》（社会科学版）2009 年第 1 期。

唐协成：《建筑社会学研究论纲》，《安徽建筑工业学院学报》（自然科学版）2005 年第 4 期。

汤玉权、徐勇：《回归自治：村民自治的新发展与新问题》，《社会科学研究》2015 年第 6 期。

田文富：《新型城镇化与生态文明建设的互动机理及保障机制研究》，《中州学刊》2015 年第 3 期。

童列春：《中国农村经济实现中的地租机制》，《农业经济问题》2013 年第 3 期。

汪俊英：《关于我国农村殡葬改革的深层思考》，《学习论坛》2014 年第 12 期。

王毓敏：《警惕"加快城市化进程"的负面效应》，《经济师》2005 年第 6 期。

王景慧：《"真实性"和"原真性"》，《城市规划》2009 年第 11 期。

王俊霞、王晓峰：《基于生态城市的城市化与生态文明建设协调发展

　　评价研究——以西安市为例》，《资源开发与市场》2011 年第
　　8 期。

王小明：《传统村落价值认定与整体性保护的实践和思考》，《西南民
　　族大学学报》（人文社会科学版）2013 年第 2 期。

王新燕、赵洋：《以生态文明思维推进中国新型城镇化战略的科学意
　　义》，《求是》2014 年第 4 期。

王雅芹、赵书昭、谢辉：《论新常态下城镇化与生态文明的协同推
　　进——以河北省为例》，《农村经济与科技》2015 年第 11 期。

韦苇、杨卫军：《农业的外部性及补偿研究》，《西北大学学报》2004
　　年第 1 期。

温铁军、温厉：《中国的"城镇化"与发展中国家城市化的教训》，
　　《中国软科学》2007 年第 7 期。

伍瑛：《生态文明的内涵与特征》，《生态经济》2000 年第 2 期。

吴灿新：《人类大文明略论》，《佛山科学技术学院学报》（社会科学
　　版）2012 年第 2 期。

吴开松：《生态文明与民族地区特色城镇化协同发展研究》，《华中师
　　范大学学报》（人文社会科学版）2014 年第 5 期。

吴晓燕：《农村土地产权制度变革与基层社会治理转型》，《华中师范
　　大学学报》（人文社会科学版）2013 年第 5 期。

吴艳、单军：《滇西北民族聚居地建筑地区性与民族性的关联研究》，
　　《建筑学报》2013 年第 5 期。

项继权、王明为：《新型城镇化：发展战略、动力机制与创新突破》
　　《城市观察》2015 年第 5 期。

谢启标：《新型城镇化推进中的生态文明建设思考》，《福建金融管理
　　干部学院学报》2014 年第 1 期。

严海玲：《基于生态文明的新型城镇化探讨》，《经营管理者》2014 年
　　第 3 期。

闫世伟：《就近城镇化应把握的着力点》，《理论探索》2014 年第
　　4 期。

杨发祥、茹婧：《新型城镇化的动力机制及其协同策略》，《山东社会

科学》2014 年第 1 期。

杨子强：《对金融支持城镇化建设的思考》，《金融时报》2013 年 3 月 11 日。

叶全胜、李希昆：《云南乡土建筑文化遗产保护的机制构建》，《云南民族大学学报》（哲学社会科学版）2007 年第 1 期。

殷海善、石莎、秦作霞：《劳动力成本上升对农业生产的影响》，《山西农业科学》2012 年第 9 期。

于立：《"生态文明" 与新型城镇化的思考和理论探索》，《城市发展研究》2016 年第 1 期。

张侃侃：《国内流域城镇发展与演变研究进展》，《经济师》2016 年第 6 期。

张三元、闫静：《生态文明建设与人的生活方式变革》，《观察与思考》2016 年第 7 期。

张茜、李华胤：《村民自治有效实现单元的讨论与研究》，《中国农业大学学报》（社会科学版）2014 年第 4 期。

赵克让、苏军、李肖敏：《历史文脉在古城镇景观设计中的传承与表达》，《四川建筑》2011 年第 10 期。

张云飞：《生态理性：生态文明建设的路径选择》，《中国特色社会主义研究》2015 年第 1 期。

赵天宜：《浅谈中国传统建筑符号性的运用》，《教育教学论坛》2013 年第 34 期。

**英文类**

Antonio, N. , Matteo, R. and Alessandra, M. , Towards a Theory of Incomplete Property Rights, American Law & Economics Association Annual Meetings, 2007.

Alfred Radcliffe – Brown, *Structure and Function in Primitive Society*, London: Cohen and West, 1952.

Arnason, J. P. , "An Ecological View of history: Japanese Civilization in the World Context", *Journal of Japanese Studies*, 2004, Vol. 30, No. 2, Feb. , 2004.

Arrow, K. J. , "The Organization of Economic Activity: Issues Pertinent to the Choice of Market Versus Non – market Allocation". In Joint Economic Committee, the Analysis and Evaluation of Public Expenditure: the PPb System. Vol. 1. 59 – 73. US Washingtion D. C. : Government Printing Office, 1969.

Beall, J. , Guha – Khasnobis, B. , Kanbur, R. , *Urbanization and Development: Multidisciplinary Perspectives*, Oxford: Oxford University Press, 2010.

Buchanan, J. M. , "An Economic Theory of Clubs", *Economica*, Vol. 32, No. 125, Feb. , 1965.

Coase, R. , "The Nature of the Firm", *Economics* 4, No. 16 (1937) .

Coase, R. , "The Federal Communications Commission", *Journal of Law and Economics*, Vol. 2, Oct. , 1959.

Coase, R. , "The Problem of Social Cost", *Journal of Law and Economics*, Vol. 3, Oct. , 1960.

Cheung, S. , "The Structure of a Contract and the Theory of a Non – Exclusive Resource", *Journal of Law and Economics*, Vol. 13, 1970.

Dahlman, C. , "The problem of externality", *Journal of Law and Economics*, Vol. 22, No. 1, 1979.

Danny and Eyal, "Can Co – Owners Agree to Disagree? A Theoretical Examination of Voting Rules in Co – Ownerships", *The Journal of Real Estate Finance and Economics*, Vol. 31, No. 2, 2005.

Davis, O. A. and Whinston, A. , "Externalities, Welfare, and the Theory of Games", *Journal of Political Economics*, Vol. 70, 1962.

Demsetz, H. , "Theoretical Efficiency in Pollution Control: Comment on Comments", *Western Econ. J.* , Vol. 9, 1971.

Demsetz, H. , "Toward a Theory of Property Rights", *American Economic Review*, Vol. 57, 1967.

Dahmen, Z. , "Environmental Control and Economic System", *The Economics of Environment*, edited by P. Bohm and A. V. Kneecs, Mac-

Millian Press Ltd. London, 1974.

Dennis W. Carlton and Glenn C. Loury, "The Limitations of Pigouvian Taxes as a Long – Run Remedy for Externalities", *The Quarterly Journal of Economics*, Vol. 95, No. 3, 1990.

Ducrot, R. , Page, C. , Bommel, P. et al. , "Articulating land and water dynamics with urbanization: An attempt to model natural resources management at the Urban Edge", Computers, Environment and Urban Systems, Vol. 28, No. 1, Jan. 2004.

Fei Xiao – túng, *Peasant Life in China*, London: Routledge Kegan & Panl, 1939.

Francis L. K. Hsn, *Under the Ancestors' Shadow: Kinship, Personality and Social Mobility in China*, Stanford California: Stanford University Press, 1967.

Grossman, Sanford J. and Hart, Oliver D. , 1986, "The Costs and Benefits of Ownership: A Theory of Vertical and Lateral Integration", *Journal of Political Economy*, Vol. 94.

Greenwald, B. C. and Stiglitz, J. E. , "Externalities in Economies with Imperfect Information and Incomplete Markets", *The Quarterly Journal of Economics*, Vol. 101, 1986.

Hart, O. and Moore, J. , "Property Rights and the Nature of the Firm", *Journal of Political Economy*, Vol. 98, 1990.

I. Foster, C. Kesselman, *The Grid: Blueprint for a new Computing Infrastructure*, Morgan Kaufmann Publishers, USA, 1998.

Losev, K. S. , Ecological limits of the growth of civilization, Frankfurt, Germany: 2nd Symposium on the Future of Life and the Future of our Civilization [C] . 2005 (5) .

Magdoff Fred, "Harmony and ecological civilization beyond the capitalist alienation of nature", *Monthly Review: An Independent Socialist Magazine*, Vol. 6, No. 2, June 2012.

Matthew, R. C. O. , "The Economics of Institutions and the Sources of

Growth", *Economic Journal*, 96 (Dec. 1986).

Max Gluckman, *Custom and Conflict in Africa*. Oxford: Blackwell, 1956.

Meade, J. M., "External Economics and Diseconomics in a Competitive Situation", *The Economic Journal*, Vol. 62, 1952.

Nazaryan, G., Markosyan, A., Margaryan, A., Ecological civilization in Kura – Araks River Basin [C]. Zhengzhou, P. R. C: 4th International Yellow River Forum, 2009 (10).

North, D., "Institutions, Transactions Costs and Economic Growth", *Economic Inquiry*, 25 (Dec. 1987).

Ostrom, E., "Collective Action and the Evolution of Social Norms", *The Journal of Economic Perspectives* 14, No. 3 (Summer, 2000).

Pigou, A. C., *The Economics of Welfare*, 4th ed., New York, NY: Macmillan and Co., Ltd., 1960.

Portney, K., "Civic engagement and sustainable cities in the United States", *Public Administration Review*, Vol. 65, No. 5, May 2005.

Ray M. Northam, *Urban Geography*, New York: J. Wiley Sons, 1975.

Rosenthal, S., Strange, W., "Evidence on the Nature and Sources of Agglomeration Economies", in: V. Henderson, J. Thisse (eds.), *Handbook of Regional and Urban Economices* IV, 2004.

Sirakaya, E., Sasidharan, V., "Redefining ecotourism: The need for a supply – side view", *Journal of Travel Research*, 1999, 38 (2).

Tibor Scitovsky, "Two Concepts of External Economies", *The Journal of Political Economy*, 1954, (2).

Williamson, O. E., *The Economic Institution of Capitalism: Firms, Markets, Relational Contracting*, New York: The Free Press, 1985.

Xing, Y., Horner, R., El – Haram, M. and Bebbington, J., "A framework model for assessing sustainability impacts of urban development", *Accounting Forum*, Vol. 33, No. 3, March 2009.